文化产业管理专业“十二五”规划教材

创意经济概论

卜彦芳　主编

中国传媒大学出版社
·北京·

目 录

第一章 创意经济概述

本章要点

1. 创意经济在不同视角下的含义
2. 创意经济的特征
3. 创意经济的形成过程
4. 案例：把创意做成生意——分众传媒

资本和技术主宰一切的时代已经过去，创意时代已经来临。

从20世纪末英国政府提出“创意经济”概念开始，“创意经济”呈现出“忽如一夜春风来，千树万树梨花开”的势头，已经成为全球性的热门关键词。创意经济学之父——约翰·霍金斯在《创意经济——如何点石成金》一书中提出：“创意经济将成为21世纪的主导经济形式”，全球性的创意经济时代已经到来。

创意城市、创意乐园、创意产品、创意家居、创意营销等一系列与“创意”有关的名词和事物如雨后春笋般出现，似乎“创意”一词可以附加于任何事物之上。很多人不禁要问：到底什么是创意经济？本章将从创意经济的起源、特征和形成几个方面为大家揭开“创意经济”的神秘面纱。

[背景延伸]

如果你从业于设计艺术，那么你肯定知道德国柏林和阿根廷布宜诺斯艾利斯，在那里你可以随时加入形式各异的文化创意活动中；如果你钟情于文学的浪漫气氛，那么你一定听说过英国爱丁堡的鼎鼎大名，在那里的文学酒吧，你可以探秘《海德先生》鲜为人知的创作背景，还可以聆听罗伯特·彭斯动人的爱情诗歌；如果你是音乐发烧友，那么西班牙塞维利亚对你一定有着致命的诱惑力，那里到处有浓郁的西班牙风情的表演。这些城市在2005－2006年先后被联合国教科文组织确定为“创意城市联盟”成员，由此引发全球“创意城市”的热潮……

图1—1 西班牙塞维利亚每年举办的弗拉门戈表演

图1—2 文艺与艺术之都——爱丁堡

第一节 创意经济的含义

创意经济(Creative Economy)是以创意为基本原动力的经济形态和社会组织，具体来说就是指那些凭借个人的创造力、技能和天分获取发展动力的企业，以及那些通过对知识产权的开发，创造潜在财富和就业机会的活动。

观察各国专家学者对创意经济的研究成果，可将创意经济的含义分为两个方向来界定：一是把创意经济等同于创意产业加以分析和解读；另一种是把创意经济作为一种新型的经济形态加以界定。

一、产业视角

(一)创意产业理论研究历程

对创意产业的研究首先要从创意产业产生的背景出发，世界经济中心城市的产业结构升级和优化促进了创意产业的产生。美国是创意产业最早萌芽的地方。第二次世界大战之后，美国产业结构开始从制造业主导向服务业主导转变，在制造业迅速跨城市、跨国家扩散的过程中，产业空心和产业衰退成了无可避免的窘境。最终美国依靠服务业的内部结构优化升级打破了桎梏。在这一过程中，创意产业成为整合和带动其他产业迅速发展的主导产业。

以美国为代表的发达国家在工业化进程中，逐渐把生产制造环节转移到发展中国家，从而专注于进行市场和品牌开发、产品营销和服务研究。李景平教授在《创意·创意产业·创意经济》一文中把国外创意产业的萌芽归结于“制造业大企业集团的‘企业再造’运动”，他认为，后工业化时代的发达国家，开始以自发或者政府扶植的形式在中心城市进行科技园区和文化产业园区的建设，从而促进了一大批以创意生产为主要特色的中小企业的发展，“而创意生产中大企业集团与中小企业的互相竞争的局面进一步激发了创意生产的热潮”。[①]

［背景延伸］

“创意产业”这一概念最早是由英国作为一种国家产业政策和战略明确提出的，是前首相布莱尔为改变英国老工业帝国陈旧落后的面貌而提出的“新英国”构想。1998 年英国政府出台了《英国创意产业路径文件》，其中明确提出了“创意产业”概念：起源于个体创造力、技能与才干，通过知识产权的生成与利用，具有创造财富和就业机会潜力的产业。

英国界定的创意产业门类以文化产业为基础，主要涉及广告、艺术与古玩、工艺、设计、时尚设计、软件设计、电影与录像、互动休闲软件、音乐、表演艺术、出版、电视与广播等 13 类业态。英国对“创意产业”的定义成为了世界各国对创意产业研究的蓝图，更使世界各国对这个早已存在却未被重视、具有强大潜力的产业重视起来。

创意产业的先期研究可以追溯到约翰·霍金斯的《创意经济——如何点石成金》一书，他因首次提出创意产业而被誉为“创意产业之父”。霍金斯把创意产业定义为：其产品都在知识产权法的保护范围内的经济部门。他认为，知识产权分为四大门类，即专利、版权、商标和设计，每一类都有自己翔实的法律实体和管理机构，每一类的产生都基于保护不同种类的创意产品的立足点。霍金斯指出，知识产权法的每一种形式都有庞大的工业与之相对应，这四个门类组合成了创造性产业和创造性经济。由此来看，霍金斯对创意产业的定义已经有超越产业局限的含义。霍金斯的定义大大扩展了英国政府对创意产业的原有释义，解答了创意活动中艺术与科学相分离的难题。

美国经济学家理查德·凯夫斯在《创意产业经济学：艺术的商业之道》中，借助产业经济学和合同理论界定了创意产业：书籍、杂志印刷业、视觉艺术（油画与雕塑）、表演艺术、有声唱片、电影和电视节目等。显然，凯夫斯的定义与霍金斯截然不同，更不同的是，凯夫斯没有惯有地把研究重点放在对创意产业的界定上，而是颇为独到地从创意产业的特点出发，他认为：创意产品具有需求的不确定性，难以预测消费者对创意产品的反应；创意产品需要特别关注自身的差异性和独特性；创意产品的存续具有持久性和盈利的长期性。至此，对于创意产业的界定上升到了本质的高度。

近年来，中国关于创意产业的研究也在不断加深，我国学者厉无畏在其《创意产业导

---

① 李景平：《创意·创意产业·创意经济》，载《新疆艺术学院学报》2010 年 9 月第 8 卷第 3 期，第 89 页。

论》中，从产业经济学的角度审视了创意产业，分别针对创意产业的含义、基本特征，产业组织和市场化，产业融资、盈利模式以及在各地发展的经验等问题进行了探讨和总结。中国管理科学院研究员郭辉勤在其《创意经济学》一书中以产业发展的视角，从创意经济的发展历程、主要特点和未来趋势等方面描述了现阶段中国的创意产业形势，并对其未来发展进行了深度预测，讨论了创意经济的宏观特征和分布规律，尤其值得一提的是，书中还对中外学者的成才要素进行了分析和探讨，并在此基础上提出了创意经济型人才的培养方法。蔡双立、梁强从制度层面探讨了创意活动运作方式及创意产业需求诱导性变迁的路径。他们认为，创意产业的发展和变迁是基于人们对新的技术和文化的需求而产生的，创意产业可以通过科学技术的发展变革人们的生活方式，还可以转变人们的思想方式。

（二）创意产业在不同地区的延展与应用

由于创意产业本身内涵的宽泛性，使得各个国家和地区对创意产业的分类存在着各种差别。英国是最早提出创意产业概念的国家，认为创意产业是以个体创造行为、技术和才能为源泉，并具备提高生产和利用知识产权创造财富和就业机会潜能的产业。我们可以推论得出，在英国的创意产业理念中，认为创造性成果即等同于知识产权。2003 年，伦敦发展局拓宽了创意产业的界定范围——创意不能只局限于高科技产品及其生产的过程，还要涵盖 21 世纪经济中所有产生附加值的创造性活动和服务部门。据统计，从 1997 年以来，英国文化创意产业年均增长 9%，大大超过传统工业 2.8%的增长率，是其他产业的 3 倍；2002 年文化创意产业增加值达 809 亿英镑，占经济总量的 9%，显示英国经济从制造型向创意服务型的转变，英国成为仅次于美国的第二大创意产品生产国。①英国文化创意产品的出口额每年约有 80 亿英镑，达到约 15%的高增长，同期英国所有产业的出口增长平均只有 4%。②

美国是文化创意产业最为发达的国家，文化创意产业产值占 GDP 的 5.24%，创造就业机会 800 万个，接近全国总就业人数的 6%。早在 1977－1997 年间，版权产业的国内生产总值平均年增长率就达到 6.3%，而同期美国国民生产总值年增长率仅为 2.7%。在以后的 20 多年间，美国版权产业就业人口翻了一番，达到 380 万人，占美国就业人口总数的 2.9%，平均年增长率达到 4.8%，同期美国经济就业人口平均年增长率仅仅为 1.6%。③

亚洲发达国家日本和韩国在创意产业发展上也可圈可点。近 20 年来，几届日本政府都把发展资源消耗低、附加值高的文化创意产业作为一项基本国策。1995 年，日本发布题为《新文化立国：关于振兴文化的几个重要策略》的报告，提出 21 世纪“文化立国”的

---

①～③　《创意产业刚满十岁》，《中国商界》2009 年第 1 期。

战略方针，通过产业运作方式大力扶持、发展文化创意产业。至此，日本动漫艺术及相关产业规模仅次于旅游产业，已经超过汽车工业成为日本的第二大支柱性产业。截至2003年，销往美国的日本动漫以及相关产品的总收入是日本出口到美国的钢铁总收入的四倍。日本成为世界上最大的动漫制作和输出国，迄今为止在全球仍然占据着不可撼动的地位。2001－2010年，韩国在全国建设10个文化创意产业园区，形成全国的文化创意产业链。亚洲金融风暴之后，韩国政府提出将文化产业作为21世纪发展国家经济的战略性支柱产业，最终目标是把韩国建设成为21世纪文化大国、知识经济强国。单从动画产量来看，韩国已经跃居世界第三，仅次于美国和日本。目前，韩国已跻身世界文化产业五大强国之列。

新加坡基本上沿用了英国的创意产业称谓，其创意产业工作组在2002年提出了第一份发展创意产业文件——《创意产业发展战略：推动新加坡的创意经济》。该报告创造性地提出了“创意聚群(Creative Cluster)”的新概念，丰富了创意产业的内涵。报告把新加坡发展创意文化产业的重点锁定在文化艺术、设计和媒体三个方面。文化艺术主要包括表演艺术、视觉艺术、文化艺术图书馆、博物馆、艺术表演场所等行业；设计主要包括广告、建筑、网络和软件、制图、工业产品、时装、室内外装修等行业；媒体主要包括广播(包括电台、电视台和有线广播)、数字媒体、电影和录像、唱片发行和媒体印刷等行业。

[背景延伸]

新加坡主要以三个重心来发展创意产业：文艺复兴城市2.0；设计新加坡；媒体21。

(1)“文艺复兴城市2.0”是延伸2000年文艺复兴城市的规划而来，此2.0计划建议公共部门集中资源以发展文化艺术基础建设，借此培养创意人才与观众，从经济发展的角度，由几个相关部门共同合作开发文化艺术活动的经济潜力，包括新闻与艺术部及新加坡旅游局都涉及此计划。除了公共部门的参与外，文艺复兴城市2.0建议发展创意市镇(Creative Towns)以整合艺术、商业及科技的概念来规划地方发展，并建立当代博物馆以展示各国的当代艺术设计，同时推广艺术与文化创业精神。

(2)“设计新加坡”的概念是以设计能力来增强新加坡企业与国家竞争力，借由不同层面的设计为新加坡增加价值，这个规划包括协助企业将设计视为一种工具来规划商业策略，以刺激创新与经济成长。就国家的层次来说，则是建立国家设计局以鼓励设计专才、商业界积极发展使用设计，以由上而下地带领产生协同效应，提升设计能力与质量，形成有力的设计网络。

(3)“媒体21”则试图在新加坡形成一股活络的媒体生态，以把新加坡建设为一全球媒体城市。在此概念下，新加坡以建设一个同时具工作、生活、玩乐与学习功能的城市为目标，鼓励实验与创新来发展高附加价值的媒体研发与制作，同时把新加坡定位为媒体的交易中心，以各种优惠方案吸引媒体资本进驻新加坡。另外，新加坡将拓展海外市场，通过与外地人才及企业的合作，将原本仅在国内销售的媒体内容出口到其他国家。

（引自北京文化创意网）

图1—3 新加坡滨海艺术中心之"榴莲"

图1—4 新加坡滨海艺术中心

现阶段，各国和地区对创意产业虽然还没有形成统一的概念，却不约而同地提到知识产权在创意产业中的作用。例如，中国香港特别行政区采用"创意工业"这一说法，它将知识产权定义为：通过开发和利用创造性技术和知识产权来生产、销售具备社会文化意义的产品和服务的一系列经济活动，也是实现创造财富和就业机会潜能的一种生产体系[①]；而将创造力转化为可以进行贸易、可交付使用的服务，关键在于对知识产权的开发和利用。因此，香港认为创意经济的发展在很大程度上甚至完全依赖于知识产权。显而易见，香港对于创意经济的理解大部分来自约翰·霍金斯的相关理论，这和香港曾经是英国殖民地的历史背景有着密不可分的关系。中国台湾"经济部工业局"把创意经济称为"文化创意产业"，对其定义为：源自创意或者文化的积累，透过智慧财产的形成与运用，具有创造财富与就业机会的潜力，并促进整体生活环境的提升的行业。

[案例精选] 当图书馆遇上新加坡创意[②]

据说，一般发达国家的全国人口中有25%～50%为图书馆会员，但在新加坡，这个数字却只有22%。于是新加坡政府和教育部绞尽脑汁思索如何让国民多去图书馆，更爱看书。在这个过程中，他们开发出了看似与图书馆相悖的无数创意。

通常提到图书馆，人们总把它与严谨、秩序联系在一起，感觉上略显沉闷，又有点古板。但新加坡的社区图书馆却要活泼得多。它们开在闹市里，同时还组织丰富的活动；还书系统方便快捷，不用舟车劳顿地到图书馆还书，大街小巷处处都能还书。新加坡公共图书馆分布在全国各地，并且常常选择人流大的地方，比如地铁站附近、购物商场等闹市

---

① 香港大学文化政策研究中心：《香港创意产业基线研究》，http://www.ccgov.net.cn/cityforum/htmi01/yibg/cy-cy/zcyi/zcyi105.htm.

② 蔡若愚：《当图书馆遇上新加坡创意》，《中国经济导报》2010年8月3日。

区。人们逛街累了就可以直接走进图书馆，挑一本自己爱看的书籍。图书馆没有密密麻麻的椅子和桌子，取而代之的是一条干净厚实的地毯，既节约空间又为读者提供席地而坐的随意。如果希望更小资地消磨时光，则可以去图书馆内设置的咖啡厅里看书。

图 1—5　新加坡国家图书馆

在新加坡图书馆，读者享有的不仅是简单的借阅服务，他们与图书馆之间也不仅仅是服务与被服务的关系。图书馆设计、组织了形式多样的活动，目的就在于激发读者的学习兴趣，引导读者更多地利用图书馆。这些活动形式非常多样。较大的公共图书馆中都设有活动空间，用于展览、表演、讲座、书谈等活动。针对不同行业的读者，图书馆会有一些专题读书会，比如，为老年人准备的保健主题读书会，为家庭主妇准备的烹调主题读书会等。对于孩子，新加坡图书馆倾注了更多的心血和创意，他们为儿童专门设计了讲故事的活动，这一活动定期举办，由经过训练的图书馆员或社会专业人士选择适合不同年龄阶段的少儿故事来讲。活动现场布置得色彩斑斓，吸引着每一个儿童的注意力。

图 1—6　图书馆阅览室

图 1—7　图书馆还书处

新加坡的图书馆设立在商场里，这是前所未有的。对于妈妈们来说，孩子们在这样的图书馆里既可以翻阅图书，又可以听故事、绘画、做手工；而她们自己也可以安心地逛商场。对于青年人来说，逛街累了进图书馆里小憩一下，顺便汲取知识，更是成了一种新的时尚。把购物之“动”与阅书之“静”结合在一个空间里，新加坡把图书馆转变成了广大民众的时尚好去处。尤其值得一提的是新加坡的创意图书馆，甚至被美国哈佛大学商学院引用为经典案例。

二、经济形态视角

理查德·佛罗里达在他的著作《创意阶层的崛起》中提到：“创意经济”这个概念最早于

2000年8月出现在美国《商业周刊》中，它把创意经济定义为：一个由创意集群、创意阶层、创意社区三部分组成，借以提升地区竞争力和生活质量为发展方向的社会经济系统。

（一）创意经济将成为21世纪主导经济形式

约翰·霍金斯在《创意生态：思考在这里是真正的职业》一书中说："世界上有两种经济，一种叫经济，一种叫创意经济。"[①]他认为，创意经济是继后工业社会、第三次浪潮、信息社会、网络经济和知识经济之后一个重要的观念，已经成为21世纪时代精神的重要部分。

诚如约翰·霍金斯所言，世界经济在经过农业经济、工业经济、知识经济的历史发展阶段后，创意经济时代已经悄然来临。需要指出的是创意经济的发展从来就不是一蹴而就的，它和其他的经济形式不同，创意经济的发展不仅需要人们付出更多的努力和智慧，更需要全方位、多方面、多形式的创意，以此来力促创意产业链的完善，这也是我们发展创意产业的迫切需要。

联合国开发计划署南南合作特设局高级顾问拉拉·德海因策琳在第五届中国北京国际文化创意产业博览会上也作出了"创意经济是21世纪发展的方针"的讲话。因此有人惊呼："资本和技术主宰一切的时代已经过去，创意时代已经来临。"

（二）创意经济的经济层面内涵

创意经济属于新经济。随着20世纪90年代互联网等信息传播技术的迅速发展，创意经济与20世纪工业经济时代相比，无论是生产方式、组织形式、主导技术、竞争优势，还是政府规制等方面都发生了天翻地覆的变化。在经济学领域中，人们把这样的经济模式称为新经济，也叫作后工业经济时代。

理查德·佛罗里达在他的《创意阶层的崛起》一书中这样写道："约翰·霍金斯在其2001年的著作《创意经济》一书中探讨了创意经济的全球影响，《创意经济》也可谓是书如其名。书中的数据很有价值，但霍金斯对'创意经济'一词的使用与我颇为不同。"[②]在其另一本著作《创意经济》中，他首先把经济领域划分为三个部门——创意部门、制造部门和服务部门，并认为，创意经济不但能够带来经济的增长和繁荣，更能使人类的整体潜能得到更为充分的发挥。[③] 与此同时，他认为要实现创意经济时代的繁荣，应遵循3T原则，其中以宽容最为重要。这里的"宽容"既包含人类知识的可共享性，也包括要求创意地区尽可

> **关键术语**
> 3T原则分别是技术（Technology）、人才（Talent）、宽容（Tolerance）。

① 〔英〕约翰·霍金斯：《创意生态：思考在这里是真正的职业》，京华出版社2011年版。
② 〔美〕理查德·佛罗里达：《创意阶层的崛起》，中信出版社2010年版，第53页。
③ 〔美〕理查德·弗罗里达：《创意经济》，中国人民大学出版社2006年版。该书作者与《创意阶层的崛起》一书的作者为同一人，鉴于翻译版本不同，本书统一采用译名"理查德·佛罗里达"。

能地去包容差异，容纳多样的理论和政治差异。这与霍金斯的“创意经济关键是知识产权保护”的概念略有冲突。

我们通常将“经济”定义为商品和服务得以生产、交换和消费的体系。创意经济之所以能成为一种新的经济形态，主因是创意经济具有强大的关键资源黏合能力和整合功能，进而推动资源配置方式的演进和财富的快速增长，成为当代市场经济发展的重要动力。创意产品引导和创造了巨大的需求，同时创意活动大大提高了人类对已有资源开发利用的能力，有效提升了社会物质财富和精神财富的生产能力。以版权、专利和设计为内核的创意产业，居于价值链的顶端，广泛、快速地渗透到社会各种产业中，进而推动传统产业的变革，促进产业的升级换代。同时，那些具有较强市场吸引力的创意产品，特别是文化相关产品，具有明显的溢出效应（产业链条的延伸），市场扩张和渗透功能较强。创意经济改变了以往的经济形态，成为知识经济的核心内涵，成为新的经济形态。

关键术语

创意经济用经济视角定义就是在知识经济高度发展的形势下，以人的创造力即创意为核心，以知识产权保护为平台，以现代科技为手段将创意物化，形成高文化附加值和高技术含量的产品和服务，在市场经济条件下进行生产、分配、交换和消费，以提升经济竞争力和提高生活质量的经济形态。

总而言之，创意经济从经济层面分析，是站在宏观的角度对其进行阐述，在创意经济中，创新能力、知识产权、文化价值、品牌、创意理念占据了核心位置，传统的产业注入了文化、知识、智慧和创意的含量，产业附加值得到大幅提高，创新能力成为经济发展的核心动力。

（三）创意经济是新经济

我们上面提到：在经济规律发生质的变化的 21 世纪，世界已经进入了新经济时代，新经济时代的特征是人的知识脑力、技术力、创造力和感受力成为经济运行和发展的核心要素与价值源泉。① 厉无畏、王慧敏在《创意产业新论》中提到：创意经济是以创意产业为主体，具有典型的新经济形态，它以文化所承载的观念价值、符号价值等无形资本为核心要素，显示出与工业经济大规模制造、物质形态为主等完全不同的特质。姜奇平总结了创意经济作为新经济的特征，创意经济体现了“科学”与“艺术”的完美结合，代表了非物质化经济形态的成熟，出现了文化需求的新的商业上升空间。创意经济不同于工业经济时代依靠“大机器、大生产”的模式，而是突出了以人的思维为本的新的生产方式。

与创意经济相类似，知识经济、信息经济与服务经济都是 20 世纪 90 年代兴起的全

---

① 厉无畏、王慧敏：《创意产业新论》，东方出版社 2009 年版。

新的经济形态，在21世纪的今天成为世界经济的主导形态。蒋三庚在《创意经济概论》中提到："创意经济是知识经济与信息经济联姻的结晶。创意经济离不开知识经济，同时也离不开信息经济。"①

1.创意经济与知识经济

所谓知识经济，是在1997年后逐渐被国人所熟悉和引用的。21世纪的经济是世界经济一体化条件下的经济，是以知识决策为导向的经济，因此，知识经济可简单地概括为以知识决策为导向的经济。创意经济是知识经济发展到高级阶段的产物。知识经济附加值最高的类型，应该就是以创意设计为核心的生产领域，尤其是源于艺术美学创作的设计。知识经济需要创意工业的推动。在知识经济环境下，知识资源需要运用智慧与创意来创造和加工，把知识转化成为社会财富。所以，创意不仅是个人或者组织财富的来源，更是支撑创意经济生存和发展的基础。步入知识经济时代，由于创意可以将知识资源转化成财富，所以创意经济必然会随着知识经济的不断升级而出现并发展壮大。与此同时，如何在创意经济时代保护知识产权也成了这个时代的重要议题之一。

关键术语

知识经济，按照OECD（世界经济合作与发展组织）的定义，是指建立在知识和信息的生产、分配和使用之上的经济形态。

2.创意经济与信息经济

信息经济又称资讯经济、IT经济。作为信息革命在经济领域的伟大成果，信息经济是通过产业信息化和信息产业化两个相互联系又彼此促进的途径不断发展起来的。严格来说，信息经济就是以现代信息技术等高科技为物质基础，信息产业起主导作用的，基于信息、知识、智力的一种新型经济。在信息经济时代，信息产品随着被反复使用变得更有价值，个体的创新思想可以通过互联网扩散到任何国家。所以，文化创意面临的最大问题是它可以创造什么样的价值，如何才能确定创造的价值是独一无二的。文化创意是当代信息经济成功的关键。每个国家都需要拥有自己丰富的多媒体产业、智能产业以及互动的艺术社区来发展文化。当思想变成资本时，创意就成了经济的核心。

3.创意经济与服务经济

以消费者的需求为导向，关注顾客价值，特别是对文化价值的认同，是创意经济的重要特征之一。创意经济中创意的迸发、创意产品的生产和后期的销售推广都是根据顾客的需求精心设计和挖掘形成的。因此，经济市场发展的思维模式正在经历着从"产品为王"到"消费者为王"的蜕变。我们发现，伴随着技术的进步和产业结构的愈加严谨，社会经济形态正

---

① 蒋三庚：《创意经济概论》，首都经济贸易出版社2009年版。

转向以知识和技术为基础的服务经济。而创意经济是科技与文化高度融合的产物，反映了现代服务经济的本质特征，是现代服务经济的高端形式。正如丹麦未来学家沃尔夫·伦森所认为的："未来人们从商品中购买的主要是故事、传奇、情感和生活方式。"

第二节　创意经济的特征

一、创意经济的核心要素是创意

创意经济"以人为本"，是具有生命演进特点的生产方式，究其本质是依托智力资源的知识经济。约翰·霍金斯认为，创意并不一定就是经济行为，但是，一旦创意具有了经济意义或者提供了可供交换的产品，创意就可能是经济行为。"创意"这样一个抽象的概念，在知识经济和信息经济不断发展的状态下，逐渐取代了土地、劳动、货币而成为经济发展的核心资本。创意本身没有任何经济价值，它需要落到实处并且创造出经济价值，才能称之为创意经济。由此，我们认为创意经济的"创意"与"经济"是不可分割的两个部分，而创意经济的核心要素是创意。

（一）什么是创意

谈及"创意经济"，其中最重要的部分就是"创意"，没有"创意"支撑的经济不能称之为"创意经济"。可是如何判断到底什么是创意呢？

克里斯·比尔顿在《打破常规——创意与管理：从创意产业到创意管理》一书中说道："回答'何为创意'这个古老问题最简单的方法，就是思考目前流行的定义缺少什么。"①比尔顿先后从管理学和心理学角度对创意进行分析，他认为：

1.创意要有价值

创意要求我们做或者想新的东西，或者是把已有的元素进行新的排列组合，尤其重要的是这个新的东西需要有价值，否则只是一个"新点子"而不能称之为"创意"。"创意的新点子必须证明具有'合乎目的的适用性'。"②

2.创意依赖于背景环境

新与旧总是相对而言的，一个点子对于构思人来说可能是新的，但是对于其他人却可能只是老生常谈。个人的创意必须接受与外在背景相对应的测试。一般情况下，为了符合专利法的标准要求，创意除展示出一个超出该领域已知或已做到的"创造性的一步"，而且必须是可以付诸实践的新应用或者新技术。创意并不是一个偶然的发现，它必

---

①② 〔英〕克里斯·比尔顿著：《打破常规——创意与管理：从创意产业到创意管理》，新世界出版社2010年5月版。

须是经得起推敲的个人技巧的成果，要能以具体清晰的形式表达或组装。“创意经济学之父”约翰·霍金斯提出了创意经济下的知识产权保护的重要性，事实上，一个新的点子到真正实现它或者展示出来，其间经历的过程是痛苦的，一个点子艰难地发展和应用都要包含在知识产权的法律定义的范围内。正如克里斯·比尔顿在书中所说：“创意是包含不同思维方式的一系列的结果。”①

3.创意是艰难的

克里斯·比尔顿认为，创意经济之所以吸引各国政府和产业界人士，关键是因为它似乎摈除了传统资本主义的一些局限：人的头脑作为原材料，理论上是取之不尽、用之不竭的，市场是面向各个领域、面向全球的，消费需求也不局限于具体而有限的需要。但是，创意在现阶段仍然是一种相对廉价且有待开发的商品，在知识产权的全球管理与开发中，食物链顶端的进入壁垒仍岿然高筑。

(二)创意的管理

创意作为创意经济的核心要素，是决定创意经济能否持久发展的至关重要的因素，那么，如何管理创意就成为创意经济管理中的核心问题。很多人认为“创意”和“管理”是不相容的，而且创意和经济学会彼此损害，其实管理的任务之一就是管理这种张力，使人们拥有更多的创意，而不是更少。在约翰·霍金斯的《创意经济》中，针对创意管理列出了创意者、思想工作者、创意企业家、后就业工作、临时性公司、团队合作等十项内容作为经济原则或杠杆。创意管理的核心就是对创意者的管理，谈及这个话题我们来看一个案例。

［案例精选］ Google的创意管理

www.google.com是一个搜索引擎的网址，由斯坦福大学的两个博士生在1998年发明，于1999年正式创立Google Inc。从1998年至今，Google覆盖了全球100多个国家和地区，成为世界上最大的搜索引擎，迄今为止已经获得30多项业界大奖。Google在国际知名品牌咨询机构Interbrand公司推出的“全球品牌影响力排行榜”中，除2004年屈居第二外，其余年份都位居榜首。Google在美国纳斯达克股票市值高达1500亿美元，它是世界的神话。

图1—8 Google办公室环境

① 〔英〕克里斯·比尔顿著：《打破常规——创意与管理：从创意产业到创意管理》，新世界出版社2010年5月版。

对于Google的成功，业界人士认为它完美地实践了理查德·佛罗里达的3T原则，Google轻松的工作氛围为全世界熟知：免费的三餐，免费的医疗、美发、洗衣服务，办公室随处都是免费的零食和饮料……在轻松的工作氛围下，Google倡导着近乎理想的价值观：思考那些可能让世界变得更好的大事。在Google内部，没有人会轻易否定一个想法。在Google的办公楼里，没有约10米长的白板，上面均是员工书写的"伟大"计划。在公司里，没有截然分开的研究部门和产品部门，所有的工程师既是研究者又是生产者，任何人都可以在任何时候提出自己的创意，只要你足够自信你的创意是绝妙无比的，没有人会嘲笑你异想天开，没有人会说你不切实际，任何人都有机会把自己的创意变成现实。

图1—9　Google中国办公楼外员工个性签名

图1—10　Google员工在灵感涂鸦板前享用咖啡

Google这种研发一体的做法彻底消除了创新与实践之间的隔阂，同时最大限度地节省了管理与沟通的成本，提高了工作效率。Google不会像一般的企业把工程师禁锢在一个固定的项目中，一个工程师可以随时加入到自己感兴趣的小组，也可以同时加入好几个产品的开发过程。尤其值得一提的是Google的"点子库"，员工可以把自己想到的产品或者技术创意放进去，然后由其他员工票选评比，借此确定公司未来的研发方向。

Google的创意管理方式正是Google如此成功的关键因素之一。

二、创意经济的实质是知识产权交易

厉无畏在《创意产业新论》中谈到，知识产权是创意经济的财富源泉，知识产权的形成、保护和积累的过程也是创意产业孕育、成长和壮大的过程，创意经济实现市场化的基础是知识产权在创意产业链上的流动和交易。

(一)知识产权交易概念界定

我们知道创意产业的核心在于其创造性和创新性，创造性和创新性是基于创作者的个人创意、技巧和才华的一种智力成果，而知识产权正是其主体对其创造性劳动成果，依照相关法律法规所享有的垄断权力。

约翰·霍金斯在《创意经济》中认为，创意产业中知识产权通常包括专利权、商标权、版权和设计权。知识产权是创意资源有形化的载体。创意本身是无形的，只有对创意本身进行加工和产品化的手段才是有形的，这也是创意商品化的表现。厉无畏在《创意经济概论》中提到：在创意转变为知识产权的同时，创意本身也向着创意经济的实现跨越。创意经济是创新型经济，知识产权是创意作品到创意产品、创意产品到创意商品的转换器。保护知识产权实际上是保护创意的源头，更是保护创意者的个人合法权益，为创意的市场化和产业化提供了基本保障。厉无畏根据创意产品的创意与创意的物质附属性把创意产品分为两大类：一类是与物质载体具有紧密结合性，如小说、画作；另一类可以有多个载体，如动漫和商标设计。创意产业的市场交易往往具有特定的偏好和去向，突出地表现为对创意产品"创意"部分的特别关注，比如创意产品的文化内涵、科技内涵、市场前景和竞争力，这些都是市场交易双方所强调的，由此可以知道创意产业在知识产权方面的交易量相当大。进入市场交易环节的产品一般都具有相应的商标、专利、著作权等，创意产品也不例外，所以创意经济的实质是知识产权交易。

（二）知识产权交易的类型

厉无畏在《创意经济概论》中把创意产品的知识产权交易分为创意符号交易、创意要素交易、创意所有权交易、创意使用权交易四个基本类型。

1. 创意符号交易

创意符号是公司知识产权保护的基本范畴之一，因此，围绕创意符号可以产生大量的知识产权交易。例如，中国广东原创动力文化传播有限公司制作的动画片《喜羊羊与灰太狼》是近年来中国动画片的成功典范。喜羊羊、灰太狼、懒羊羊、红太郎等一系列动画人物形象家喻户晓，成为赫赫有名的创意符号。凭借这些创意符号，企业开发出了众多的项目，如与喜羊羊、灰太狼有关的卡通玩具、文具、儿童服饰甚至实景主题乐园等。围绕这些创意符号进行的深度开发，衍生出众多的知识产权交易。

2. 创意要素交易

我们知道，欧美发达国家的文化创意企业大多数倡议的是独立的营销之路，即成为标准的制定者。在企业扩展过程中，企业的产权交易不是围绕具体的产品进行，而是售卖标准。

[背景延伸]

2012年在中国娱乐界掀起狂潮的《中国好声音》就是浙江卫视与荷兰著名制片人John de Mol和Roel van Velzen之间进行的知识产权交易，浙江卫视斥资300多万人民币购买了版权。John de Mol和Roel van Velzen创造的《荷兰好声音》（*The Voice of Holland*）2010年在荷兰RTL4电视台播出，节目一亮相便吸引了300万电视观众（占荷兰总人口的18.2%)的眼球。2011年,《美国好声音》由美国国家广播电视公司(NBC)重新包装推出,一举成为王牌综艺节目《美国偶像》的最大竞争者。无独有偶,英国也加入The Voice行列,制作了《英国好声音》,此后法国、德国和韩国等也纷纷购入《荷兰好声音》的版权,都获得了巨大的成功。

这是典型的创意要素交易,The Voice的知识产权交易是围绕节目Logo(标识)的形式、角度、海报设计、宣传片头、导师们拿着麦克风的手势、现场红色的背景,甚至导师所坐的椅子等进行的。在节目第一期录制时,版权方的导演都会在现场观看指导,对灯光、布置、音响等提出建议。另外,对于四位导师,版权方要求有两个国内一线大牌、一个年轻人非常喜欢的歌手、一个选秀歌手或是有坎坷经历的较其他三位年轻的歌手;学员方面,版权方则要求采用五分制,三分声音,两分故事。此外,版权方还要求乐队必须是现场演奏,以增加节目的震撼力。

事实上,创意要素交易并不是横空出世的,在餐饮行业,创意要素交易早就被广泛应用,例如麦当劳、星巴克和必胜客都是采用这一模式。

3.商标的交易

从本质上来说,一般商品、知名品牌和公司企业的商标都是极富创意的文化象征符号。[①] 抛开具体的物质载体,即物质商品和经营实体本身,仅仅一个"商标"的具体名称、具体图案、具体符号就蕴含了非常丰富的信息。商标本身可以作为创意产品进入市场,企业甚至可以单纯就自己的商标进行拍卖。

1996年"王老吉凉茶"以"中国人自己的凉茶"成功打入市场,成为全国最知名的凉茶品牌,这得益于加多宝公司成功的市场营销。直到2011年"王老吉"与"加多宝"之间爆发商标之争,商标的产权问题再次得到社会的广泛关注。近两年,重复率最高的电视广告非"加多宝凉茶"莫属,观众戏称"加多宝"广告就是为了告诉观众"我就是王老吉",商标在市场经济下的作用可见一斑。随着技术的发展,产品种类的日益增多,产品的特征和服务也趋于同质化,市场进入了品牌竞争时代,谁的品牌更受消费者认同,谁就是市场的赢家。对于创意企业来说,商标已经成为企业珍贵的无形资产和进行市场竞争的锐利武器。

关键术语

商标是商品的生产者、经营者在其生产、制造、加工、拣选及经销的商品上或者服务的提供者在其提供的服务上采用的,以区别商品或服务来源,由文字、图形、字母、数字、三维标志、颜色组合,或上述要素的组合,具有显著特征的标志,是现代经济的产物。

① 蒋三庚、王晓红、张杰主编:《创意经济概论》,首都经济贸易大学出版社2009年版。

4. 专利和著作权的交易

相较于创意商品的商标式市场交易，专利和版权形式进入市场交易的创意产品占据了更大的市场份额。在音乐市场和出版市场，版权交易是市场交易的核心部分，并产生了一系列的衍生交易。在版权贸易日渐发达的今天，由原书主题创意引发的知识版权延伸交易不断出现，如纸皮书版权、图书俱乐部版权、转载权、电子书版权、电影电视改编权、复制权等。只要涉及相关的衍生品，专利和著作权的交易就必然发生。

(三) 中国知识产权交易中心

胡锦涛同志曾就知识产权的保护作出重要讲话：加强我国知识产权制度建设，大力提高知识产权创造、管理、保护、运用能力，是增强我国自主创新能力、建设创新型国家的迫切需要，是完善社会主义市场经济体制、规范市场秩序和建设诚信社会的迫切需要，是增强我国企业市场竞争力、提高国家核心竞争力的迫切需要，也是扩大对外开放、实现互利共赢的迫切需要。要充分发挥知识产权在增强国家经济科技实力和国际竞争力、维护国家利益和经济安全方面的重要作用，为我国进入创新型国家行列提供强有力的支撑。①

随着中国有关知识产权保护制度的不断完善，中国在北京、上海等省市先后建立了知识产权交易中心。与此同时，圆通(上海)企业管理有限公司还建立了中国知识产权交易中心网站，在网站中可以明确地看到知识产权交易的类目，可以对自己的知识产权进行评估和售卖，这是中国知识产权交易不断规范化的标志。

三、创意经济的动力是创新

关键术语

熊彼特认为，“创新”就是把生产要素和生产条件的新组合引入生产体系，即“建立一种新的生产函数”，其目的是为了获取潜在的利润。

1912 年美国经济学家熊彼特在他的德文著作《经济发展理论》中，首次提出了“创新”的概念。20 世纪 90 年代，我国把“创新”一词引入科技界，形成了“知识创新”、“科技创新”等各种提法，进而发展到社会生活的各个领域，使创新的说法几乎无处不在。清华大学科学与社会研究所教授李正风认为，“创新”一词在我国存在着两种理解，一是从经济学角度来理解创新，二是根据日常含义来理解创新。目前，人们经常谈及的创新，简单说来就是“创造和发现新东西”。这里使用的实际上是“创新”的日常概念。从这个广义的概念上来看，人类社会的每一次进步都离不开创新。

① http://news.xinhuanet.com/newscenter/2006-05/27/content-460 8742.htm.

创意，狭义来讲是指文学、音乐、美术等文化艺术元素的原始创新、集成创新和引进消化再创新。[①] 由此来看，创意和创新有着相似的内涵，只是创新包含的领域更为广泛，并不是所有的创新都是创意。一般来说，创新活动应用于传统制造业，而创意活动是将文化、艺术元素融入传统制造业，在产品价值中的比重超过了物质要素。

（一）创意是人本价值导向的创新——创新内涵的人文化

后现代经济的最大特点就是定制。定制与工业化大规模生产相对，表现出以独特性价值为基础的产品差异性。凯夫斯在《创意产业经济学》中指出一个现象：创意性产品的特性、基调、风格"独立于购买者对产品质量评估之外"，"当存在横向区别的产品以同样的价格出售时，人们的偏爱程度是不同的"。由创意决定的产品差异性，对创造高附加值的贡献，远远超过产品质量的贡献。这是因为，创意的本质就是捕捉满意和快乐。而在人类满足于基本的物质生活之后，快乐不再以效率为依据，而转以差异性、不可通约性、个性这些反效率的尺度为标准，这种反效率的尺度，是创意产品的"质量控制标准"。凯夫斯在《创意产业经济学：艺术的商业之道》中指出的又一特殊现象是：创意产业人员关注的"往往并非利益最大化问题"，答案还是在价值与效用的区分上。

行为决策学研究者奚恺元的一项研究表明，在人均3000美元收入的地区，效用与价值的相关度下降到2%以下。此时，企业甚至经济的性质都发生了质的变化。此前，经济是以效率为核心的，利益最大化，实质表现为效用最大化；此后，经济转向兼顾效能和价值，效用最大化就逐步受到价值最大化的挤压，表现为文化理念对消费者估价的影响加大。创意正好作用于这一区间。

凯夫斯在《创意产业经济学：艺术的商业之道》中还谈及一个现象：对创意活动，消费者更加偏好具有多种技能、全面发展的熟练人员，而不看好只有一技之长的专业人员。用创意经济学中的人文价值理念可以很好地解释这一点：消费者要求创意者具有多种技能，这是针对价值，而不是针对效用的。因为分工专业化，虽然在涉及效率的领域具有相对优势，但在创意要求的价值整合领域，并无所长。

（二）创意是生物进化方式的创新——创新方式的人文化

对创意来说，仅有科学管理是不够的。当创新在内容上体现出更多人本化价值特点时，创新方式相应就会更多地转向"艺术化创造"。与"工业化制造"相比，"艺术化创造"（也就是创意经济的生产活动）不像机器运动，而像生物运动，比如，它体现出更多的自发性的特点。创意是自然而然的，要求自然放松、水到渠成。以最大化理性为理念的管理，

---

① 蒋三庚、王晓红、张杰主编：《创意经济概论》，首都经济贸易大学出版社2009年版。

对创意是不适用的，它要求更人性化的管理。

创新日益成为创意的原动力，这对组织和制度提出了特殊的变革挑战，要求组织具备更多有机体的生物特征，要求制度成为一个学习演进的过程。创意要求生产组织成为有机共同体，而不是原子式的契约组织。创意型组织要求简化合同，充分利用组织的有机资本和信誉度等“有机的”资源来降低合作的交易费用。凯夫斯认为，在创意经济中，制度不是僵化的理性形式，而是在有限重复博弈中学习演进的过程。在这一过程中形成有限理性，既不像绝对理性那样僵化，也不像单纯的经验那样不确定。

（三）没有创新就没有创意经济

创意经济的核心要素是创意，而创意经济的动力是创新，说明创新与创意经济是共同存在、相互依存的。创新的思维是创意得以产生的必要条件，创新意识是创意产生和发展的必备元素。在创意产品化的创意经济活动中，创新只有贯穿始终，才能保证创意产品的独特性。所以，我们说没有创新就没有创意经济。

四、创意经济的表现形式是创意产业

“创意产业指源于人的创造力、技能和才华，运用知识产权的作用，具有创造财富和就业潜力的行业。”[①]创意产业包括广告、建筑、艺术和文物交易、工艺品、设计、电影、音乐、表演艺术、出版、软件以及电视、广播和创意生活等行业。

纵观古今，历朝历代都有创意的存在，从蔡伦造纸到毕昇发明活字印刷术，到造纸术和印刷术的广泛普及从而产生了书籍的买卖，都是创意运用于经济的情况。但是创意经济只有在创意开始具有主流产业形态、基本生产方式和体系化的经济范式意义的时候，才具有独立意义。在现实的社会经济中，创意产业引领着“创意经济”的概念，因为创意产业本身不仅具有其他产业类别的共同特征，本身也是新型产业业态的代名词。与此同时，创意产业在发展过程中，不断作为中间投入要素融入其他产业中，成为创造财富或者使财富增值的创意资本。

根据理查德·佛罗里达对创意经济的理解：创意经济是一种新经济形态，创意产业则是创意经济中的一种产业业态，那么我们可以说，创意产业是创意经济的表现形式。

（一）创意产业引领新的创意经济

厉无畏在《创意产业新论》中提到，创意产业重塑了传统的产业结构，传统意义上的产业是同类企业的集合，是按照研发、生产、销售的一般流程组织生产的，逐渐形成了单

---

① 蒋三庚、王晓红、张杰主编：《创意经济概论》，首都经济贸易大学出版社 2009 年版。

向的生产链结构，彼此之间缺少横向联系；在创意发展的过程中，创意从相关的产业中分离、独立出来，其本身成为其他产业的投入要素，创意产业可以为所有产业提供创意服务。在组织形态上，创意产业彻底打破了传统产业之间泾渭分明的模式，可以同时与不同的产业产生关联，第一产业、第二产业、第三产业均可以与创意产业相互融合。我们可以确定地说，创意经济是通过创意、研发和设计的价值组织产业流程。

创意经济作为一种新的经济形态，是对传统旧经济发展模式的颠覆，创造了一种契合现代社会经济变化的新的发展模式，而创意经济的成形和发展依靠的是创意产业的发展，创意产业发展的优劣直接影响创意经济形势的好坏。

（二）创意经济的演化路径

“系统深化”和“系统广化”是系统经济学中“系统化”概念的延伸与推广，分别反映经济系统内部各经济元之间的关系及其关系转化的两个不同方面。具体来说，创意经济的演化历程在演化路径上，遵循系统深化和系统广化的内在规律。

> **关键术语**
>
> 系统深化是指经济系统内部各经济元之间关系不断加强的过程；系统广化则是指系统和外界环境之间联系范围不断拓宽的过程。

创意经济中，系统深化的实质就是产业链和价值链的延伸。创意产业系统在形成过程中，相伴而生产业链、价值链的延伸现象，从系统内部各个子系统之间关系的变动情况看，反映了系统深化的过程。首先，创意产业系统在形成过程中，产业链、价值链上节点的数量不断增加，反映了创意产业系统不断细化、经济主体不断丰富的过程。其次，创意产业系统在形成过程中，产业链、价值链上各节点之间的相互关系不断加深，反映了创意产业系统各个子系统之间经济关系的不断加深。

在创意经济环境下，系统广化的实质就是跨媒体、跨区域、跨行业扩张。与系统深化相对应，系统广化是系统本身与外部环境之间的联系范围不断扩大的过程。从本质上来说，系统广化促进了经济系统潜在关系的显化，以及与经济系统具有联系的外部环境范围的不断扩大，从而进一步导致经济系统规模的扩大。创意产业的发展壮大，就是系统广化的过程；广化达到一定程度，完成量变到质变的飞跃，创意经济本身也就得到了发展。

创意经济具有不同于工业经济特征的运行规则，由此衍生出企业间的新型关系，以及在此基础上形成的产业系统集成性质。产业系统集成性质就是我们通常意义上所说的产业集群。在创意经济中，文化创意产业集群是创意产业化的标志之一。文化创意产业集群的发展与壮大直接关系着创意经济的发展。

五、创意经济的核心问题是合理定价

对于创意产品的合理定价问题，一直是创意所有者面对的最大难题，首先我们来看看创意的“定价难”问题。

[案例精选] 曲高和寡 创意产品难迈定价关①

如果把创意产品比作自家酿造的“美酒”，很多文化创意类小微企业却走不出“巷子深处”。

从日前我市公布的小微企业发展情况上看，文化创意类产业是创业者比较青睐的领域之一。市工商联(总商会)创意产业商会会长周晋介绍，重庆已有文化创意类企业4万多家，其中小微企业占4700多家。然而，近日商报记者走访九龙坡、沙坪坝等多家文创小微企业了解到，这些绞尽脑汁完成的创意产品并不很吃香。

困境一：定价不准不被买账

曾是重庆工商职业学院传媒艺术系的老师俞明，借助发展小微企业政策，投资10万元成立了“根号二”品牌设计坊，专攻企业品牌设计。“我的团队中，大多是有着专业知识、丰富设计经验的大学生，创意好、起点高，但起初在重庆却显得有点水土不服。”俞明说，低于5000元的单子都不接，而市场上广告公司或印刷公司却只需几十元至几百元不等，低价抢食时有发生。

重庆三山工艺品厂创始人朱成元，将中国戏曲、神话、社火的夸张脸谱画上木质、古朴的饭瓢、水瓢上，制成了“脸谱瓢”。“脸谱瓢”一个要花上几小时，最大的每个上千元，最小的则售160元。尽管最高月营业额达2万元，但除去人工、成本等，利润并不高。行业人士介绍，企业要价不被市场接受，实则是产品价值与价格不对称，价格只是冰山一角。

困境二：定位高不成低不就

图1—11 朱成元和木勺脸谱

重庆市工商联(总商会)创意产业商会会长周晋称，目前该商会100多户会员企业中，遭遇销售难的不在少数。周晋分析，重庆一些文化创意企业规模较小，却想一口吃成个“胖子”，这是导致文化创意企业销售不佳的主要原因。这样一来，就造成大订单接不了，小订单又不够“吃”，一部分文创企业处于亏损状态。重庆云视动画制作公司总

① 严薇：《曲高和寡 创意产品难迈定价关》，《重庆商报》2012年8月1日。

经理薛梅称，国内每年制作的动画产品达 20 多万分钟，全国动漫产业基地多达数十个，国内有上万家动漫企业在抢食，像他们这种资质浅、渠道少的公司想接原创单子很难。

周晋表示，目前我国多数文化创意精英都集中在“北上广”，本土企业多数开不起高薪酬。此外，创意的优势不突出。在全国具有知名度的品牌少，集聚度不高，产业链也不完整，部分企业产品结构都不完整。

(一)合理定价难的原因

对于创意经济来说，核心问题是如何对创意这种特殊的产品进行合理定价。作为一种特殊的产品，创意很难通过市场的一般规律和知识产权交易来直接定价。

蒋三庚在《创意经济概论》中解释了合理定价难的原因：首先，创意产品的“创意”的难言性，决定了对其进行直接的市场交易面临巨额的交易成本，直接定价难以全面反映其内涵。[①] 其次，创意的不确定性，使得创意者在创业活动过程中，要承担比普通创业者更大的市场风险、生产风险和财务风险。创意的价值可能随着时间、科技、受众接受各方面因素的变化而变化，从而导致创意产品价值的变化，所以我们很难对创意本身进行一次性的合理定价。最后，创意的互补性及其集聚社会资源的高吸收能力，能够带来社会资源的重新整合和优化重组，从而带来“组织租金”的收入。在这个环节中，创意的贡献是不可估量的，很多直接的、未经过市场转化的市场交易，无法对这种收入进行准确的估计。

(二)如何对创意进行合理定价

蒋三庚就创意的合理定价问题给出了自己的建议：一是通过知识产权交易市场特殊的机制来进行；二是通过创意所有者的创业活动来实现，即通过创意所有者自己成立创业企业来实现。对于创意创业者，重庆工商大学教授、玺尚瑞资讯公司高级顾问姜维给出了自己的建议：“要拓宽销路，要克服产品定价、定位上的感性因素。”就中国的创意产业来看，不少文化创意类小微企业由于是小团队设计，在定价时往往将对作品的感情因素加注在价值之上，导致产品定价偏高。在缺乏第三方评价机构的情况下，经营者更应降低对产品的心理价位，自己认为是高端产品的按中端产品定价，中端产品的按中低端产品定价，小微企业在设计文化创意产品时应更加大众化，同时应偏向于提高技术含量。

总而言之，对创意产品的合理定价需要创意所有者在创意经营中不断摸索。

---

① 蒋三庚、王晓红、张杰主编：《创意经济概论》，首都经济贸易大学出版社 2009 年版。

第三节 创意经济的形成

一、创意的循环

(一)创意循环的主体是创意阶层

创意经济的核心要素是创意,而创意来源于人。毋庸置疑,创意经济是“以人为本”的经济形态,这也是我们之前提到的创意经济和其他传统经济的主要区别之一。所以,创意阶层在整个创意经济中处于关键地位。正是因为有创意者的创新思维,才有了一个个鲜活的创意灵感与现代科学技术、艺术相结合形成的独特的创意产品,极大地丰富和美化了我们的生活。

通俗地讲,创意阶层是由一群创意人才组成的。根据创意产业链上创意人才的分工不同,我们可以把创意人才分为创意的生产者、创意生产的引导者和创意产品的经营者三个类别。通过对创意人才的专业化细分,我们不难看出,创意阶层贯穿了创意经济的整个过程,是作为创意循环的主体存在的。

(二)创意的循环链

一个完整的创意产业链可以简单地划分为原始创意、创意产品、创意产品的商品化、市场交易等几个环节。在创意实现其价值的过程中,创意工作者时刻都可以接收到市场上通过各种渠道反馈而来的各种各样的意见,这些信息在他们的脑海中经过创意思维的加工,可能激发出新的创意灵感。整个创意产业链,通过信息的不断产生、实现创意、反馈信息、激发创意的动态循环过程,构成了创意经济的独特性质,这也是创意经济区别于传统经济类型的根本原因。

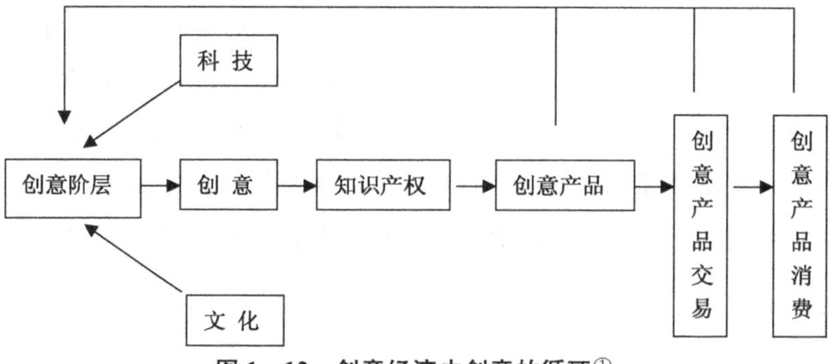

图 1—12 创意经济中创意的循环[①]

① 蒋三庚、王晓红、张杰主编:《创意经济概论》,首都经济贸易出版社 2009 年版。

二、创意经济的形成：两次飞跃

创意虽然离不开人，但是仅有人力资本是远远不够的。只有当人力资本与文化、科技、社会等其他因素相结合，才能迸发出好的创意。创意及创意的产生是整个创意经济体系的核心。创意经济的形成过程要经过“两次飞跃”。

(一)第一次飞跃

创意是整个创意经济的核心，如果没有创意，创意经济也就是无源之水。创意经济的蓬勃发展是以创意为源头而形成的一条长长的产业链条。因此，创意的生成是创意经济形成过程中最重要的阶段，我们称之为第一次飞跃。

(二)第二次飞跃

但是，创意生成后，它并不一定会带来经济行为。只有能够产品化、商品化的创意，依附于它的载体走向市场、走向交易，才会给创意者带来市场和经济价值，给消费者带来使用价值。因此，创意的产品化、商品化环节是创意经济形成的必备阶段，我们称之为第二次飞跃。

第四节 案例：把创意做成生意——分众传媒

如果打开搜索引擎，搜索“江南春”关键词，你看到的将不再只是杜牧“千里莺啼绿映红，水村山郭酒旗风。南朝四百八十寺，多少楼台烟雨中”的诗情画意，更有“分众传媒”CEO——江南春先生。在过去的两个年度，他跃居胡润少壮派富豪榜前十位。“从学生诗人到亿万富翁的创业传奇，从广告销售员到‘新媒体教父’的创意思维”，这是大家对江南春的经典评价。

图1—13 分众传媒公司

一、分众传媒及其创始人——江南春

分众传媒(Focus Media)，是中国围绕都市主流消费人群的生活轨迹而打造的无时不在、无处不在的数字化媒体平台，是中国领先的数字化媒体集团。分众传媒旗下拥有商业楼宇视频媒体、卖场终端视频媒体、公寓电梯平面媒体、户外大型LED彩屏媒体、手机无线广告媒体、互联网广告平台、分众直销商务DM媒体及数据库营销渠道等多个媒体网络。分众传媒以独创的商业模式及媒体传播的分众性、生动性、强制性，赢得了业界的高度认同。2005年7月，分众传媒成功登陆美国纳斯达克（股票代码FMCN），成为海外上市的中国纯广告传媒第一股，并以1.72亿美元的募资额创造了当时的IPO纪录，目前市值超过70亿美元，是纳斯达克中国上市公司龙头股。2012年8月13日，分众传媒收到35亿美元私有化要约。

目前，分众传媒所经营的媒体网已经覆盖100余座城市、数以10万计的终端场所，日覆盖超过2亿的都市主流消费人群，在业内已成为中国都市主流的传媒平台之一，其传媒效果被众多广告主所肯定。

图1—14　江南春

江南春，分众传媒集团创始人、现任董事局主席，被业界誉为“中国广告传媒业一个点石成金的传奇人物”。江南春把生活中随处可见的“无聊时间”变成数以亿计的财富，进而把中国推入了新传媒时代。2003年他创立了分众传媒公司，短短两年之后，分众传媒就登陆美国纳斯达克，以1.72亿美元的募资额创下了当时的IPO纪录；紧接着，江南春趁势先后将框架传媒、聚众传媒、玺诚传媒等竞争对手收入麾下。2006年，一个极具规模、多层次、多方面的数字化传媒帝国浮出水面……

江南春的财富故事，为我们完美地诠释了“把创意变成生意”这句话。

二、横空出世的“分众化”理论

理查德·佛罗里达在《创意阶层的崛起》一书中告诉我们一个至关重要的事实：创意阶层在中国已经崛起，“创意在各个国家迸发出巨大的爆发力，成为撬动一国经济的杠杆”①。这是21世纪以来我们必须承认的事实。中国也正在从“中国制造”逐步走向“中国创造”、“中国创意”。譬如，马云改变了全世界范围内的经商模式，通过淘宝网和阿里巴巴，每个人都可以成为“老板”，“老板”甚至不用费口舌去推销自己的商品，就会有消费者自己上门询问；而江南春为中国广告赋予了新的智慧，让每个人都看到了一个全新的广告时代。江南春说：“在传媒行业，需要天马行空的想象力，这些形成创意的想象力是

① 文信平：《江南春——创意创造生意》，中国经济出版社2009年版。

广告市场的生命源泉，否则市场就是一潭死水。”

谈及分众传媒，必须从江南春的创意之初开始。在“分众传媒”成为一个偌大的广告商业帝国的时候，它最初的创意突破点未免显得有些普通。我们知道“分众传媒”的划时代意义在于它开创出一个新的媒体视频广告行业，据说这是江南春在上海的百货商场等电梯时，被舒淇代言的 RED EARTH 平面广告所吸引，猛然发现这就是他一直苦苦探寻的最佳广告模式。他发现，如果能在电梯门口播放电视广告，那么所有等电梯的人都会不由自主地关注电视播放的内容。

其实早在 20 世纪 90 年代，江南春就凭借自己的聪明才智和不懈努力，成功创办了永怡传播；到 2000 年，永怡传播已经成为上海 IT 领域最大的广告代理商，占据 95%以上的市场份额，永怡的营业额突破了 1.5 亿元人民币，成为中国广告行业的 50 强之一。但是随着纳斯达克市场上的互联网企业开始做自由落体运动，拖动几乎所有的高科技企业，包括通信、软件、半导体一起跳水，互联网经济泡沫的破灭使永怡传播也受到了致命的打击，永怡瞬间失去了 7 个互联网客户，失去了支柱性的经济来源，连基本运作都成了问题。江南春又重回销售员岗位，在苦闷的“跑单”过程中，他深刻反思了自己的事业，发现中国广告最大的问题就是“分众性很差”，大多数的广告商都处于“我们知道自己的广告费有一大半都被浪费了，但是却不知道浪费在哪里”的尴尬境地，这是“分众传媒”的理论基础原型。

三、江南春的创意理论

江南春有句话，“一年出轨一次是道德的”。江南春所谓的“出轨”，就是每个人都要有颠覆性、反逻辑性的观点，甚至于在江南春的办公室里，还高悬着两个大字“变态”，让员工改变常态的思维方式。因为他始终认为，最保守的信条不见得安全，反而可能是最危险的。“变态”的江南春走出了一条不同寻常的道路，这是江南春的“变态”理论。

广告无疑是属于创意产业，没有创意的广告无法吸引消费者。江南春倡导的“变态”理论促成了对“空巴士”理论的全新诠释：“相信在生活中，大家都尝试过在交通状况不太好的天气里打计程车。以前，在计程车一时难叫之际，不少计程车司机都以各种各样的理由回绝短程的客人。当这些短程客人乘车时，司机便会赶人甚至摆出不好的脸色，告诉搭乘者他去往哪个方向。其实这些司机是宁愿空车，情愿在一些大饭店和大百货公司的门口空着车子苦等客人，甚至浪费许多时间，就是不愿意赚那些小钱，为的是在这些高档场所门口等候更大的‘生意’。”他们心里的想法便是：或许下个客人要去的地方很远，这样就不那么容易堵车了。多数经营者把司机的这种“空车理论”视为不明智且极其愚蠢的做法，一点也不认为这些宁愿让车空着的司机能有多好的业绩，也不相信他们在人生中能跑出多好的成绩。然而，盛大网络 CEO 陈天桥的成功刺激了江南春，江南春发现只有发掘别人没发现的产业模式，才能创造出超额的利润。江南春是这样总结“空巴士”理论的：当一般人在人满为患的巴士上厮打，为自己赢得了一点空间而自我感觉良好时，陈天桥已经坐上没有人争抢的巴士狂飙而去，令你望尘莫及。我们在没有空调、热得要命的大巴里挤来挤去、不停地与人搏斗的时候，他却在寻找跑车，他愿意花很大力气去找。江南春终于意识到，只有自己创造一个产业，然后快速地确立自己的垄断地位，才能把对手甩在后面。“空巴士”理论的产生，为江南春打开了一扇通往“蓝海”的大门，也拯救了濒临绝境的永怡传播。

在后来分众传媒的发展历程中，江南春的“变态”思维被彻底地发扬光大。他认为，电视广告不一定只能存在于漫长的夜晚，相反，存在于人们的注意力更集中的白天，效果会更好。当东方之珠等广告公司闻风而动、哄抢楼盘、试图以新闻内容来夺人眼球时，江南春却坚持着“分众只做广告”的理念。

四、“分众”的创意模式

我们说江南春的广告帝国具有划时代意义，是因为他的成功告诉世界“广告可以出现在世界任何一个角落”。江南春的“分众传媒”选择新媒体作为产业依托，他没有选择报纸、杂志这些传统媒介系统，更没有选择城市里鳞次栉比的户外平面广告，而是选择了新媒体。江南春认为，新媒体有两种力量带动：一是新的技术；二是新的媒体接触点。这个新的媒体接触点就是写字楼里的电梯，而在新技术的选择上，江南春看中了外形美观、省电、图像表现力更好的液晶电视。今天，“液晶屏＋写字楼”创造了一种新的商业模式。

我们在评论一个企业的盈利模式的时候，往往着眼于企业的盈利模式是否多种多样，认为盈利模式多样的企业才更具有发展的潜力。然而，“分众传媒”的盈利模式却令人大跌眼镜：细分受众的单一盈利模式。“分众就是区分受众；分众传媒就是要面对一个特定的受众族群，而这个族群能够被清晰地描述和定义，这个族群恰好是某些商品或者品牌的领先消费群或重要消费群。”[①]江南春从一个传媒行业者的角度阐述了他的分众理念。确实如此，我们的生活中有这样一个特定的族群，他们向来都有选择性地接触自己喜欢的媒介，比如聊天只用 MSN，读报纸只看财经专版，化妆品只用某一个固定的品牌……以商务人士为例，江南春这样描述商务人士的生活：他们的生活习惯已经改变，早上开车或者打车上班，到了办公室，首先是回 e-mail，上午 10 点客户来了，他们就开会讨论业务，12 点吃午饭，接着下午见另外的客户，晚上约人吃晚饭，之后可能约客户泡吧，建立商务伙伴的友情，深夜十一二点回到家，很累，洗澡后倒头睡觉，周末可能约朋友打高尔夫球，或者是陪老婆购物，陪孩子玩。在江南春看来，面向这类人的广告，传统媒体是

---

① 文信平：《江南春——创意创造生意》，中国经济出版社 2009 年版。

没有多大效应的。“一般的报纸，他们根本就看不到，他们平常开车经过不了报摊，地铁他们也不会去，只有地下车库，他们会经过。报纸在办公室有，但他们回 e-mail 都来不及，也没有时间看报纸。晚上回家他们也看电视，但可能看 10 分钟就睡着了。而在开车途中，确实会看到一些广告，但他们根本就没心思看，因为他们要不断地打电话。针对这些人群，就要在他们常在的会所、健身房、办公楼宇等地方树立媒体。广告商无从得知人群的喜好和空闲时间，只能选择粗放地发放广告，期盼被一小部分人注意。”所以江南春的“分众”很好地解决了这个问题，他关注的就是“三高”群体：高学历、高收入、高消费族群，他们是城市中消费最活跃、消费能力最强的群体。

分众传媒在细分受众的基础上，独到地采用了“分众式营销”。与大众化的营销相比，分众式营销指的是将消费群体进行明确细分，针对特定目标消费群，推出相应的细分产品，并以特定的价格，通过特定的渠道和传播、促销方式进行差异化营销的一种精确营销手段。到目前为止，分众传媒先后建立了卖场联播网、公寓电梯联播网、商旅人士联播网、领袖人士联播网、时尚人士联播网、医药联播网、城市彩屏联播网、分众无线手机广告和分众直销。同时，随着传媒情况的发展和研究的深入，分众传媒可以发展出更多的联播网。我们不必吝惜夸奖：江南春的分众传媒开创了中国广告营销的新纪元。

分众的成功模式，不同于以往任何媒体，它并不仅仅创造了全新的传播渠道，更是开创了中国广告区分受众的新模式。“分”是对传播对象的不断区分细化，分而销之。“分众传媒”几年来的经营证实：楼宇广告看准白领，主要播放手机、汽车等广告；超市，播放日常消费品广告；机场等处，瞄准商务人士播放广告。专注于一种传播方式，坚持单一的盈利模式。分众传媒的分众营销方式与奥美广告创始人大卫·奥格威提倡的“精准营销”不谋而合。所谓精准营销，就是在精准定位的基础上，建立个性化的顾客服务体系，以可度量的方式去实现企业的经营目标。简单来讲，就是根据客户的个性化需求，提供独特的营销服务。理论上来看，“精准营销”是“分众营销”发展的高级阶段，是把“众”细化为“人”，这也是江南春“分众传媒”的发展方向。

“分众传媒既不是电视媒体，也不是户外媒体，而是生活媒体。这其实是我们的根基，是我们创造更好的媒体效果的独特个性。”①分众传媒正在发展更多的广告媒介形式，它已经把行业的触角伸到了手机、短信、互联网领域，创造了“12 秒”收费模式，即手机用户看到广告之后，只有跟广告主通话，并且通话时间超过 12 秒，才计此次通话为一次广告。这种广告模式被称为“PPC(Pay Per Click)”。PPC 的推出使广告主们第一次感受到“先吃饭，后买单”的上帝待遇，不必再为了广告效果的不可评估性而头疼。分众传媒的此项业务无疑将受众精确到个人，把广告的单方面推出变成了双方互动。这种手机广告

---

①　文信平：《江南春——创意创造生意》，中国经济出版社 2009 年版。

模式在日本已经被广泛应用，被称为“点告”，是分众无线的核心产品。在具体操作中，分众无线利用技术手段对手机用户的手机型号、浏览习惯等进行调查，评估手机用户的消费需求和购买力，为不同的用户提供不同的广告，那么，男性消费者不用看女性用品广告，青年人也不用关注助听器广告。

分众传媒的创意经营模式是分众传媒不断发展壮大的不竭动力。

五、分众的并购“创意”

分众传媒在经营稳定之初，就以迅雷不及掩耳之势在全国各大城市掀起了“圈地”运动，在短短两年多的时间里，江南春在全国 45 个城市中“占领”了 2 万栋商业楼宇。据最新的统计数据显示，分众已在全国拥有 3.75 万块液晶屏。《福布斯》杂志这样描述江南春：“江南春以最快的速度占领当地的主要高档写字楼，将剩下的市场空间留给了随后出现的模仿者。”

伴随着分众传媒的上市，被激活的户外广告市场在分众的引领下呈现出一派红海景象，无数个“小分众”极尽所能地在能想到的地方挂上了液晶屏，而楼宇资源的稀缺和再生速度缓慢，开始制约分众传媒的发展。据统计，从 2005 年开始，分众传媒以楼宇广告为出发点，在广告界展开至少 20 次以上的大规模并购，在 2007 年就完成了 12 次。对于分众传媒的规模性并购，江南春说道：“谁最可能代替你，你就把谁的位置占了”，这就是江南春的“占座原理”。他认为，与其自己找座位还不如花钱买座位，这样可以大幅度降低机会成本。江南春的并购理论在社会主义经济政策下未免显得有点垄断之嫌。众所周知，分众传媒和聚众传媒的并购是广告界的大事件，对于两个企业，尤其是分众传媒来说，是发展的关键点。江南春这样总结聚众传媒的并购案例：“这是为了避免双输局面。”并购之前，“分众”与“聚众”已经僵持了 3 年之久，双方在抢楼、抢客户上显得不择手段，有时一个 100 万的广告案，一方宁愿报出 30 万的低价，也不愿意让对方中标。那段时间，分众和聚众的竞争陷入了“妖魔化”境地。从这个角度来看，并购是一次整合、优化市场的重大举措。

“创意，是带着镣铐的完美舞蹈。”这是江南春对创意的诗意总结，也是分众传媒创意不断的力量源泉。

思考题

1. 什么是创意经济？
2. 简述创意经济的形成过程。
3. 简述创意经济的基本特征。
4. 试分析一个“把创意做成生意”的案例。

第二章　创意与创意产品

本章要点

1. 创意的含义与特征
2. 创意产品的特征
3. 创意与创意产品的关系
4. 案例:《三国杀》的创意与诞生

第一节　创意——你心中的奇思妙想

一、什么是创意

什么是创意？即“点子”、“主意”或“想法”，简而言之，你心中的新奇的、别具一格的、与众不同的点子或想法就是创意。创意就是创造性的思维活动，是创作的源泉。

广义的创意是指头脑中的一种思维和有形的创作；狭义的创意即指创作。我们在这里的阐述以广义的创意为主。

创意在我们的生活中无处不在，如图 2－1 所示，当用闲置的易拉罐制作出简易、免费的 WIFI 时，创意就发生了。

(一)思维的方向

英国著名哲学家弗兰西斯·培根曾说：“跛足而方向正确的人，能超过健步如飞但误入歧途的人。”如果把思路比作道路，思维方向的重要性便可想而知。恰当的思维方向是创新成功的关键因素，在一定的创造性思维方向指引下进行思考的过程就是创造力，化创造力思考为具体产出的过程即是创新。

对于思维方向的研究不是古来有之的，自美国心理学家吉尔福特提出“发散性思维”的概念、英国认知科学家德·波诺倡导“横向思维”以后，人类开始关注思维方向。思维视角的不同，决定了思维不同的前进方向。思维方向较思维形式与创造过程的关系更为重要；思维形式可以帮助人们在微观上把握创造过程，而思维方向则关系战略大局。

人们日常所熟悉的思维方向有哪些？创意思维的方向又有哪些？它们有什么不同？在创意过程中，如何运用这些思维方向来获取灵感、打开思路、创新突破呢？下面我们来一一进行了解。

聚合思维、纵向思维、正向思维、逻辑思维是我们日常生活中经常训练与运用的思维方向，可以使我们的生活有序、归纳、快速达到目的；而与之相对的发散思维、横向思维、反向思维、非逻辑思维，则由于其散漫性、开放性、看似漫无目的性、跳跃性而被人们日常逻辑性处理事件时所忽视。这些发散性、拓展性的思维方向自被发掘以来，逐渐显露在人们的日常生活和行为当中，对创意的产生具有重大作用。

1. 聚合思维与发散思维

根据聚合思维的定义，我们可以把聚合思维简单地理解为人们利用已有的知识、经验，从不同来源、不同材料、不同层次探求出一个正确答案的推理性、逻辑性的思维方法。因此，聚合思维对于从众多可能性的结果中迅速作出判断、得出结论是非常重要的。

关键术语

聚合思维(Convergent Thinking)，是指从已知信息中产生逻辑结论，从现成资料中寻求正确答案的一种有方向、有条理的思维方式。聚合思维又被称为求同思维、集中思维、辐合思维或同一思维等，即把广阔的思路聚集成一个焦点的方法；它是一种有方向、有范围、有条理的收敛性思维方向，与发散思维相对应。

图 2—1 易拉罐免费 WiFi

这种思维方向在维系人类思维发展的继承性、统一性方面具有积极的作用，但如果过分依赖它，则容易导致保守、僵化。聚合思维具有同一性、程序性和比较性三个特点。

聚合思维在学生的学习当中是最常用、最基本的方式，学生在校成绩的优劣通常与聚合思维水平的高低密切相关。

［链接资料］

同学们有过应聘的经历吗？如果有，你会发现很多单位在招聘笔试中经常会出现这样有趣的题目：

一个屋子，有左、右两扇门，分别代表的是天堂和地狱，但是此时我们并不知道哪个门代表的是天堂。房间里面有三个人，他们分别是人类、天使、恶魔，但是我们不知道A、B、C分别代表的是哪一个。天使说的永远是真话，恶魔说的永远是假话，人类的两次回答一次是真、一次是假。

此时我问了两个问题：

“谁是人类”？

A：我不是。

B：我是。

C：我是。

“谁掌控左边的门”？

A：我不是。

B：我不是。

C：我是 。

问题：哪扇门代表天堂？哪扇门代表地狱？A、B、C中，谁是人类？谁是天使？谁是恶魔？

你是怎样思考的？有答案了吗？

这道题就是一道经典的运用聚合思维解决的逻辑题。通过已知的条件，两扇门，一个是天堂，一个是地狱；三个人中，有一个一直说真话，一个一直说假话，一个在两次回答中相互矛盾。由此可以推断，A、B、C三人中，在两道题中答案相矛盾的即是人类。A的回答：不是人类，不掌握左面的门；这个回答暂且放下不分析。B的回答：是人类，不掌握左面的门；在此回答中，如果B真的是人类，那么他一定不掌握天堂或地狱的门，此回答是不矛盾的，不符合已知条件中人类回答一真一假的条件，那么可知B在两次回答中都说了假话，一定是恶魔。以此类推得出结论：C是人类，A是天使；左边的门是地狱，右边的门是天堂。

你答对了吗？

聚合思维的考查之所以成为招聘考试的必备题目，是因为在日常工作的执行中，聚合思维通常处于解决问题而非创新的状态，在运用已有知识解决问题、完成任务时，聚合思维发挥着巨大的作用，通常可以以聚合思维水平的高低预判应聘者工作能力的高低。

心理学家曾做过这样的试验：在黑板上画一个圆圈，问在座学生这是什么？其中，大学生的回答很一致："这是一个圆。"而幼儿园的小朋友则给出了各种各样的答案："太阳"、"皮球"、"镜子"……可谓五花八门。或许大学生的答案更加符合所画的图形，但是比起幼儿园孩子来说，他们的答案是不是显得有些单调、呆板呢？大家是不是更为这些小宝宝的多彩答案而喝彩呢？

对于惯于运用聚合思维思考的人来说，并不会对以往经验、看法仔细推敲，由此造成了许多思维上的定势，甚至是"误势"。有些时候，谁能克服这种生活的习惯和思维的定势，谁就是强者。富兰克林正是冒着生命危险解开了雷电的奥秘，伽利略也正是突破先驱亚里士多德的传统理论所形成的思维定势，证实了他的"两个铁球同时落地"的物理定论。

发散思维通常依靠逻辑关系迁移类比。如果我们将发散思维比作一棵树，一个事件是树干，那么它的枝丫、叶子、根茎就是发散思维迁移类比的结果；通过迁移类比，使思维形成庞大、繁茂、枝丫交错的大树，发散思维越发达，这棵树就越壮大。

发散思维具有流畅性、变通性、独特性、多感官性等特点。流畅性就是观念的自由发挥，指在尽可能短的时间内生成并表达出尽可能多的思维观念，以及较快地适应、消化新的思想观念。机智与流畅性密切相关。变通性就是人们克服头脑中某种自己设置的僵化的思维框架，按照某一新的方向来思索问题的过程。变通性使发散思维沿着不同的方面和方向扩散，表现出丰富的多样性和多面性。独特性是人们在发散思维中，做出不同寻常的、异于他人的新奇反应的能力。发散思维不仅运用视觉思维和听觉思维，而且也充分利用其他感官接收信息并进行加工。发散思维还与情感有密切关系。如果思维者能够想办法激发兴趣、产生激情，把信息情绪化，赋予信息感情色彩，会提高发散思维的速度与效果。

关键术语

发散思维（Divergent Thinking）与聚合思维相对，又称辐射思维、放射思维、扩散思维或求异思维，是指大脑在思维时呈现的一种扩散状态的思维模式，它表现为思维视野广阔，思维呈现出多维发散状。如"一题多解"、"一事多写"、"一物多用"等方式，培养发散思维能力。不少心理学家认为，发散思维是创造性思维的最主要的特点，是测定创造力的主要标志之一。

有这样一段"禅语悟道"，老和尚问小和尚："如果你前进一步是死，后退一步则亡，你该怎么办？"小和尚毫不犹豫地说："我往旁边去。"——天无绝人之路，遭遇进退两难的境况时，换个角度思考，也许会明白，路的旁边还是路。[1] 这段禅语简单而又深刻地揭示了发散思维的优势。

[链接资料]

在网上曾经广泛流传一个经典的发散思维的例子，通过这个案例，我们可以看出对于同一个事物，不同人采用发散思维的奇妙之处。

问题：有一只猪400斤，一座桥承重200斤，猪怎么过桥？

条件：

1. 猪是活猪，任何解决方案都不得切割猪。

2. 故事发生在猪王国，不要引入人的因素。

3. 是过桥，不是过河，不要说是游泳过去。

4. 是过桥，不是过涧，不要说是飞过去。

5. 桥是承重200斤的桥，把桥挪到平地上抑或过另一座承重超过400斤的桥都属改性状。

6. 不是文字游戏，不要说"猪晕过去了"。

答案汇编：

1. PS张过了桥的照片，让政府出面证实猪是过了桥的，谁敢说它没有过！

2. 把猪体内注的水放掉就过去了。

3. 地球是圆的，反个方向走过去不就行了。

4. 桥比猪短，猪没有全部站在桥上。

5. 是只母猪，过桥前生了10只小猪，一只20斤，然后全过去了。

6. 从相对论来说，速度越快，质量越轻，所以猪要过去就必须达到某个速度，也就是说跑过去：猪对地面产生的压力就为 mg/2(g = 9.8，即地表重力加速度)

mg/2 = mv * * 2/r

v = (gr/2) * * 0.5 = 0.7071

第一宇宙速度 = 7.9千米/秒

如果这头猪跑得够快的话，即它的速度超过7.9千米/秒就可以安全过桥。

7. 这头猪改名猪坚强，只靠雨水存活1个月后，体重从400斤降到150斤，轻松过桥。

8. 猪可以直接过桥，因为这只猪名叫四百斤，不是猪重400斤。[2]

---

① 来源于新浪微博@时尚经典语录。

② 来源于国家记忆力训练网，http://www.jiyili.net/thread—75193—1—1.html.

2. 纵向思维与横向思维

纵向思维与横向思维相对应。我们平常的生活和学习中大都采用这种思维方式。纵向思维从对象的不同层面切入，纵向跳跃，具有突破性、递进性、渐变的联系等特点。具有这种思维特点的人，对事物的见解往往入木三分、一针见血，对事物动态把握能力较强，具有预见性。

当人们对事物进行纵向思维时，会抓住事物的不同发展阶段所具有的特征进行考量、比照、分析。事物体现出发生、发展等连续的动态演变特性，而所有片段都由其本质轴线贯穿始终，如人类历史由人类的不同发展阶段串联而成。

时间轴是最常见的一种纵向思维体现。特别是在各种专项研究中，轴的概念类型就丰富多了。如物理研究中，水在不同温度中表现的物理特性，就是由温度轴来贯穿的。纵向思维具有等级、层次、阶段性分明，稳定性良好，目标方向性明确，风格强烈等显著特点。议论文的写作，提出论点，提供论据进行论证，深入分析，正是纵向思维的运用。

横向思维，是爱德华·德波诺教授针对纵向思维提出的一种看问题的新程式、新方法。他认为纵向思维是对局势采取最理智的态度，从"假设—前提—概念"开始，依靠逻辑一步一步认真深入，直到获得问题的答案。而横向思维是对问题的本身提出问题并对问题进行重构，它倾向于探求观察事物的所有的不同方法，而不是接受最有希望的方法并按照此方法去做。由于改变了解决问题的一般思路，试图从别的方面、方向入手，其思维广度大大增加，有可能从其他领域中得到解决问题的启示。因此，横向思维在创造活动中起到重要的作用。具有横向思维特点的人，思维面都比较宽，且善于举一反三。有一个形象的比喻：这种思维就像河流一样，遇到宽广处，很自然地就会蔓延开来，但欠缺的是深度不够。

> **关键术语**
>
> 纵向思维（Vertical Thinking），是指在一种结构范围内，按照有顺序的、可预测的、程式化的方向进行的思维形式。这是一种符合事物发展方向和人类认识习惯的思维方式，遵循由低到高、由浅入深、由始到终等线索，因而清晰明了，合乎逻辑。
>
> 横向思维（Lateral Thinking），是指突破问题的结构范围，从其他领域的事物、事实中得到启示而产生新设想的思维方式。

有个故事说的是，两个妇女被带到所罗门（Soloman）面前，她们都自称是一个婴儿的母亲。所罗门下令拟将那个婴儿切成两半，给两个妇女一人一半。所罗门的本意是要处以公正，但下的命令乍听起来显然与此背道而驰。然而，最终的结果是发现了真正的母亲：她宁愿让另一个母亲占有自己的孩子，也不愿让他死去。纵向思维需要步步正确，但横向思维可能绕个弯，甚至是逆向而行，却能有效地解决棘手的难题。

［链接资料］

这里列举几个有趣的巧用横向思维解决困境的例子。

(1)游客有时会从帕台农神庙的古老立柱上砍下一些碎片，雅典当局对此非常关心，虽然这种行为是违法的，但是这些游客仍旧把它作为纪念品带走。当局该如何阻止这一行为？

管理当局从原来维修帕台农神庙时所用的矿石场里收集了一些大理石碎片，每天把这些碎片散放在帕台农神庙的周围。游客以为他们捡起来的碎片是从古老的立柱上掉下来的，因此他们感到很满意。

(2)逛街的时候会发现，许多商店把价格定得略微低于一个整数，59.9元而不是60元，或者99.9元而不是100元。人们认为这样做会使顾客觉得价格看起来更低。但这并不是这种做法最初出现的原因，那么，这种定价方式最初始的目的是什么呢？

一开始的做法是为了保证店员不得不在每笔交易中打开放钱的抽屉，找零钱给顾客。这样就会把销售收入记录下来，并且使得店员不能把这些钱据为己有。

(3)一个有趣的试题是这样的：一个人以一打5美元的价格购进椰子，然后以一打3美元的价格售出，凭借这种做法他成了百万富翁。这到底是怎么回事？

如果以寻常思维，假设此人成为百万富翁的唯一办法是勤勤恳恳地努力经营的话，你会发现，这是一个不可能完成的任务。答案是这样的：此人是个慈善家，他购买了大量椰子，然后以穷人们都能够支付得起的价格卖给他们。他一开始是个亿万富翁，但是他的慈善行为使他丧失了大量金钱，因此成了一个百万富翁。

3.正向思维与逆向思维

这种方法一般只限于对一种事物的思考。正向思维是依据“事物都是一个过程”这一客观事实而建立的。任何事物都有产生、发展和灭亡的过程，都是从过去走到现在、由现在走向未来。只要我们能够把握事物的特性，事物发展的内在逻辑、环境条件、性能，了解其过去和现在，就可以在已掌握的材料基础上，预测其未来。

简单举例，在人类文化、艺术的研究学习中，通常通过对艺术史的研究来掌握艺术的发展脉络、规律，并预见其发展的前途。追溯话剧的发展，大致经历了“古希腊、古罗马悲剧—中世纪宗教剧—文艺复兴戏剧—古典主义戏剧—启蒙主义戏剧—现实主义戏剧—现代派戏剧”的发展历程，从戏剧发展史的正向分

关键术语

正向思维(Positive Thinking)，是人们在创造性思维活动中，沿袭某些常规去分析问题，按事物发展的进程进行思考、推测，是一种从已知进到未知，通过已知来揭示事物本质的思维方法。

析研究中,辐射出各个历史时期的社会状况、文明程度、思想变迁、艺术传承等各种深刻的探索。而今,社会由现代主义发展至后现代阶段,崇尚解构主义、去中心化,这些特质在对以往的文化研究中,都是有着各种各样的预见的,以正向思维来探索历史即可觅其踪迹。

如果将正向思维定义为一般的思考方向,那么逆向思维则是"反其道而思之",即:让思维向对立面的方向发展,从问题的相反面进行探索,树立新思想,创立新形象。当大家都朝着一个固定的思维方向思考问题时,而你却独自朝相反的方向思索,这样的思维方式就叫逆向思维。人们习惯于沿着事物发展的正方向去思考问题并寻求解决办法,其实,对于某些问题,尤其是一些特殊问题,从结论往回推,倒过来思考,从求解回到已知条件,反过去想或许会使问题简单化。逆向思维具有反向性、普遍适用性、新颖性、批判性等特点。

> **关键术语**
>
> 逆向思维(Contrary Thinking),又称为求异思维,它是对司空见惯的、似乎已成定论的事物或观点反过来思考的一种思维方式。

众所周知的"司马光砸缸"就是逆向思维的典型案例。有人落水,常规的思维模式是"救人离水",而司马光面对紧急险情,果断地用石头把缸砸破,"让水离人",救了小伙伴性命。这个案例阐释了逆向思维的一个优势:难以解决的问题有时靠逆向思维可以顺利解决。

[链接资料]

曾有一篇文章说到,一人移民到了美国,因要打官司就对其律师说,是不是找个时间约法官出来坐一坐或者给他送点礼。律师一听,大骇,说"千万不可,如果你向法官送礼,你的官司必败无疑"。那人说"怎么可能?"律师说:"你给法官送礼,不正说明你理亏吗?"

几天后,律师打电话给他的当事人,告诉他官司打赢了。那人淡淡地说:"我早就知道了。"律师奇怪地问:"怎么可能呢?我刚从法庭里出来。"那人说:"我给法官送了礼。"那位律师差点跳了起来,"不可能吧!"那人说:"的确送了礼,不过我在邮寄单上写的是对方的名字。"

这位当事人的做法是否道德我们暂且不论,但却是很典型的逆向思维,既然你们美国人认为给法官送礼是理亏,那我就以对方的名义送礼,轻而易举地赢得了官司。这个案例阐释了逆向思维独辟蹊径以取胜的优势。

4. 逻辑思维与非逻辑思维

逻辑思维的特点是以抽象的概念、判断和推理作为思维的基本形式,以分析、综合、比较、抽象、概括和具体化作为思维的基本过程,从而揭露事物的本质特征和规律性联系。抽象思维既不同于以动作为支柱的动作思维，也不同于以表象为凭借的形象思维，它摆脱了对感性材料的依赖。

美国当代作家哈尼·鲁宾说，"注意你的思想，它会变成你的言语；注意你的言语，它会变成你的行动；注意你的行动，它会变成你的习惯；注意你的习惯，它会变成你的性格；注意你的性格，它会变成你的命运。"这便是来自因果环环相扣的逻辑思维的结果。

创新，是要突破常规，打破旧的、创造新的，从漫无边际的想象中找到点子。逻辑思维，可在创新中起到发现问题、直接创新、筛选设想、评价成果、推广应用、总结提高的作用，使创新更有效、更准确。然而，在这一过程中，要避免逻辑思维的常规性、严密性、稳定性等局限性特点。

发散思维、横向思维、反向思维等漫无边际、辐射广泛的思维方式可被我们归结为非逻辑思维。

非逻辑思维是创新的关键，特别是许多有高度创造体验的科学家，他们往往认为思维由经验材料到理论的飞跃环节并不通过逻辑的桥梁，而是通过直觉、灵感等非逻辑思维来实现。

牛顿认为："没有大胆的猜测就没有伟大的发现。"纵观人类战争发展史，诸多经典战例中的奇思妙想处处可见非逻辑思维的踪影。第四次中东战争中，埃及军队用高压水龙头冲破以军沙堤、边境自卫反击作战中我军用高炮打碉堡等都是运用非逻辑思维实现创新的经典战例。

传统的聚合性、纵向性、正向性、逻辑性思维通常被用于解决已知范畴内的未知问题，这些思维被广泛地运用在需要严密论证推断的科学领域；而发散性、横向性、逆向性、非逻辑性思维更多应用于关于头脑、思想、文艺的领域，以形成丰富的想象和灵感，从而得以创作、创造及创新。这种区分并不代表什么，只是在理解这些思维方向的过程中辅助加以对比。

通过以上的介绍，我们对于各种思维方向是如何发挥作用的有了一个直观的认识；各种思维方向带来不同作用的同时，也共同作用于我们的头脑去思考，创意的产生就是它们共同协作的结果。在创意中，发散性、横向性、逆向性、非逻辑性思维的发挥可能会占据主导地位，而聚合性、纵向性、正向性、逻辑性思维

关键术语

逻辑思维（Logical Thinking），指人在感性认识基础上，以概念为操作的基本单元，以判断、推理为操作的基本形式，以辩证方法为指导，间接地、概括地反映客观事物规律的理性思维过程。

非逻辑思维（Non-logic Thinking），指用通常的逻辑程序无法说明和解释的那部分思维活动，是指逻辑思维所不包含而又在逻辑思维过程中各种非逻辑因素发生作用的过程，如情感、形象、灵感、联想、想象、美感等都属于在思维过程起作用的非逻辑思维因素。

会适时地将那些漫无边际的胡思乱想拽回来，形成发散后的聚合，将创意点子的碎片整合后形成完美的创意。显而易见，创意是多种思维综合作用的结果。

这就开始了我们对下一个问题的探讨：什么是创造性思维？创造性思维是如何在头脑中运作的？

（二）创造性思维与用脑模式

人的大脑由左、右两个半球构成。两个半球各自承担着不同的任务，分别负责人体的不同活动和思想。两个半球截然不同的功能导致了效用的差异。在人的日常生活中，通常以左脑为主体支配，称之为大脑；右脑作为辅助、平衡，称之为小脑。

1. 左边“学术脑”、右边“艺术脑”——左右脑功能特征

美国心理生物学家斯佩里博士(Roger Wolcott Sperry)通过著名的割裂脑实验，证实了大脑不对称性的“左右脑分工理论”。割裂脑实验得出结论：人的左半脑主要负责逻辑理解、记忆、时间、语言、判断、排列、分类、逻辑、分析、书写、推理、抑制、五感（视、听、嗅、触、味觉）等，思维方式具有连续性、延续性和分析性，因此左脑可以称作“意识脑”、“学术脑”、“语言脑”；右半脑主要负责空间形象记忆、直觉、情感、身体协调、视知觉、美术、音乐节奏、想象、灵感、顿悟等，思维方式具有无序性、跳跃性、直觉性等特征。斯佩里认为，右脑具有图像化机能，如企划力、创造力、想象力；与宇宙共振共鸣机能，如第六感、透视力、直觉力、灵感、梦境等；超高速自动演算机能，如心算、数学；超高速大量记忆，如速读、记忆力等。右脑像万能博士，善于找出多种解决问题的办法，许多高级思维功能取决于右脑。只有把右脑潜力充分挖掘出来，才能表现出人类无穷的创造才能。所以右脑又可以称作“本能脑”、“潜意识脑”、“创造脑”、“音乐脑”、“艺术脑”。右脑的神奇功能征服了全世界，斯佩里博士凭借这一卓越贡献，受到全世界人民的爱戴，被誉为“右脑先生”、“世界右脑开发第一人”。

科学表明，左脑控制、支配人的右半侧肢体；而右脑则控制、支配人的左半侧肢体。民间也有种说法：“左撇子的人心灵手巧。”我们的大脑中，左脑控制、支配右半部分肢体的行动，而日常生活中，无论衣、食、住、行等各种活动，我们也更依赖于右手。在长期右手活动下，再配合学习中对逻辑思维的培训，左脑的发育将更加健全。而左撇子的人无意中锻炼了右脑，使得右脑的发育完善，加之教育中对左脑的开发，左右脑发育更为平衡，因此较之一般人显得更为灵活一些。

关键术语

创造性思维，是一种具有开创意义的思维活动，即开拓人类认识新领域、开创人类认识新成果的思维活动。创造性思维是以感知、记忆、思考、联想、理解等能力为基础，以综合性、探索性和求新性为特征的高级心理活动。

2. 创造性思维

一项创造性思维成果，往往要经过长期的探索、刻苦的钻研甚至多次的挫折之后才能取得，而创造性思维能力也要经过长期的知识积累、素质磨砺才能具备，至于创造性思维的过程，则离不开繁多的推理、想象、联想、直觉等思维活动。

创造性思维是扩散思维和集中思维的辩证统一，是创造想象和现实定向的有机结合，是抽象思维和灵感思维的对立统一。遇到问题时，创造性思维能从多角度、多侧面、多层次、多结构去思考，去寻找答案，既不受现有知识的限制，也不受传统方法的束缚，思维路线是开放性、扩散性的。它解决问题的方法不是单一的，而是在多种方案、多种途径中去探索，去选择。创造性思维具有广阔性、深刻性、独特性、批判性、敏捷性和灵活性等特点。

［链接资料］

300 多年前，一位奥地利医生给一个胸腔有疾的人看病，由于当时还没有发明出听诊器和 X 射线光透视技术，医生无法发现病在哪里，病人不治而亡。后来经尸体解剖，才知道死者的胸腔已经发炎化脓，而且胸腔内积了不少水。结果这位医生非常自责，决心要研究判断胸腔积水的方法，但久思不得其解。恰巧，这位医生的父亲是个精明的卖酒商，父亲不仅能识别酒的好坏，而且不用开桶，只要用手指敲敲酒桶，就能估量出桶里酒的数量。医生在他父亲敲酒桶举动的启发下想到，人的胸腔不是和酒桶有相似之处吗？父亲既然可以通过敲酒桶发出的声响判断桶里有多少酒，那么，如果人的胸腔内积了水，敲起来的声音也一定和正常人不一样。此后，这个医生再给病人检查胸部时，就用手敲敲听听。他通过对许多病人和正常人的胸部的敲击比较，终于能从几个部位的敲击声中诊断出胸腔是否有病，这种诊断方法就是现在医学上所称的“叩诊法”。

后来，这种“叩诊法”得到了进一步的发展。1861 年的某一天，法国男医生雷克给一位心脏有病的贵妇人看病时，为难了。正在为难之际，他忽然想起了自己在参与孩子游戏活动中的一件事情：孩子们在一棵圆木的一头用针乱划，另一头用耳朵贴近圆木能听到搔刮声，而且还很清晰。在此事的启发下，他请人拿来一张纸，把纸紧紧卷成一个圆筒，一端放在那妇人的心脏部位，另一端贴在自己的耳朵上，果然能听到病人的心率声，甚至于比直接用耳朵贴着病人胸部听的效果更好。后来他就根据这一原理，把卷纸改成小圆木，再改成现在的橡皮管，另一头改进为贴在病患胸部能产生共鸣的小盒，就成了现在的听诊器。

从敲击木酒桶，到胸腔叩诊和听诊器的发明，就是创造性思维——利用联系原理展开思维联想活动而产生的结果。

通过上述例子，我们很清晰地看到创造性思维是从何而来的。利用联想原理展开思维联想活动，即创造性思维的活动，结果的最终产生又是通过因果联系、思考而做出结论的过程。这其中，逻辑思维和非逻辑思维起到相当的作用。逻辑思维和非逻辑思维作为两种不同的思维方式，与各种思维方向共同作用于人脑，非理性、非逻辑性、发散性、横向性、反向性思维通过右脑运作产生想象、灵感等感性思考，理性、逻辑性、聚合性、纵向性、正向性思维通过左脑运作，对感性思考进行整合、分析，形成创意。

3.创造性思维的用脑模式——全脑模式

在以上对诸多思维的阐释中，你是否在头脑中思考：到底创造性思维在头脑中如何运作呢？运用哪种思维方向、什么思维模式能够形成创意？

图2—2是世界上第一把用活树做成的椅子，这位老人就是它的设计师。从种下树苗到长成椅子雏形，一共花费了7年的时间。到今年，这把椅子已经12岁了。

图2—2 树椅①

这样一个例子摆在面前，上面问题的答案是否就显而易见了呢？我们的创造性思维的用脑模式是全脑模式。

我们的创意不是单独某种思维就能够完成的，创意的过程是全脑思维的过程，在创意的不同阶段，不同的思维发挥各自不同的作用。比如这棵树，如何才能让它变得有创意呢？首先你要有发散思维，以这棵树为中心，将思维发散出去，让你的思维横向、逆向、非理性地在头脑中运作，产生丰富多彩的，或不着边际、或天马行空的点子、思路。当思维全部打开、拓展后，再次聚拢，用逻辑思维将它们之间的因果关系、成熟程度、可行性等挖掘出来，然后剔除掉不切实际的，将可操作的、有关联的部分保存在大脑中，最终通过反复思索、考量，形成创意。

(三)创造性思维的形式

创造性思维都有哪些表现形式？通常情况下，我们将通过右脑进行的想象、灵感、直

① 图片来源于新浪微博。

觉、顿悟等非理性的思维活动认定为创造性思维的表现形式。

1. 想象

心理学中对于想象的定义是人在脑子中凭借记忆所提供的材料进行加工，从而产生新的形象的心理过程，也就是人们将过去经验中已形成的一些暂时联系进行新的结合。它是人类特有的对客观世界的一种反映形式。它能突破时间和空间的束缚，达到"思接千载"、"神通万里"的境域。

事实是空气，智慧是雄鹰，想象力是翅膀。想象是人们通过对未知事物进行与已知事物相关联的联想和猜测的心理活动。想象最主要的功能就是创新。为什么孩子们的想象力最丰富？因为他们通常靠联想来认知他们所没见过的事物，而成年人因为见多识广，反而更注重客观的存在而忽略了对未知事物的幻想、想象。成年人有着广博的见识，有着深厚的智慧，如果能展开想象的翅膀，将会助力智慧，让智慧的雄鹰翱翔于天空。

想象作为创造性思维，对于其重要性，科学巨匠们有着强烈的共鸣。爱因斯坦被评为"影响新中国的 60 位外国人"之一，他的事迹广为人知，他的一句话家喻户晓："想象力比知识更重要，因为知识是有限的，而想象力概括世界的一切，并且是知识进化的源泉，严格地说，想象力是科学研究中的实在因素。"爱因斯坦本人就是实践这一句话的典范。他的广义相对论就是在头脑里做思想实验发现的，而后才被科学实验证实的。

2. 灵感

灵感，是人们在艺术构思的探索过程中，由于某种机缘的启发而突然出现的豁然开朗、精神亢奋、取得突破的一种心理现象。灵感给人们带来意想不到的创造，然而它的产生却是突然而来、倏然而去，并不为人们的理智所控制，具有突然性、短暂性、亢奋性和突破性等特征。

灵感看似突如其来，实则是人们长期的知识、经验、追求、思索与智慧综合实践在一起的升华产物。

灵感像一朵种在思想深处的昙花，没有肥沃的土壤，没有精心的浇灌，没有细心的捕捉，它不会绽放，即使绽放也由于转瞬即逝而难以捕捉。然而，一旦经历了耐心的栽培和细心的捕捉，一现的昙花将带来美不胜收的体验。长期酝酿而至的灵感一旦被捕捉并加以创造，必是凝聚了知识之精华的创意。牛顿在树下午睡被苹果砸中而产生的灵感一现，成就了他的万有引力。沃尔特・迪士尼在 21 岁的时候一直希望创作一个可爱的卡通形象。有一天当他苦思冥想的时候，无意间看见了一只小老鼠爬出来偷吃面包屑，他忽然有了灵感，于是立刻付诸行动，画了几张老鼠的草图。从此以后，一只可爱的小老鼠——米老鼠，走遍了世界，沃尔特也获得了巨大的成功。

3. 直觉

直觉，是指不以人类意志控制的特殊思维方式，它是基于人类的职业、阅历、知识和本能而存在的一种思维形式。直觉具有迅捷性、直接性、本能意识等特征。

对直觉的理解，有人认为是人类的第六感。直觉类似于大自然中的空气，当你想捕捉它的时候，它会消失得无影无踪；当你不在意的时候，它会像神来之笔给予你意想不到的惊喜。直觉凸现于人类的大脑右半球，它能对突然出现在面前的事物、新现象、新问题及其关系作出一种迅速识别、敏锐而深入的洞察，直接的本质理解和综合的整体判断。简言之，直觉是人类的本能知觉之一。

对于直觉的理解，比之灵感更给人们一种神秘、神奇的感觉，因为它是一种对于未知事物的直接深刻理解，这种感觉有时无法用科学来解释，然而在人们以往的经验中又一次次证实它的存在和它存在的重要性。直觉作为创造性思维的一种，在艺术创造当中能够体现为对美的直觉性感官，对新事物发展预测的直接感知。

4. 顿悟

顿悟，最初作为佛教术语出现，代表六祖惠能提倡的“明心见性”法门。它通过正确的修行方法，迅速地领悟佛法的要领，从而指导正确的实践而获得成就。而后逐渐被应用于人们的感性思维中，有猛然醒悟之意。而创造性思维多具有一定的突发性，所以，在一定程度上，创造性思维又都可以称之为顿悟，如直觉、灵感等。

在认知的过程中，顿悟可以说是一个升华的阶段，常言道“读书百遍，其义自见”，就体现了在读书时反复、详细、深刻的理解和感知后产生的认知升华，也就是顿悟。

[链接资料]

一位夫人打电话给建筑师，说每当火车经过时，她的睡床就会摇动。

“这简直是无稽之谈！”建筑师回答说，“我来看看。”

建筑师到达后，夫人建议他躺在床上，体会一下火车经过时的感觉。

建筑师刚上床躺下，夫人的丈夫就回来了。他见此情形，便厉声喝问：“你躺在我妻子的床上干什么？”

建筑师战战兢兢地回答：“我说是在等火车，你会相信吗？”

读完以上文字，你是否有所顿悟呢？

有些话是真的，却听上去很假；有些话是假的，却令人信以为真。

（四）创造性思维训练方法

先看两个小测验：

(1)钉子上挂着一个系着绳子的玻璃杯，只给你一把剪刀，你能既剪断绳子又不使杯子落地吗？剪的时候，手只能碰剪刀。

(2)在荒无人迹的河边停着一只小船，这只小船只能容纳一个人。有两个人同时来到河边，两个人都乘这只船过了河。请问：他们是如何过河的？

以上两个问题如何来解决呢？它们都是有N种解决方式的，发动你的思维，看看你能想到几种解决的办法。

创造性思维作为思维方式的一种，与其他思维方式相同，是可以进行培养和训练的。婴儿时期的撕纸训练、搭积木游戏都是对于右脑的开发。注重对创造性思维的培养和训练，训练大脑的活跃性，在工作和生活中都有着重要的作用。

1.克服思维障碍

以往的教育中，学校更注重逻辑思维的培养和训练，以培养学生有条理、有逻辑地处理事物、解决问题的能力。在长期的训练培养中，我们形成了逻辑思维、对权威的顺从及对自我认知的限定。

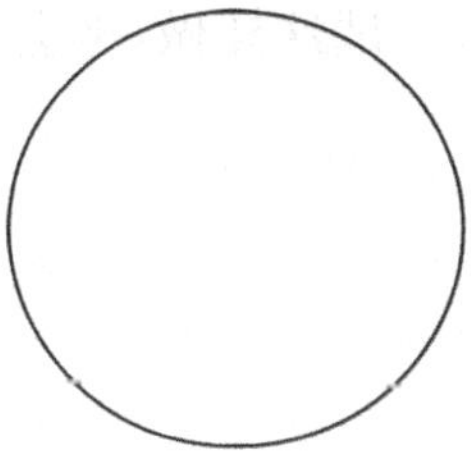

图2—3

在创造性思维的培养训练中，首先要学会的就是“打破”，先破而后立，将以往的思维方式抛弃、放下，解放逻辑思维的束缚，看到一事物后，有意识地进行横向思考，而避免以往的纵向思考。

看到图2—3这个图形你能想到什么？

你会不会第一时间说出“太阳”、“圆圈”等词呢？在思考中，打破权威，突破已往的认知，把自己从逻辑思维中脱离出来，你将发现，它可以是任何东西，或者可以问问孩子，看看他们的回答，从他们的答案中领悟到另外一种思维的乐趣。

2.挑战思维定势

思维定势是人们从事某项活动的一种预先准备的心理状态，它能够影响后继活动的趋势、程度和方式。先前形成的知识、经验、习惯，都会使人们形成认知的固定倾向，从而影响后来的分析、判断，形成思维定势，即思维总是摆脱不了已有框框的束缚，表现出消极的思维。

很多时候，人们不是被苦难打败，而是首先被自己打败。有个故事说的是，一位铁路工人意外地被锁在了一个冷冻车厢里，当20个小时后冷冻车厢被打开时，他已经死了。经医生证实他是冻死的。可是人们仔细检查了车厢后发现，冷气开关并没有打开。但那位工人确实死了，因为他确信，在冷冻的情况下是不能活命的。

突破思维定势，是在创新中重要的一关。无法将自己从固有的思维定势下解放出来、因循保守，将无法形成创造性思维。在突破思维定势的训练中，要注意培养一题多解，拓宽思路。

某小品为我们挑战思维定势提供了很好的借鉴：

1+1 在什么情况下等于 3?

1+1 在什么情况下不等于 2?

1+1 在什么情况下不等于 3?

3. 尝试逆向思维

逆向思维,说白了就是"倒过来想"。

有的时候将一件事倒过来想会有很多新的发现,在问题的解决过程中,倒过来想往往会得到意想不到的好效果。

一条你非常喜欢的昂贵的裙子在很显眼的地方破了一个洞,而如果用织补的办法会影响裙子的整体美观,怎么办?你会怎么补救呢?

逆向思维想一下,既然裙子破了补不了,那么就让它破着穿吧:你可以将裙子上面再弄破几个洞,然后稍稍装饰一下,它就变成另外一条风格不同的裙子了。

尝试逆向思维,打乱原有的结构和因果规律,突破思维的限制,试一试这样做,你会发现很多以往的难题将迎刃而解。

二、创意的特征

(一)关联性

创意的关联性特征,即要把创意做对。

创意,通常是根据已有的事物进行创新、改造,以使其产生新的意义和功能。创意的意义决定了创意是否能够成功。做对创意,则创意成生意;做不对创意,就不能称之为"创意"了。

2008 年北京奥运会的福娃创意,充分展现了中国传统文化与奥运精神的结合。福娃代表着梦想与中国人民的渴望。他们的原型和头饰蕴含着与海洋、森林、圣火、大地和天空的联系,其形象设计应用了中国传统艺术的表现方式,展现了中国的灿烂文化,并将祝福带往世界各个角落。

通过设计者对福娃的意义介绍中我们可以看到:

福娃贝贝是一条小鲤鱼。在中国传统文化艺术中,"鱼"和"水"的图案是繁荣与收获的象征,人们用"鲤鱼跳龙门"寓意事业有成和梦想的实现,"鱼"还有吉庆有余、年年有余的蕴涵。贝贝的头部纹饰使用了中国新石器时代的鱼纹图案。她温柔纯洁,是水上运动的高手,代表奥林匹克五环中蓝色的一环。

福娃晶晶是一只憨态可掬的大熊猫,无论走到哪里都会带给人们欢乐。作为中国国宝,大熊猫深得世界人民的喜爱。晶晶来自广袤的森林,象征着人与自然的和谐共存。

他的头部纹饰源自宋瓷上的莲花瓣造型。晶晶憨厚乐观，充满力量，代表奥林匹克五环中黑色的一环。

福娃欢欢是福娃中的大哥哥。他是一个火娃娃，象征奥林匹克圣火。欢欢是运动激情的化身，他将激情散播世界，传递更快、更高、更强的奥林匹克精神。欢欢所到之处，洋溢着中国对世界的热情。欢欢的头部纹饰源自敦煌壁画中火焰的纹样。他性格外向奔放，熟稔各项球类运动，代表奥林匹克五环中红色的一环。

福娃迎迎是一只机敏灵活、驰骋如飞的藏羚羊。他来自中国辽阔的西部大地，将美好的祝福传向世界。迎迎来自青藏高原，是绿色奥运的展现，其头部纹饰融入了青藏高原和新疆等西部地区的装饰风格。他身手敏捷，是田径好手，代表奥林匹克五环中黄色的一环。

福娃妮妮来自天空，是一只展翅飞翔的燕子，其造型创意来自北京传统的沙燕风筝。“燕”还代表燕京（古代北京的称谓）。妮妮把春天和喜悦带给人们，飞过之处播撒“祝您好运”的美好祝福。天真无邪、欢快矫捷的妮妮将在体操比赛中闪亮登场，她代表奥林匹克五环中绿色的一环。

五个福娃的名字连在一起，还会读出北京对世界的邀请——北京欢迎你。

（二）原创性

原创性，即指要把创意做得与众不同。

制造相同的东西或已有的东西，叫作生产，而不能称之为“创意”。制造前所未有的、区别于他人的东西才能够称之为“创意”。

同时，原创性也是创意经济的必要条件。创意经济，有着诸多不同的定义和叫法，其中一种叫法为“版权经济”。创意作为一种无形商品，不像有形商品具备实体形态，能够通过对技术、实体的保护来维护自己的权益。这种无形商品对于开发者来讲，不仅相当于零成本，并且蕴含着巨大的开发、衍生开发价值，这其中的意义可想而知。所以这类文化产业注重对版权的保护，要求创作者对于创意作品具有原创性，且这种原创性受到版权保护。

熊猫慢递办理一种给未来的某个人写信的业务，这是北京 798 艺术区中一家名叫“熊猫慢递邮局”的特色业务。他们提供和普通邮局相同的信件投递服务，唯一的区别是，投递的时间由寄信人自己决定，可以是一月后、一年后，也可以是十年后甚至更久以后。这一创意开创了中国第一、世界唯一的慢递服务。

开设“熊猫慢递邮局”，从某种程度上可以引导忙碌的都市人重新关注“时间”的意义。“满街都是上紧了发条的匆忙步履，大家一味向前赶，根本难以停下来思考。时间一旦成为催促生命的‘紧箍咒’，就无法带来很多的幸福感。”正因为如此，当你决定提笔给未来的某人写信时，在本能上已然不再单纯受制于时间的压迫，而转为皈依那些此刻已经萌芽的、美好的憧憬。

（三）震撼性

震撼性，即指要把创意做好。

创意的价值在于是否能够被人们认可。一个好的创意只有做好，做出自己的特色和震撼的效果，才能够被人们所认识并认可。这里的震撼并非单纯字面意义上的震撼、庞大的效果，而是创意做到极致的效果。

电影《阿凡达》的成功，在于其视觉效果、人物设计、故事情节的创作都做到了极致，超越了以往人们的审美，带给人们震撼。

2012 年上映的电影《画皮Ⅱ》，在首映当天凌晨场电影票房达到 600 万，仅次于 1000 万的 3D 电影《泰坦尼克号》。在其后的上映中，它打破多项国产电影票房纪录。其成功在于影片所呈现的唯美的故事、精湛的特效、精彩的表演，以及观众通过对《画皮Ⅰ》的认可而对《画皮Ⅱ》所产生的期待。

三、创意的生成

创意的生成经历“知识积累→思想酝酿→创意启发→创意形成→创意推销”五个阶段，从无意识的积累到有意识的开发，从脑中的创意点子到手中的创意产品。

（一）资讯（Information）

资讯，是长期的知识储备过程。它是创意者在生活、学习中日积月累的思维方式、知识素养，通常是一种无意识的过程。

人们在平常的学习生活中，通常会产生“书到用时方恨少”的感觉，这种感觉来自于知识积累的单薄，胸中无储备，到用时抓耳挠腮亦没有效果。只有在漫长且不经意的日常经验积累中获得思维、知识，方能手到擒来，下笔如有神。

（二）酝酿（Incubation）

酝酿，这一过程是有意识地为创意做准备，经过思维、知识的长期储备，将自己的思想进行整理、筛选和沉淀。酝酿是一个蛰伏等待的过程，也许持续几个小时，也许几个月甚至几年，直到突然之间启发来临。

（三）启发（Illumination）

启发，是思想受到启示、产生顿悟的时刻。

经历了前两个准备阶段后，在一定的条件下，启发在一瞬间产生，转瞬即逝，只为有准备的人而来。直觉、顿悟、灵感等的来临，使得长期的积累有了变为创意的基础。

启发是一个天时、地利、人和的瞬间融合过程，充分的准备、饱满的创造精神和细心的体察都必不可少。

（四）生成（Integration）

创意点子来了，抓住转瞬即逝的思维，从市场需求、以往经验等方面细细思考其可行性，并在脑中孵化出样品，而后在提供充足的金钱、时间等资源的条件下，将创意点子物化为具体的创意产品。

当然，这一过程中最要紧的是要思虑而又不能过度思虑，将市场现状、产品发展、投资风险等考虑清楚的同时，又要以积极的态度面对，不要被消极的可能性阻挡了前进的步伐。大部分创意都在这一阶段胎死腹中。

（五）推销（Illustration）

推销，即把创意产品卖出去。

创意产品的诞生不是创意产品的结束，而是创意产品走向市场的真正开始。要将创意者的劳动成果推向市场、获得大众的认可并取得经济效益，才是创意产品产生的目的。

在这个整合营销的消费者时代，物质产品的过剩使得人们疲于选择，而推销在产品的销售中起到了极大的作用。推销方案的实施成功与否，将与产品的销售产生直接关联。

［延伸阅读］

下面以“兔斯基”为例，来看一下整个创意生成的过程。

2006年，在即时聊天工具中突然流行起一个新的动漫形象：兔斯基，一只身高1.2米的神经质兔子，4岁左右，细长的耳朵，柔软的手臂，总是一副很有思想的样子，习惯用动作表达情感。兔斯基在网络上迅速蹿红，很快聚集起一大批粉丝。“兔斯基”的产生，在作者王卯卯的意料之外，又在情理之中。

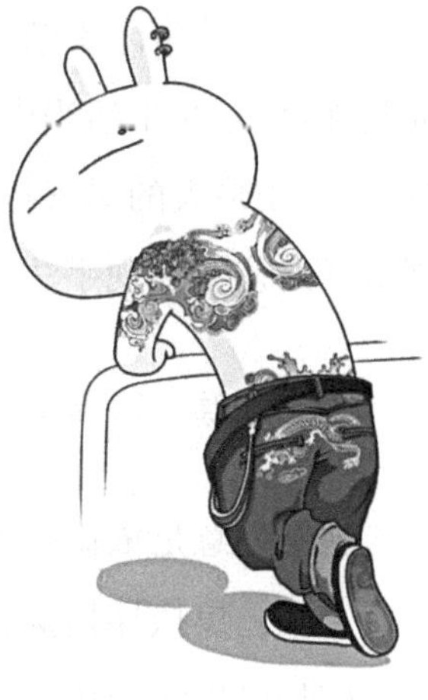

图2—4　兔斯基

资讯：中国传媒大学2004级动画系的王卯卯是一个爱上网、爱搞怪、被同学们昵称为“兔子”的快乐女孩。她自小学习美术，有着深厚的绘画功底，并在高考中选择了动画专业。

酝酿:兔斯基的酝酿可以说是在无意识当中完成的。这种酝酿其实是王卯卯同学学习、工作生涯中必备的阶段,因此并没有明显的阶段界限,与知识积累相结合,所学专业的要求使得她时刻可能成为新的创意者。

启发:"网上懒虫"王卯卯出于懒得打字这个直接诱因,创作出了与大家给她本人定位很相似的一个可爱的小兔子形象,这只兔子能够完成王卯卯在现实生活中作为女孩不好意思实现的表情、动作,搞怪又不失可爱。

生成:这对于王卯卯来说可以算是手到擒来了,生动的简笔画,贱兮兮的表情,搞怪的动作,都在流畅的线条下完成。

推销:用王卯卯的话来说,"中国的创意产品,不光要会画,还要会卖"。在兔斯基的推销过程中,由于版权等问题真可谓一波三折,从以"兔斯基"为名的网站被恶意抢注,到盗版兔斯基衍生品的生产、销售,直到兔斯基嫁入时代华纳,其推销才开始走向正轨。

四、创意的来源

创意无处不在,对于创作者来说,对来源的把握是创意成功的一个关键。创意源自于丰富的生活,对于生活的体验、观察和思考是创意来源的根本。

如果进行细分,我们可以将创意来源从以往经验、顾客需求、积极的生活态度、领先使用者、研发计划等途径进行分类。

(一)来源于以往经验

生活经验带来不断的创新,熟能生巧,巧能生新。原始人从裸身到以草为衣、以兽骨为装饰,就是在生活当中不断改进、发现创意的典型实例。再如李可染的"用最大的功力打进去,用最大的勇气打出来"。他运用对以往经验的继承和揣摩,狠狠地"打出来",即创造新的艺术表现手法,将中西绘画技法和意境相融合,取得杰出的成就。

(二)来源于顾客需求

这类创意是依据顾客的需求而产生的创意,如创意广告、创意约会等。

由张艺谋执导拍摄、吴彦祖出演的丰田汽车微电影广告,是国内微电影广告的领先者。广告以生活为依据,创意独特,将丰田汽车与生活融为一体,配合朴树的 *COLORFUL DAYS*,先抑后扬,具有生活的节奏和美感。

(三)来源于积极的生活态度

积极的生活态度能够使人产生无穷的来自生活的创意。

创意农产品、创意家居品的产生,大多来自于热爱生活、积极乐观的普通人。这类创意产品更多的是为了满足人们的精神需求,而有别于以经济为目的、满足市场需求的创意产品。

图 2—5　创意南瓜

(四)来源于领先使用者

源于领先使用者的创意分为两种:一种是对产品本身的延伸创意,一种则是以产品为中心衍生副产品的创意。

作为中国用户群最庞大的网络服务商,腾讯以其强大的用户群为基础,往往在其新产品开发中借鉴其他创意产品,并进行衍生、改造成为腾讯游戏。从《泡泡龙》、《连连看》、《QQ 飞车》到《英雄杀》,无一不是站在领先使用者的位置对创意产品进行再创意。

以《英雄杀》为例,游戏根据对《三国杀》的理解,将游戏背景从三国改为古代各时期的英雄人物混战。游戏中技能的名称也进行了更换,如《三国杀》中出自典故的"乐不思蜀"技能,在《英雄杀》中被改名为"画地为牢",虽与历史典故不符,然而就其字面意思理解,较之《三国杀》更为现代,也更便于理解。

这类创意常常会产生盗版之嫌,在创意生产中要尽量避免与版权有关的纠纷。

(五)来源于研发计划

来源于研发计划的创意,多出于对新科技、新产业发展的需求,用新材料、新技术等研发新的创意产品。

第二节　创意产品

一、创意产品的含义

创意产品的含义可以从三个层次来理解：包含创意内核的核心产品、创意物化的形式产品、由核心创意衍生的附加产品。

（一）核心产品

创意产品的核心在于创意本身。创意作为一种无形资产，是创意者的智力劳动成果，是整个创意产品的核心产品。创意产品的外形可以被模仿，但创意的思维无法被模仿。创意是创意经济成败的关键。有创意，才有出路——这是创意经济的主旨。

电视娱乐节目是创意产品的一种外化形式。由于创意经济仍处于发展初期，知识产权保护体系不够完善，导致复制、跟风、模仿现象严重。而大肆模仿、复制而来的节目形式为何都不能长久地发展呢？原因在于，这一创意产品的核心并没有被节目复制方所掌握，“画皮难画骨”，节目中的创意性内涵无法被真正把握，内涵缺失、理解偏差、核心技术不到位，是导致节目复制失败的根本原因。

创意产品的核心产品由于其对整个创意产品发展的重要作用，以及它作为创意者辛勤劳动的成果，应当受到知识产权的保护。作为核心产品的开发者，应当为核心产品买单。这样在制约盗版的同时，生产商不仅可以把握创意产品的核心价值以获取最大化效益，更能够促进文化创意产业发展。

例如，《中国达人秀》自英国买回《英国达人秀》版权后，获得《英国达人秀》的核心资料，并获得创意方根据中国特点专为中国设计、打造的《达人秀》发展建议和指导。尽管版权费用高昂，但它使东方卫视获得了更加丰厚的收入。此案例是对创意产品核心知识产权进行保护、合理开发的成功案例。

（二）形式产品

形式产品即将创意内涵外化至具体形态的产品层次。一个创意是否有价值、是否被大众认可，都从其形式产品层表现出来。

例如，同档期上映的电影《大武当》和《画皮Ⅱ》，给观众造成了巨大的观影反差：从影片题材的角度来讲，两部影片各具特色，一个打造Q版武林，一个打造魔幻世界；从阵容来讲，两部影片都是内地豪华电影制作团队，内地影后对阵后起新秀，玉面书生对阵侠胆武圣；然而，两部影片的票房、口碑相差甚远。这其中，对于影片的宣传、造势，两家可谓旗鼓相当，而创意是胜负的关键，用影视产业中常说的一句话则是“内容为王”。

有什么样的内容，就有什么样的形式，形式产品检验着创意的价值。当然，形式对其内涵的表达也起着推波助澜的作用，电影《阿凡达》是其中典范。

（三）附加产品

创意产品最外层的就是由核心产品衍生的附加产品。

附加产品的生产将创意产业延伸至各个行业，而附加产品得以开发，代表着核心产品被市场认可，获得了可观利润。在利益驱使下附加产品产生，同时，附加产品亦能对创意核心产品产生宣传推广、扩大影响的作用。

演唱会的衍生品，如T恤、手灯、海报等，电影的衍生品，如小说、饰品、海报、玩偶等，兔斯基的衍生品，如笔记本、贴纸、玩偶、漫画等，这些衍生品的开发，利与弊共存：合法的衍生品的生产，使得原创者的产权得以保护，但同时衍生品的利润由于版权支付而被压缩；非法的衍生产品的开发则对原创者不仅造成侵权，同时也会造成利益损失。

附加产品开发过程中的这一现象，要通过未来产业发展过程中完善版权保护法和提高人们的版权保护意识来缓解了。

二、创意产品的特征

（一）创新性

创新性即指创意产品具有知识产权的原创性研究和创作，既包括对既有产品的再创意、创新性开发，也包括原创性的“无中生有”。其中较为常见的是创意者将既有事物按照一种新颖、有趣的方式进行概念重组。

创新性是创意产品必备的第一特征，没有创新就无从谈起创意产品。

（二）独特性

创意产品是创意者的原创创意所产生的产品，具有独特性。独特性是创意产品所必须具备的特征，没有独特性，就不能称之为创意产品。

独特性和创新性是创意产品必备的特征，缺一不可。

（三）智力性

创意产品是原创者的脑力劳动成果；这一特征从创意的生成过程就能够感受得到，从知识积累、准备到生成，无不是思维活动的成果。

(四)高增值性

创意产品作为思维活动的产物,具有高风险性、高增值性的特点。

从图2—6的微笑曲线对比中我们可以看出,与20世纪70年代相比,现代产业从上游的研发、生产到下游的销售、推广,具有更高的附加值。在产品研发阶段,成本增高,下游的销售阶段,增值率同样增高,在产品的生产过程中相较于上世纪70年代的水平要低。

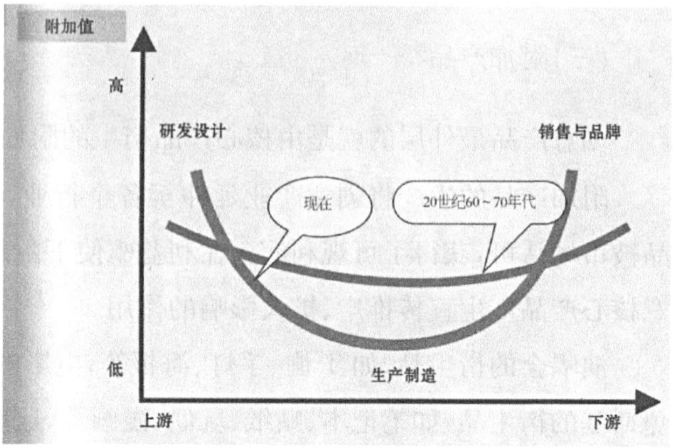

图2—6 微笑曲线

从创意产品的本身来分析,造成这种现象的原因在于创意作为无形产品,是出于满足人们的精神需要而产生的,无法像物质产品一样依据人们对生活的具体需求而设计、生产。在创意的形成过程中,创意者主观因素的影响,以及对创意产品发展形式的预估,都造成了生产过程中的风险性增高;而一旦形成产品,由于创意产品的低复制成本以及创意产品本身的一次性消费特点,在销售阶段将对附加值的增高产生影响。

(五)强辐射性

创意产业延伸范围广,对核心产品的衍生产品开发使得创意产品能够延伸至各个产业,如工业、制造业、电子业等。强辐射性是创意产业能够发展的重要特征。

以迪士尼公司为例:

通过图2—7我们可以看到迪士尼的产业延伸范围以及对衍生产品的开发。

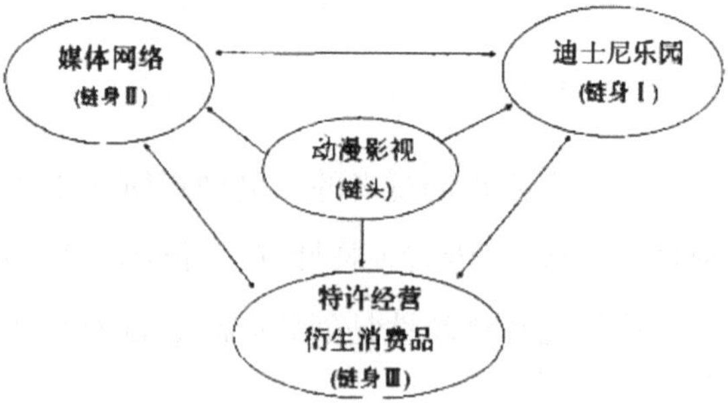

图2—7 迪士尼产业链构成

作为公司的品牌支柱,迪士尼的动漫影视制作是其产业链经营的源头,是其系列衍生产品的母体。迪士尼乐园则将动漫影视中出名的动画人物、故事场景等以主题公园的形式进入人们的现实生活,发展“体验式营销”。

(六)需求弹性大

创意产品的高新鲜性、低功能性，以及其受到创意本身是否被喜爱的影响，需求弹性较大，忠实 FANS 的需求量大且需求稳定，而非 FANS 则对此类产品一点也没有购买需求。

以韩国流行音乐为例，如果是某流行组合的 FANS，他们不仅每场演唱会必到、签名必要，且各种相关衍生品都希望得到，甚至为了自己支持的歌手而撑起一个产业。然而，非 FANS 则无法对他们的产品产生共鸣，没有购买需求。

(七)创意经济的成本特点

创意经济具有高初始成本、低复制成本的特点。

电影、电视将创意经济的这一成本特点表现得淋漓尽致：其知识产权开发过程费用高、制作成本高，而在影片制作完成后的发行过程中，影片的复制成本相当低廉，几乎可以忽略不计。

第三节　创意与创意产品的关系

一、创意产品的要素

创意产品包含两大要素，即创意和产品。创意作为创意者的原创行为，强调其与其他事物的差异化，体现创意者的个人化，具有独特风格。而产品作为面向市场、提供给人们使用和消费的事物，其体现的是工业标准化的大量生产和复制。

二、创意和产品的关系

有创意不见得出产品，有产品也不见得是创意生产出来的。

创意作为一种大脑活动，其目的在于突破已有，创造新的概念。产品的目的则在于市场销售。虽然创意与产品的目的不同，但它们在创意产品中却呈正相关，具有一致性。有了创意之后，将之物化成具体的产品，使创意与产品融为一体，成为创意产品。

三、创意和创意产品的关系

创意与创意产品互为依托，没有创意就没有创意产品，而没有创意产品，创意的价值也无法得到实现。

创意是创意产品的基础。创意的诞生是创意产品出现的源头，没有创意，何来创意的物化产品？创意产品是体现创意的载体：创意作为无形的思维活动，若想体现其价值，必须进入市场，面对消费者，成为创意产品。

第四节 案例：《三国杀》的创意与诞生

一、《三国杀》游戏简介

图 2—8 《三国杀》

《三国杀》是一款融合西方类似桌面游戏 *Bang*！的特点，并结合中国三国时期的背景，以身份为线索，以卡牌为形式，集合历史、文学、美术等元素于一身的桌面游戏。其原型是“杀人纸牌”，从“杀人游戏”演化而来。《三国杀》以纸牌作为游戏的道具，玩家通过扮演三国时代的一名武将并结合自己的身份与其他玩家形成合作或对抗的关系，经过推理和谋略，以其中一方取得胜利为游戏的终结。

（一）游戏介绍

身份系统是《三国杀》作为原创桌游区别于其他桌面游戏的最主要特色。游戏中共有 4 种身份：主公、忠臣、反贼、内奸。游戏开始时，每个玩家随机抽取一张身份牌，抽到主公的玩家，要将自己的身份牌明示。其他人的身份牌不能被其他玩家看到。

游戏由身份为主公的玩家开始，依次行动，在自己的回合内，玩家需要完成摸牌、出牌和弃牌的过程。游戏牌共分为三大类：基本牌、锦囊牌、装备牌。每一类牌里都包含多种同类型牌，每种牌都有自己的独特用处。

《三国杀》的另一大游戏特色就是游戏中的武将系统。每名玩家除去自己的身份外，还需要选择一名三国时期的武将作为游戏人物身份。每名武将都有专属武将技，这些技能从名称到作用都是根据原著中该武将的性格、特点、能力而设。

（二）胜利条件

主公：杀死所有反贼和内奸，平定天下。

忠臣：不惜一切代价保护主公，胜利条件与主公一样。

反贼：杀死主公，即可获胜。

内奸：杀死所有反贼和忠臣，最后与主公单挑获胜。

(三)游戏奖罚

在游戏过程当中,主公如果因判断失误而杀死忠臣,将必须弃掉所有手牌、装备牌和判定区内的牌。

任何人(包括反贼)杀死反贼,都可以获得三张手牌。

(四)游戏元素

1. 历史元素——经典历史的巧用

《三国杀》作为众多三国题材游戏中的一员,联姻三国历史背景和桌面游戏,以桌上游戏独有的方式展示了一个个鲜活的三国历史人物和一段段精彩的三国故事。《三国杀》里每一名武将的技能都是从武将的生平履历或性格特点中而来。如孙尚香的独有技能名称就叫作“联姻”,技能的使用方法也包含着联姻的意味。

2. 文学元素——语出必有典

《三国杀》在游戏牌名称的设计上力求做到“语出必有典”,例如【乐不思蜀】牌下注明:“问禅曰:‘颇思蜀否?’禅曰:‘此间乐,不思蜀。’”简单的几句话就讲述了乐不思蜀的典故。一张看似简单的【无中生有】,牌下的注释却是引自博大精深的《老子》:“天下万物生于有,有生于无。”

3. 美术元素——传统与现代的结合

起初的《三国杀》美术设计来自于大型网络游戏《三国无双》,在疑似侵权的情况下,《三国杀》的创作者黄恺按照自己对三国人物的理解,结合影视题材中这些人物的形象,手绘了一套卡牌,并申请了版权保护。

新设计的游戏牌,采用了中国传统的水墨风格与现代钢笔速写相融合的画风,写意、工笔兼而有之,豪放之中不失婉约。《三国杀》的武将牌更是汇集了六位插画师的心血。不同于“郑问三国”的浓墨渲染,不同于“光荣三国”的日式雕琢,《三国杀》中的每个武将都具备了插画师浓重的个人风格。

4. 社交元素——低门槛的平台

就游戏的娱乐性及竞技性而言,《三国杀》十分成功,是一个“低门槛”游戏。玩家用很短的时间掌握基本规则后即可游戏。游戏中不同的武将技能、不同的打法组合,都可以带给初次接触游戏的玩家意外的惊喜。玩家也可以不用策划,不用谋略。作为桌面游戏,《三国杀》只要两人以上就可以玩,人数越多,身份越难辨别,技能越丰富,游戏难度和趣味性就越高,是当今社交活动中不可多得的一个好项目。

5. 健康元素——积极向上、有益身心

除去娱乐性与竞技性,《三国杀》作为一款桌游,也和其他桌游一样,是一款健康的游戏。一局多则三四十分钟,少则十几分钟,轻松自在,益智健康。

(五)游戏成果

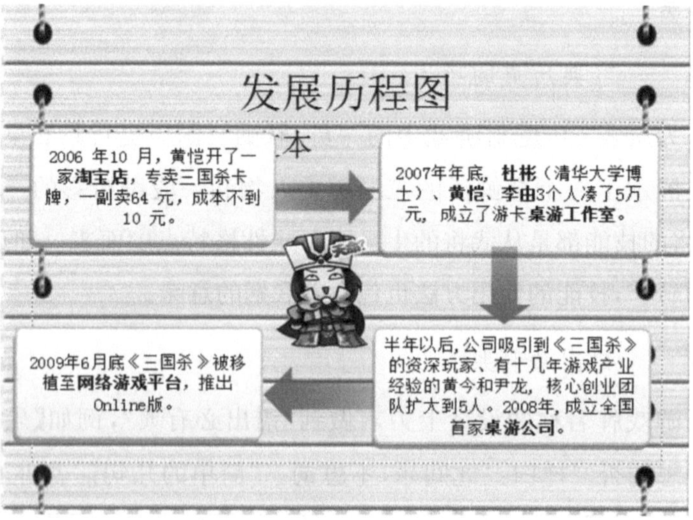

图 2—9　《三国杀》的发展历程

《三国杀》作为国产第一款桌面游戏,受众十分广泛,学生、都市白领、企业高管都是《三国杀》的忠实玩家。

目前,玩《三国杀》的人占据桌游市场 80%以上的份额。当初 5 万元创立的公司,两年后盈利上千万。可以说,《三国杀》促进了中国桌游玩家队伍的迅速扩大,使全球桌上玩具产业开始认真考虑中国市场和玩家的诉求。“这一结论绝不夸张,2006 年北京桌游玩家不过两三百人而已,到了 2009 年,活跃用户就高达 400 万。”如今,《三国杀》卡牌已经累计销售 100 多万套,2009 年公司的营业额达到 1000 万元。

不仅如此,《三国杀》作为一款创意产品,除自身的良好开发外,还衍生出多种周边产品。比如,由于《三国杀》在卡牌设计上非常注重形象的设计,在很多年轻人都喜欢玩的 COSPLAY 中,《三国杀》中的人物也就成了 COS 的对象。各种《三国杀》人物的服装、首饰相继推出,成为很多 COS 爱好者的宝贝。

再如,七度空间借助《三国杀》游戏场景拍摄广告,使《三国杀》成为新的广告载体。更有警察利用《三国杀》的广泛影响力,别出心裁地推出“三国杀通缉令”。除此之外,其他各种《三国杀》玩偶、彩印装饰等衍生产品的开发也获得良好的收益。可见,一个好的创意产品能够带动创意产业的多方面发展。

二、《三国杀》创意的产生

(一)创始人黄恺"上课走神"的杰作

创意无处不在,创意无人不能,创意变成经济的关键在于敢想敢做。玩过《三国杀》的人,无不被其中复杂的人物、技能等设计所折服,并在这种千般算计、百般谋划的游戏中体会到无穷的乐趣。谁能够想象得到这样一个精致、复杂的游戏,是一个大学生"上课走神"的杰作呢?

通过对黄恺的了解,我们就能够看到,一个创意产品的诞生是怎样从最初的创意一步一步演化而来的,这其中,创意思维的培养和运用的巨大作用又是如何体现的。

看过这个案例,也许你会发现,经过日积月累的思想积累后,当灵感一闪而过时,抓住灵感,合理运用左脑逻辑思维和右脑创意思维,结合市场规律进行开发,就能够产生你自己的创意产品。创意,没有你想象的那么高深。

《三国杀》的创始人黄恺是中国传媒大学动画学院 2004 级游戏设计专业的学生,他从小就喜欢三国故事,熟读《三国演义》、《三国志》等古典名著。他明白三国故事肯定是游戏的好题材。黄恺从小就喜欢玩游戏,也喜欢"走神",走神时就习惯性地涂涂画画。初三时他模拟一种叫"游戏王"的游戏,画了 1000 多张卡片,纸上的功夫由此练出。大二时,"上课走神"的黄恺萌生了一个大胆的"穿越"想法——为自己喜欢的意大利卡牌游戏 *Bang*! 套上熟悉的三国背景,创造一款全新的游戏。他立即提笔画下了至今受人追捧的《三国杀》的第一张牌。其后,他运用两年的时间制作并推出了《三国杀》。

(二)从创意到创意产品的创意之路

"一款创意产品的诞生一般有三种方式:一是从小就喜欢,二是灵光一现,三是触景生情",黄恺说。《三国杀》的诞生就是这三种方式的交集。

黄恺是个"桌游迷",初中时他曾用卡纸模仿当时流行的桌游《游戏王》绘制了一千多张游戏卡片。他同时也是三国游戏迷,玩过许多三国题材的游戏,如《三国志》、《真三国无双》……最喜欢的是街机集换式卡牌游戏《三国志大战》。

上大学后,他在外国朋友开的桌游吧里认识了更多国外的经典游戏,其中一款就是 *Bang*!。这是一款获得多项大奖的卡牌游戏,以西部牛仔枪战为背景,设警长、副警长、歹徒和叛徒四种身份。核心规则为歹徒除掉警长,副警长帮助警长剿灭歹徒和叛徒,叛徒则要力争活到最后。游戏设置了神枪手、赌徒、验尸专家等多个角色,还有枪支、野马、啤酒等道具。

黄恺被 *Bang*! 迷住了:"这个游戏的机制非常棒,但背景和角色有点陌生。当时满脑子想的都是，能不能把它做成一个贴近中国玩家的游戏？”在接受《南方周末》记者采访时他这样说。

他开始尝试把游戏的角色替换成身边的人：熟悉的好友、同宿舍的兄弟，甚至正在讲台上讲课的老师，都被他强行做成了游戏角色，并量身定做了独门绝技。很快，他想到了《三国志大战》——它比 *Bang*！角色更多，而且全是他熟悉的三国人物，三国故事在中国有得天独厚的群众基础，是改编的绝佳题材。他随即绘出了第一个想象中的角色——刘备。

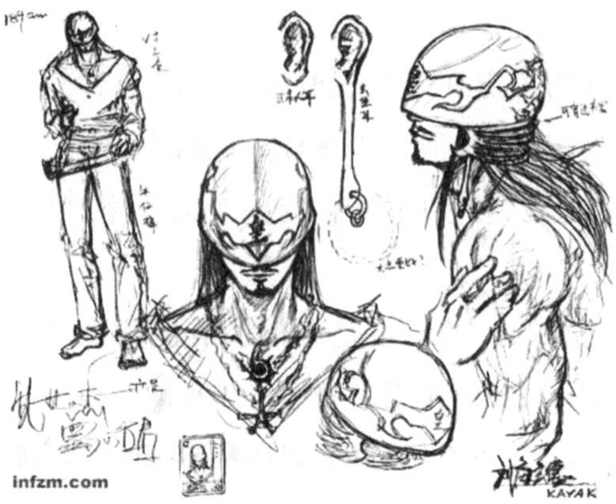

图 2－10 《三国杀》与 *Bang*！

“我想象中的刘备，是一个不太爱说话但是很厉害的人物。他有点酷酷的，头发很长，还有一点小胡子，”黄恺说，“我开始的时候想画成现代版或者架空世界的感觉，给每一个三国人物赋予全新的设计，有的人穿西装，有的人穿 T 恤，你又可以看出是三国里的人。”

黄恺至今保留着他设计的第一个角色——现代版刘备，身高 1 米 89，穿 V 领长袖 T 恤，牛仔裤，留长发，耳朵比正常人长两倍，脑袋上扣着一个摩托车头盔一般的帽子。

在创新当中有两种形式：一种是通过对已有事物进行加工、改造，创造出新的事物；另一种则是完全来自于创作者自身的想象，创造出全新的事物。

黄恺在创造《三国杀》人物之初，选择了天马行空的创作方法。由于在过去没有先例可以进行改造，耗时耗力，非常痛苦，所以他放弃了现代版方案，选择将角色直接配上日本游戏《真三国无双》的插画。

三个星期后，黄恺完成了游戏的第一个成形版本——无双版。联想到当时正红火的“杀人游戏”，他将游戏命名为《三国杀》。

图 2－11 《三国杀》与 *Bang*！

此时的《三国杀》游戏处于初期状态，*Bang*！的影子还很明显。其中，玩家的四种身份与 *Bang*！相比变为主公、忠臣、反贼和内奸，游戏角色也被张飞、关羽这些三国名将代替。黄恺参考 *Bang*！的设置，为每个角色设定了独特的技能，如 *Bang*！里面的“比利小子”，他能在一轮游戏里出无限次“Bang!”，而

《三国杀》里的张飞，则能出不限数量的“杀”。

2006年年底，《三国杀》开始在清华、北大等高校里流传。当时在清华计算机系读博士的杜彬主动找到黄恺，两人合组游卡工作室，对游戏进行改进。

当时主要的改进方向就是摆脱*Bang*！以出牌策略为核心的游戏架构，同时借鉴了《魔兽世界》、“杀人游戏”等游戏元素，将游戏重心移到三国武将角色身上。

他们将最初“无双版”的40个武将削减为25个，找来各种版本的三国故事，包括易中天的《品三国》系列等，反复研究每一名武将的生平履历、性格特点和能力，然后结合游戏的机制，完善武将技能。在各种版本的电视剧、小说中，他们对张飞的形象产生了比较固定的印象，于是就根据这种印象为其设置技能，并为张飞连续出“杀”的技能起了一个非常形象的名字——咆哮。江东孙尚香的独有技能则叫作“联姻”，技能的使用方法也含有联姻的意味——在她的出牌回合，她可以选择弃掉两张手牌，指定任意一名受伤的男性武将角色，为两人各恢复一点血。

技能设计的第一原则是“容易被记住”。刘备的技能最终被设计为“仁德”——分牌给其他玩家，“善于使用小恩小惠笼络人心是刘备性格中最广为人知的一面。三国人物的性格都很复杂，关羽有骄傲的一面，但是我不能因为这个而放弃他最具有代表性的勇猛”。黄恺说，关羽的技能最终被设计为“武圣”——可以将任意红色和花色的牌当作“杀”来使用。

此外还增加了两张起抵消作用的功能牌——【无懈可击】和【借刀杀人】。同时，在*Bang*！里只承担距离计算作用的武器牌，在《三国杀》里根据武器的种类和特点分别拥有了独特的进攻范围和攻击技能。

在此后《三国杀》的改进中，由于版权等问题，《三国杀》逐步摆脱了《真三国无双》的人物形象，设计出了一套独属于《三国杀》的纸牌。

相比于*Bang*！简单的人物形象，黄恺将传统文化与现代美感相结合所设计的《三国杀》的画风也得到了广泛的好评。索尔认为，《三国杀》的插画带有浓厚的日式漫画风格，如孙尚香拥有丰满的胸部，而张飞则让很多玩家想起日本街机游戏“《三国志·吞食天地》里面那个会吸血的家伙”。

2008年1月，《三国杀》“推广版”正式上市，首印五千套，每套零售价64元。最初的一千套带编号的限量版很快售完，剩下的也在不到半年的时间里售罄。杜彬和黄恺正式成立公司，一个当CEO，一个当首席设计师。

至此，《三国杀》这一起源于“上课走神”的创意，完美转变成了一个成功的创意产品。

(三)《三国杀》的诞生之路

《三国杀》的出现看似是从它被创造之日起，其实，早在黄恺还是孩子的时期，在他内心就已经埋下了这一颗创意的种子。喜欢游戏、喜欢三国故事、爱胡思乱想，这些作为他能够创造出《三国杀》的最原始的基础，不是一时一日可以造就的，而是经过漫长的积累。而在这无意识的积累之后，才形成了那一转瞬即逝的灵感。黄恺出于长久以来的爱好而选择的大学专业，也是《三国杀》能够诞生的重要因素。我们经常说，创意无处不在，然而，由于非工作的需要或不是生活必需，创意的转瞬即逝性让大多数人忽视了它，从而错过了将创意展现出来的机会。而黄恺所学的专业正巧是一个要求随时抓住创意灵感并将其实现的专业。在灵感闪现的时候，黄恺出于专业敏感度瞬间抓住它，并运用专业知识，开动大脑将创意实现。"不积跬步无以至千里"，创意生成的"5I"中，资讯、酝酿和启发的重要作用在这一案例中得到充分展现。

(四)《三国杀》创意价值的体现

前面我们提到过，创意价值要想实现，就必须将创意按市场需求做出创意产品推向消费者。然而，创意价值是否能够充分体现，还要看这一创意是否具有被创造的必要。因此，创意的来源至关重要。

在这一案例中，我们可以看到，《三国杀》作为一款桌面游戏，在其出现之前就具有一定的现有客户群的支撑，这一部分桌游爱好者具有桌面游戏的经验，易于接受新的桌面游戏，在《三国杀》的市场中成为领先使用者和带领者；而三国历史背景、此前诸多三国类游戏的铺垫，使得《三国杀》的诞生能够满足三国迷们的需求；桌面游戏的爱好者一般比较集中在学生、白领之中，此类消费人群积极的生活态度和对新鲜事物的接受能力等，使得《三国杀》的推出具有良好的市场条件。因此，在天时、地利、人和的情况下，良好的商业运作必然造就《三国杀》今日的成功。

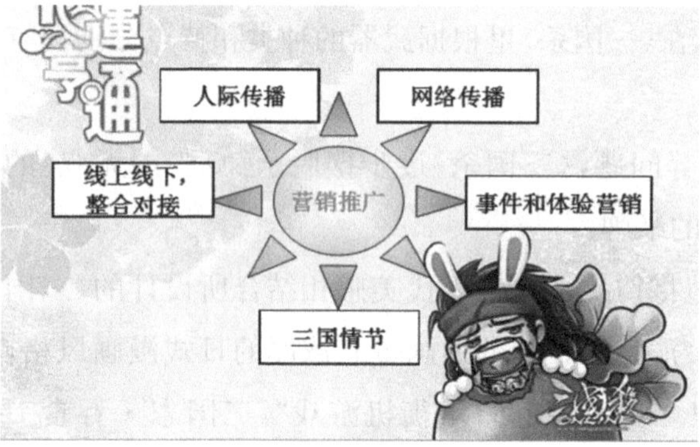

图 2—12 《三国杀》壁纸

虽然被复制、模仿，《三国杀》作为中国内地第一款桌面游戏，在与时俱进的产品发布、市场推广中并没有被《英雄杀》等具有广大稳定客户基础的游戏后来者居上，除了以三国为背景是其稳定发展的一大原因外，更为重要的是黄恺和杜彬所奉行的比较成功的市场营销推广策略。

1. 人际传播

采用病毒式营销，将目标群体锁定为高校社团的活跃分子和年轻白领，利用较低的推广成本，在玩家之间口耳相传，让最初的核心团队以及各路玩家联盟的元老级人物手把手教。黄恺设计出《三国杀》之后，率先在同学间进行推广。《三国杀》适合 4～10 人一起玩,最开始接触《三国杀》的玩家感受到了《三国杀》的乐趣,就会带动身边的同学和朋友一起玩。

2. 网络传播

在淘宝网销售,在淘宝商城开设了游卡桌游官方旗舰店,专门出售《三国杀》的周边产品和旗下的其他款桌游。除此之外,游卡桌游文化发展公司还建立了主推《三国杀》的官方网站、官方论坛以及《三国杀 online》等网络游戏形式。

3. 事件和体验营销

开展了一系列互动体验活动,如游戏比赛、设计征集等。

4. 线上线下,整合对接

以玩家为中心,推出线上、线下的各种版本,还开发了手机版《三国杀 online》。

5. 三国情节的运用

游戏背景是一个几乎所有中国人都耳熟能详的故事,关羽、张飞、赵云等名将更是妇孺皆知。正因如此,使用“三国”为游戏的主题,更能迎合中国人的口味。

思考题

1. 创造性思维方法有哪些?

2. 试分析创意与创意产品的关系。

第三章 创意产品市场

本章要点

1. 创意产品的需求
2. 创意产品的供给
3. 创意市场交易特征
4. 创意营销
5. 案例：LV 产品的观念价值诠释

第一节 创意产品的需求

一、创意产品需求的内涵

(一)创意产品需求的定义

随着社会经济的快速发展和人们个体收入的不断增加，人们除了进行基本的物质生活追求之外，更加注重精神方面的追求。恰如理查德·凯夫斯所述："文化创意产业中的经济活动会全面影响当代文化产品的供求关系及产品价格，产品的价值已不再是产品本身是否能满足人的需要或具有交换价值，而在于其对于个体欲望和感觉诉求的满足。"因此，作为精神文化类产品的创意产品，不仅存在着巨大的空间和发展潜力，而且成为深层次扩大内需的关键。显而易见，人们对智慧、价值和精神的追求产生了两种不同的消费倾向，即未来与过去——既追求高附加值的高科技时代，也追求高附加值的手工艺时代。因此，人们对以文化和知识等创意元素为核心的创意产品的追求也随之增加。

由此，我们结合经济学中产品需求的含义，可以归结出创意产品需求的定义，即：创意产品的需求是指创意产品的消费者在一定时期内，在各种可能的价格下愿意而且能够购买的该种创意产品的数量。

通过创意产品需求的定义，我们不难得出形成创意产品需求的两个最基本的条件：一是创意产品的消费者内心愿意购买；二是创意产品的消费者具有一定的支付能力。

（二）创意产品需求是一种精神需求

正如前文所讲，随着经济全球化进程的日益推进以及市场竞争的日趋激烈，社会环境多元化、客户需求多样化和个性化的趋势变得越来越显著，消费者越来越注重异质性产品所能带来的感觉体验和精神满足，即创意产品的精神需求日趋明显，亦越来越重要。

对产品的需求主要呈现三个消费阶段，即：量的消费阶段、质的消费阶段以及感性消费阶段。在感性消费阶段，人们比较注重个性满足、精神愉悦、舒适优越感以及心理体验等。可见，对创意产品的需求，不仅有量和质的要求，更是感性消费。因此，在影响产品需求的价格、收入、相关产品价格、价格预期、偏好等诸因素中，偏好成为影响创意产品需求的重要因素，这也在一定程度上增强了创意产品需求的不确定性。

［延伸阅读］　马斯洛的需求层次理论

马斯洛的需求层次理论把需求分成生理需求、安全需求、归属与爱的需求、尊重需求和自我实现需求五类，依次由较低层次到较高层次排列。

（1）五种需求像阶梯一样从低到高，按层次逐级递升，但这种次序不是完全固定的，可以变化，也有种种例外情况。

（2）需求层次理论有两个基本出发点：一是人人都有需要，某层需要获得满足后，另一层需要才出现。二是在多种需要未获得满足前，首先满足迫切需要；该需要满足后，后面的需要才显示出其激励作用。

（3）一般来说，某一层次的需要相对满足了，就会向高一层次发展，追求更高一层次的需要就成为驱使行为的动力。相应的，获得基本满足的需要就不再是一股激励力量。

（4）五种需要可以分为两级，其中，生理上的需要、安全上的需要和感情上的需要都属于低一级的需要，这些需要通过外部条件就可以满足；而尊重的需要和自我实现的需要是高级需要，它们是通过内部因素才能获得满足的，而且一个人对尊重和自我实现的需要是无止境

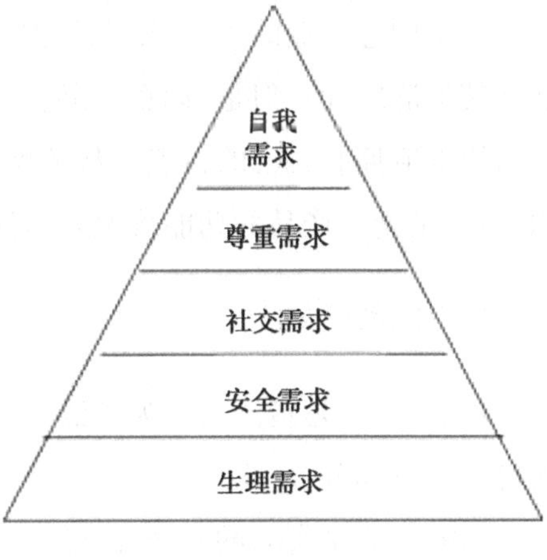

图 3—1　马斯洛的需求层次图

的。同一时期，一个人可能有几种需要，但每一个时期总有一种需要占据支配地位，对行为起决定作用。任何一种需要都不会因为更高层次需要的发展而消失。各层次的需要相互依赖和重叠，高层次的需要发展后，低层次的需要仍然存在，只是对行为影响的程度大大减小。

当消费者的个人收入产生变动时，对产品的需求会根据产品的不同属性而产生变化。恩格尔定律指出，随着消费者收入的不断提高，他们用于食品等产品消费的支出比例越来越小，而用于其他消费包括精神文化类产品消费的支出会越来越多。由此表明，消费者收入的增加会带来人们消费结构的显著变化，即消费结构的升级。在这个演变的过程中包含两种表现形式：一是改良性升级，就是原有的消费项目的比例结构保持不变，但各个消费项目向更高层级发展；二是革新性升级，是指有新的更高层次的消费项目加入，使消费的构成及其比例关系发生变化和调整，并在此基础上进行高度化提升。不难看出，随着经济增长以及随之而来的人们生活水平的不断提高，人们对精神文化产品的需求和消费与日俱增。对创意产品消费的增加属于第二种升级——革新性升级。

因此，消费者整体素质和收入水平的提高以及个人偏好的倾向程度，均与消费创意产品有一个相互推动和促进的过程。一方面，消费者在不断改变自身的综合素质时，对创意产品的欣赏能力也随之提高，进而精神需求就增加；另一方面，消费者在消费更多创意产品时，又会进一步增加人力资本的投资，促使消费者日趋成熟，欣赏水平不断提高，最终带来对创意产品更高、更挑剔的要求。

二、创意产品的价值

文化创意产业的兴起，使大量的创意产品走向了市场。创意产品与一般产品一样，都有其价值属性。但是，创意产品价值又不完全与其他一般产品的价值属性一样，创意产品的价值拥有自己的特点。从消费者的角度看，创意产品的市场价值主要由两个部分构成：一是创意产品的功能价值，二是创意产品的观念价值。

（一）功能价值

功能价值，是指消费者为了满足自己基本的物质生活需要，愿意给商品的物理属性支付的价格部分。

功能价值是商品的物质基础，它能够满足消费者物质层次的需求。比如，LV的箱包，在存放东西的功能方面与其他箱包一样；芭比娃娃，在陪伴儿童方面和其他玩具一样都发挥玩乐功能。但是，有些创意产品的功能价值会随着时间的推移逐渐淡化，直至慢慢丧失。比如现在提到LV箱包的时候，大多数人都会把它作为时尚产品，而不是简单存放东西的产品，由此，其价格远远高于其他具有同样功能价值的箱包。芭比娃娃也是如此，比其他玩具要贵出许多。那么，这里面的差异到底是什么造成的呢？人们在购买创意产品的时候更看重的是什么呢？这就是观念价值。

（二）观念价值

观念价值，是指人们在消费商品的物理属性的同时，因产品内在的文化属性、象征意义以及个人因消费产品所带来的身心感受和体验等方面的差异而愿意多支付的价格部分，也是消费者感知的商品的使用价值。

可以说，创意产品的观念价值是产品中包含的，能与一些社会群体的精神追求或文化崇尚产生“共鸣”的无形附加物，其中包含品位、意味、风尚、情趣、体验等等。由此可见，观念价值是人们主观的、可以体会和感受的无形附加物。它因文化的创意性渗透而产生，是一种附加的文化观念。就像LV的包，因为LV品牌为皇家贵族所使用，在材料的选择、剪裁、制作、设计、质量等一系列工序上可谓上乘，并以奢华闻名。因此，现在人们觉得LV皮包象征高贵，显示富有，从而在使用时满足了消费者某种程度上的心理需求，体现了LV皮包具有较强的观念价值。

在消费者看来，创意产业创造了观念价值。这些带有强烈主观意愿的观念价值是无形的、无价的，也是无穷尽的。创意产品的观念价值具有区别于其他传统有形物质价值的特点。可见，创意产品的观念价值极为重要。

（三）创意产品观念价值的开发

观念价值的开发与挖掘是实现创意产业价值的基础，也是创意产业价值链的首要环节，所以我们应对其进行科学合理的开发运用。

1. 应该较为充分合理地挖掘创意产品的内容价值

观念价值是创意产品的市场价值表现之一，创意产品是观念价值得以展现的载体。观念价值的实质是可以打动消费者的内容及其表达方式。事实证明，创意产业之所以能在不同的市场得到收入，主要是因为其能够捕捉和挖掘到跨越时间和空间的内容。因此，应不断地挖掘创意产品的内容价值，具体包括以下三种方式：

（1）通过对具有历史文化渊源的产品进行加工而形成创意产品。一般情况下，可以通过电影、电视、音乐、戏剧、网络等形式和渠道，再现优秀的历史文化作品。如小说《三国演义》，至今为止已多次被改编成电视、电影，甚至改编成家喻户晓的网络游戏、彩铃等，这样的创意产品经久不衰，不易被时代所淘汰。

（2）根据现代社会和消费者的需求，重新架构和诠释古代经典作品的创意产品。如电视剧《铁齿铜牙纪晓岚》，剧中所展现的主要人物纪晓岚天资颖悟、才华过人、学识渊博、力学不倦、清正廉明，这一系列人物特征均符合社会主流价值观，代表现代社会的价值追求导向，具有一定的教育大众的作用。

(3)开发能够引领时尚消费的新潮流创意产品。谈及引领时尚消费新潮流，自然而然就想到"韩流"文化。这种完全由现代人精心制造、创意经营的内容价值，既与当今现代社会消费观相契合，又创造出了一系列典型的衍生品，如韩剧、韩国人气偶像团体等。风靡当下的"韩流"文化，或影响着人们的思想观念，或培养着人们的兴趣爱好，或改变着人们的价值追求，并且很好地实现了创意产品的增值。

2. 通过知识产权的多重商业开发，促进创意产品观念价值的开发

知识产权是指法律赋予智力创造性成果主体的专有权，包括人身权和财产权。知识产权的主要形式包括专利、商标、工业设计和版权。约翰·霍金斯认为，知识产权构成创意产业和创意经济的主体，知识产权主体可依法将有关知识产权授权、转让、许可给他人使用。

知识产权市场交易的实现使得创意产品价值生成，即知识产权获得了以创意产品为载体的商业化开发，并且赢得了广大消费者群体的认同和接受，从而实现了可观的市场收益。知识产权中的财产权可以被分解为多项独立的权利，这些独立的权利又可以相应地被应用到不同形式、不同种类的商业开发领域(包括发行权、形象权、表演权、摄制权、广播权、信息网络传播权等)。在同一知识产权的多类商业化开发应用上，人们可以获得创意产业价值的倍增效应。

[案例精选]

J.K. 罗琳的小说《哈利·波特》便是最为让人信服的例证。从一部小说，发展成为系列小说，到将小说版权卖给美国Scholastic出版商和英国Bloomsbury出版商；把《哈利·波特》的电影版权卖给美国华纳电影公司；同时又把网络游戏的版权卖给英国EA游戏开发公司。这使得J.K. 罗琳在这些版权交易中不断获得收入和财富，从一个一度生活窘迫的单亲母亲，到目前身价已经超过英国女王8倍的富豪。这无不充分证明了知识产权反复交易的意义所在。

图3—2　J.K. 罗琳与《哈利·波特》

三、创意产品价值的传递

创意产品在最初的创意研发阶段，必须通过相应的有效传递方式、传递途径到达消费者手中，即创意产品价值传递的归宿点和落脚点，使广大创意产品消费者接受、认同和购买，才能够真正地实现创意产品应有的创意价值，最终创造收益，实现市场效应。由此可知，创意产品价值的传递过程十分重要，是创意产品实现其创意价值过程中必不可少的重要环节。创意产品价值的传递方式、传递途径，决定了处于最初创意研发阶段的创意产品与市场的有机结合，这一系列创意价值传递的过程直接影响创意产品价值的市场规模。

(一)创意产品价值传递的方式:高科技助推

高科技的助推是创意产品价值传递的重要方式和手段，也是创意产品实现价值的必要前提条件和基础。现如今，创意产品如雨后春笋般层出不穷，当下形式多样、内容繁多的创意产品，其价值的有效实现，首先应归功于当今科学技术的大力发展和迅速更新。

1.高科技的助推提高了创意产品价值传递的运转效率

高科技具有强大的传播力和执行力，对于创意产品价值传递来说，可以大大降低创意产品价值的传递成本，并提高传递速度，从而使得创意产品价值传递的运转效率明显提升。以网络为例，一个创意产品在短短几秒之内就能借助网络这个高科技平台传遍世界每一个角落，具有相当了得的传播效率，这也是传统传播手段难以想象和匹敌的。

一个较为典型的例子是当下一度被网络炒得沸沸扬扬、人尽皆知的《江南 Style》，虽然歌曲取材于韩国的本土文化，然而，它在对其文化背景不太熟识的西方国家也越来越流行，并引起了国际媒体关注。该曲于2012年7月15日发布之后，创造了在英国“神曲”界的神话：冲上英国单曲排行榜榜首，成为有史以来第一位拿到冠军位置的东亚歌曲；YouTube网站点阅率在公开76天后突破3亿人次大关，吉尼斯世界纪录显示，《江南 Style》在YouTube得到460万次网友点击“喜欢”，成为YouTube历史上获得最多网友“喜欢”的MV影片；美国Billboard音乐排行榜一直被乐坛视为最权威的排行榜，目前，《江南 Style》的最新成绩是第2名。《江南 Style》可谓是一夜蹿红，这就是网络高科技助推的传播效果不容小觑的最佳例证。

图 3—3　《江南 Style》

2.高科技的助推扩大了创意产品的消费者群体

高新技术对创意产品价值的推动和催化作用，真正促进了一系列新兴产业的形成和发展，与此同时，也相应地改造了根深蒂固的传统产业的商业运作模式和创造价值的手段和方式。随着高新技术的不断问世，创意生产者可以根据市场动向以及消费者的价值需求自主地拓展自身的文化生产形式和平台，创意者可以借助高科技平台灵活自如地发展。其中，电视、电影、电子邮件、游戏、网页、广播、手机等等，这些数字媒体技术提供的各种各样的平台，为创意产品价值的传递拓展了空间。同时，这些数字媒体技术提供的平台拥有较强的优势和特点，大大扩大了目标消费者群体，使个体层面的创意更加容易和便捷地获得消费者广泛的青睐和积极响应，例如，数字音乐与传统唱片。

［**延伸阅读**］

当下，高新技术的不断发展和延伸，给音乐带来了商机和机遇。长久以来，唱片工业一直将自己的商业模式建立在繁琐复杂的版权交易基础之上，在席卷而来的数字技术革命面前，他们谨小慎微地试图坚守旧有的商业领地，但是现实却是如此残酷：互联网以及数码产品技术对传统音乐产业旧有的商业体系，无论是从内容制作还是商业运营模式，都产生了颠覆性的变化。崭新的模式改变了音乐的销售途径，使新歌的生命周期得到延长。在新歌的推出渠道上，互联网的出现也打破了精英垄断的局面。此外，一些嗅觉灵敏的网络运营商、服务提供商、内容提供商甚至电信运营商也加入到这个阵营中，以多样化的商业模式拓宽了当下的音乐产业。数字手段高科技的助推，使得互联网和新媒体手机平台创造了新的商业模式，导致音乐产业的价值链也随之被延长。

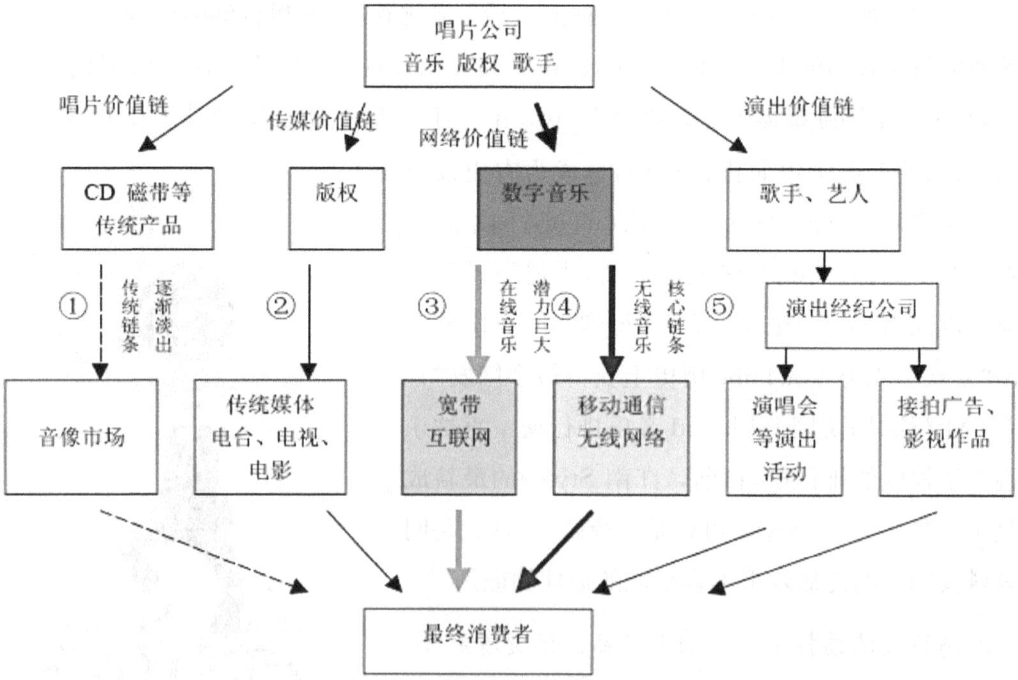

图 3—4 数字化背景下音乐产业的价值模式

(二)创意产品价值传递的途径:媒体主力军

创意产品价值传递的途径和渠道,媒体这个主力军尤为重要,且成为创意产业价值实现的基础条件之一。目前,信息经济时代的高新技术提高了创意产品价值的实现效率,同时也给消费者带来了巨大的信息量,使消费者面临筛选困难、良莠难辨的状况,甚至导致无从选择的尴尬局面。消费者的主观倾向和审美感受决定了观念价值;观念价值具有较强的主观性,尤其对于某些创意产品或者创意产业服务而言更为突出。对于音乐会、歌剧、艺术品、收藏品来说,其观念价值和使用价值又是统一的,所以其价值评价的主观性更强。文化创意的创造者在提出创意、进行创意研发时,习惯性地强调自己的理念和价值,但是,对于广大消费者和受众来说,他们的主观评价和认识观点与创造者不一致,对于某个文化创意的价值内涵和理念的认识和接受需要一个熟悉的过程。

因此,为了让广大消费者和受众方便、快捷、直观地了解到创意产品的价值内涵,创意产品就需要通过反复多次的展示、宣传、推广、运营,它的价值才可能被消费者和受众了解、认识、熟悉和接受,创意产品所蕴含的巨大的潜在价值才会被逐步地挖掘出来,呈现给消费者和受众。因此,创意产品价值的传递途径——媒体,就显得尤为重要。

首先,依靠大众媒体主力军的运作,能够促使创意产品的观念价值为大众接受和认可。在当下信息化和全球化的消费社会中,媒体是人们获得各种信息的重要方式,一些精心设计和策划的文化创意产品很可能被埋没在泛滥的信息之中,但是,媒体的运作却可以帮助人们通过各种搜索引擎发现文化创意产品的价值。如2012年浙江卫视推出的《中国好声音》,正是由于浙江卫视这个具有相当实力的频道平台的运作与八大视频网站的同步直播,才使得该节目被广大受众所了解和接受。风靡全国的《中国好声音》正是在媒体的推动下,创造了继湖南卫视《超级女声》以来电视真人秀节目的收视奇迹。

其次,大众媒介是观念价值的先行者和宣传者,它们引领时尚潮流,并直接将创意产品的价值转化为市场收益。比如哆啦A梦、史努比、蜡笔小新、米老鼠、芭比娃娃等,这些广受人们喜爱的玩具无不是靠大众传播媒介在前面鸣锣开道,才顺利地进入国内市场的。再如美国的好莱坞电影,其营销宣传遍布全世界,在世界各国电影院放映,其衍生产品也就被卖到世界各地。美国的大众传播媒介已经成为美国商品最强大的推销商。

(三)创意产品价值传递的归宿:消费者

通过前面两个方面的介绍,我们了解到,无论是充分挖掘创意产品的内容价值,还是通过大众媒介传播，都只是创意产业价值链上的中间环节。创意产品价值的最终归宿是消费者，即消费者对创意产品的认同及其购买行为的发生。由此可见，只有将创意产品价值传递的接力棒交到广大消费者的手中，才能从根本意义上实现创意产品的市场价值，创意产品的生产者才会取得最可观的市场收益，创意产业才能够迅速发展壮大，并走向良性循环态势。

> **关键术语**
>
> 创意产品价值的传递：
> 1. 方式：高科技助推
> 2. 途径：媒体主力军

在消费过程中，应该激发新的创意，并形成新的创意产业链，因为消费者认同和接受创意产品的关键是提高消费者的效用。在现实社会中，消费者的效用不仅表现为传统范畴内对知识内容的吸收与学习借鉴，还表现在消费者特别重视在文化认同的基础上产生思想共鸣和亲身感受、体验的全过程，甚至凭借观念价值的认同来激发消费者的创造力，使消费者自身也充当扮演新创意的供给角色。这就要求创意产品通过生动的、情趣化的和互动的方式来表达一种对历史、现实和未来的独到思考和理解，并通过产业化的方式提高消费者的效用。因此，消费者不仅仅是创意产品价值传递的归宿和落脚点，更应成为创意产业价值链的重要组成部分。如果可以巧妙地让消费者参与到创意产品的制作和投入中，形成创意产业链的内部互动和反馈机制，那么，这将是创意产业价值增值的关键之举。

四、创意产品的消费特点

创意产品有别于普通的非创意产品，具有自身独特的消费特点，主要体现在三个方面，即符号消费、个性化消费和体验消费。

（一）符号消费

传统意义上的消费通常是指产品的购买和价值的交换。随着社会经济的迅速发展，物质财富的大量增加，人们的生活水准也有了大幅度提高，消费不再仅仅是为了满足温饱的基本需要。对于创意产品而言，人们的消费热情被点燃，再通过媒介的大肆渲染，消费逐步从满足需要变为满足欲望，媒体不断刺激和制造人们新的消费欲望，甚至人们被鼓励消费。由于消费对象所具有的象征意义，人们消费的不再是商品的使用价值，而是其符号和概念价值，于是，消费成了一种符号形式的消费，实际上等于消费了一种欲望，从而获得一种等级、一种自尊、一种社会承认。如今，符号消费（Symbol Consumption）成为了当下创意产品消费的核心。

> **关键术语**
>
> 符号消费，是指在消费过程中，消费者除了消费产品本身以外，还消费这些产品所象征和代表的意义、心情、美感、档次、情调和气氛，即对这些符号所代表的“意义”或“内涵”的消费。

从物质到符号，现代消费的不断延伸使社会消费的符号性变得越来越显著。符号消费不断嵌入现代社会并发挥着越来越重要的作用，从而成为现代社会不断分化的又一道景观。

创意产品把各种各样的事物作为符号加以利用，并赋予某种特殊的寓意和象征意义，消费者之间则通过这种潜在的象征意义进行交换来实现自身的目的。也就是说，目前我们所生活的空间正在成为一个符号空间或意义空间。如今，现代社会的大众消费实际上不单纯是追求物质上的满足，而是跨越生活必需之外的对符号化的物品、符号化的服务的追求与消费。例如，人们在商场购物时，不仅仅是购买某种商品或服务所具有的使用价值，更是为了寻找某种满足，某种追求、向往、享受、感觉，以及品牌所带来的服务和体验，来体现自身的价值、身份、地位和认同。由于消费的符号化和象征化，现代社会的消费传播越来越体现"差异化"，消费的符号化和象征化成为我们这个时代的特色。[①]创意产品成为体现这一特殊时代消费特色的最佳形式载体。消费者对创意产品的消费深深地烙上了符号性，成为一种符号消费。

（二）个性化消费

随着高科技的不断涌入，以及科学技术的创新和扩散，巨大的市场需求结构化带来并促进创意产业规模的不断扩大和发展，过去小作坊式的艺术创作生产模式已逐渐被打破，各个创意产业之间形成了大规模批量生产、模仿、复制、改造，从而源源不断地输出产品，形成生产流水线。目前，消费者的需求越来越特殊、个性、挑剔，个性化地选择创意产品是人们进行消费的前提。因此，创意产品若想立足于市场，就必须具有个性化设计，追逐时尚、前卫、潮流，从而形成新的时尚焦点。在这一过程的刺激和推动下，人们的个性化消费理念越来越凸显。创意产品不仅要满足人们的消费需求，也要创造人们的消费需求，催生出人们新的消费欲望。一方面，创意产品的研发和生产应该注入更多的时尚和文化元素，形成具有一定创新意义和内涵的产品，以吸引广大消费者，调动他们的审美情趣；另一方面，需求日益变化、审美水平不断提升的消费者，也在不断地激励创意产品的生产者追求完善，满足消费者根据自身的消费需求和偏好形成个性化的消费。

---

① 郭庆光：《传播学教程》，中国人民大学出版社 1999 年版，第 55 页。

（三）体验消费

> **关键术语**
>
> 体验消费，亦称体验式消费，是指在一定的社会经济条件下，在特定的消费环境中，消费者为了获得某种新奇刺激、深刻难忘的消费体验，而亲身参与某一新奇刺激的消费项目或活动，或者亲身去体验、感受某一新奇刺激的商品或服务的新型消费方式。

不同于普通的产品，人们在消费创意产品的时候，更加关注和追求其所带来的附加感受、审美期待、精神体验和观念价值，因此更重视体验消费。消费者认为，通过对创意产品的体验式消费，更能够满足内心的需要，也更能够触及人们的灵魂和精神。

创意产品自身的独特魅力和优势就在于你无法预知和揣测它所带来的悬念、刺激和触动。在当前物质条件日渐改善的情况下，消费者对体验式消费表现出越来越多、越来越强的需求，人们愿意去尝试各种新鲜、刺激、独特的产品或服务。人们在购买和消费创意产品和服务的过程中，可以获得心理需要、主观感受和精神满足。由此可见，体验消费是创意产品消费的重要方式之一。

第二节　创意产品的供给

一、创意产品供给的含义

（一）创意产品供给的定义

> **关键术语**
>
> 创意产品供给，是指创意产品的生产者愿意并能够提供的产品数量，其生产者由各式各样的生产主体组成，大到全球性跨国集团，小到个体的自由工作者。

马克思指出：商品供给“也就是处在市场上的产品，或者能够提供给市场的产品”。“它不仅是满足人类需要的使用价值，而且这种使用价值还以一定的量出现在市场上。”

结合经济学中产品供给的定义，我们可以总结出创意产品供给的定义，即：创意产品的供给是指创意产品的生产者在一定的时期内，在各种可能的价格下，愿意而且能够提供出售的该种创意产品的数量。

显然，创意产品的供给内容广泛、形式多样，具有较大的发展空间。其中，创意产品可被分为两类：一是营利性创意产品，即在生产时对利益的考虑胜过文化价值。营利性创意产品更加趋向于大众娱乐，符合消费者的心理需求，迎合消费者的偏好取向。因此，营利性创意产品的供给规模较大且具有一定的持续性和延续性。二是非营利性创意产品，即在生产时更多地考虑产品的文化价值，具有一定的文化价值和底蕴。此类非营利性创意产品的形式较多，例如诗歌、戏剧、古典音乐、现代舞蹈、当代视觉艺术等。

（二）创意产品供给的决定因素

创意产品供给，既受普通产品供给因素的影响，如创意产品的生产成本、相关产品的价格、生产技术等，还受创意人才的数量和素质这个关键因素的影响。因此，我们将从以下四个方面分析创意产品供给的决定因素。

1. 创意产品的生产成本

市场中产品价格与生产成本之间的关系，直接影响到生产者所获得的产品利润。例如，某类创意企业的创意产品已经投放到市场中，在创意产品价格不变的情况下，创意产品的生产成本上升，则会减少创意产品生产企业的利润，进而使得创意产品的供给日趋减少，造成供不应求的市场现象；反之，创意产品的生产成本降低，则会增加创意产品生产企业的利润，进而使得创意产品的供给日趋增多，造成市场上供过于求的局面。由此可见，创意产品自身的生产成本直接影响创意产品供给市场的量，也就影响着消费者对于此类创意产品的需求满足度。

2. 创意产品相关产品价格的影响

创意产品的供给还受制于相关产品价格的影响。当一种创意产品的价格不变，而其他与其相关联的产品价格产生变化时，则该创意产品的供给数量会相应地受到影响，发生变化。例如，某家公司主要的供给产品为电影 CD 和音乐唱片。日前某位歌星出唱片，广大消费者热衷于音乐唱片，造成消费者蜂拥而至地购买音乐唱片，音乐唱片的销售量大幅度增加，导致音乐唱片的价格日益攀升。而此时电影 CD 的价格如果保持不变，则对电影 CD 的需求会相应地增加，形成不偏移的消费场景。所以，对于创意产品而言，与其相关联的产品在价格上有所波动时，也会在一定程度上影响该创意产品的需求量，进而影响供给量。

3. 创意产品的生产技术因素

对于普通产品来说，随着生产技术水平和生产效率的日益提高，增加的生产成本得以降低，生产者的利润会相应提高，生产者就会向市场上投放大量的产品。对于创意产品而言亦是如此。创意产品的生产技术因素是影响创意产品供给的重要因素之一。

4. 创意人才的数量和素质

创意人才的数量和素质，即创意人才质量。“创意人才是指掌握较高水平的知识和创新能力，能够运用自己的创作技能和手段，把特有的表达内容和信息转换为新的创意产品或者服务，并且能够推动该产品或服务的生产、流通和经营的人才。”[①]创意产品的生产需要具备这一系列素质和能力的创意人才提出一些“想法”、“点子”、“主意”，也就是创意，进而通过商业化的运作模式将其转化为创意产品。因此，如果没有这些想象力丰富、具有创新激情和良好品质的创意人才，将直接影响创意产品的供给。创意人才对创意产品供给的影响主要基于以下两个方面的因素：一是创意人才的数量，二是创意人才的素质。正如前面提到的，创意人才是具备一定的综合素质和创新能力的高级人才。如果创意人才的数量越多、素质越高，他们所创造的创意产品就会越来越多，创意产品的供给也会增加；反之，创意产品的供给就会减少。因此，创意人才的质量也是影响创意产品供给的重要因素。

正是由于创意产品需求的特有性质，使得创意产品供给也具有其独特性，受制于不同因素的影响。因此，创意产品的需求，消费者的心理需求、审美期待，以及创意产品的供给，这三者属于环环相扣的关系，互相影响、制约。

二、创意企业类型

（一）创意企业的特点

创意企业是以知识、创意和人力资本等无形资源为主要投入要素，提供创意产品和服务，并运用这些无形资源获取商业利益的企业。这里对创意企业的界定，已经不仅仅局限于一般意义上的创意产品和服务，它们既提供创意产品，也从事以创意内容为要素的衍生产品的生产和销售，比如迪士尼，不但提供主题公园和动画片的娱乐产品，而且通过形象特许，进行玩具、文具及其他制造品的特许经营活动。[②]

创意企业的特点与创意产品的特征密切相关，主要有以下两个特点：

1. 特殊性

创意企业生产和提供的主要是创意产品和服务，因此，在其产品和服务中所蕴含的核心内容便是创意。创意企业在生产产品或者服务时所投入的要素、生产以及销售方面均具有特殊性。从投入要素来说，创意企业最重要的生产要素是创意、知识产权和人的

---

① 蒋三庚、王晓红、张杰主编：《创意经济概论》，首都经济贸易大学出版社 2009 年版，第 247 页。

② 李向民、王晨：《文化产业管理概论》，山西人民出版社 2006 年版，第 71 页。

图 3—5　迪士尼形象

脑力劳动等一系列无形资产。这些无形的要素与有形的物质资源进行结合生产时，就决定了创意产品生产和服务的价值和文化内涵。而一般的产品制造业和工业企业，它们通常以物质资源投入为主要元素，以具体的物质形态和功能作为最终的产品。由此可以看出，创意企业首先是对创意、构思和观点或者是一项自主的知识产权进行构造，即精神内容创造和人力资本的积累过程。

2. 风险性

随着经济全球化进程的加快，创意企业面临着国内和国外市场的双重挑战。外部环境的变化使得一些国家的传统文化受到挑战和威胁，并且导致本民族的创意企业面临着极为明显的集中化现象。外来的创意产品对本土化企业造成了强烈的冲击，另外，一些时尚潮流感极强的炒作短时间内迅速扩张，给本土化创意企业带来了巨大的风险性。再者，创意产品市场消费者需求的结构性变化和不确定性也决定了创意企业的风险性。消费者对于创意产品的需求呈现多样化、多变性趋势，且影响需求的因素非常多，甚至会出现供求矛盾日益突出的状况，这就使得以生产和经营创意产品为主的创意企业难以预料创意产品的市场销售情况，因而具有很强的风险性。

(二)创意企业的分类

根据不同的划分标准，创意企业具有多种不同的分类方法。

首先，按照时间发展以及与科技的黏合度进行划分，创意企业可以分为传统创意企业和现代创意企业。传统创意企业，包括旅游、古玩、动植物鉴赏、室内棋牌等文化活动的企业。现代创意企业，与高科技具有一定的关联性和黏合度，包括电子图书音像产品、摄影、网吧等。

其次，按照对于创意产品的研发、经营与管理的环节，创意企业可以分为生产类企业、销售类企业和辅助服务类企业。生产类企业是指创意产品的创作和生产的企业，包括电影制作、软件开发、文艺创作和图书营销等。销售类企业主要负责创意产品的销售和营销推广，包括互联网、广告、出版业和展览等。辅助服务类企业主要是为创意产品的生产和销售提供辅助支撑的服务业，包括中介、信息、咨询、猎头和设计等。

最后，按照创意产品中的“创意”在企业中的含量和比重，创意企业可以划分为原创类企业、运营类企业和延伸类企业。原创类企业主要包括出版、报纸、广播、电视、电影、文艺演出等企业。运营类企业指可以高效利用高新技术，将创意产品进行运营，带来较大的经济价值的企业，包括经营广告、音像、互联网和软件的相关企业。延伸类企业包括体育娱乐、形象设计、园艺设计、商务服务等企业，可以设计和生产与创意产品相关联的系列衍生产品。

第三节 创意市场的交易特征

创意市场交易是指创意产品或服务在市场主体之间的交易转移。创意市场交易和一般商品的市场交易不同，创意市场交易具有以下三个方面的特征：交易客体的无形性、交易价值的不确定性和产品使用权的转让。

一、交易客体的无形性

首先，创意市场所进行的交易对象是创意产品或服务，这些创意产品或服务是无形的资产，其中可能以有形的创意产品为载体，也可能是未来的产品，具有不确定性。

其次，创意市场所进行的交易时间可以提前。也就是说，像时尚、设计、建筑、手工艺制造、电影和出版等产业领域，创意产品所蕴含的生产理念、文化内涵、主题思想等会逐渐凸显出来，创意企业可以将其潜在的市场价值放大到可观的程度再进行具体的交易。但对于交易双方来说，这种交易时间的提前导致交易价值具有很大的不确定性。

最后，注重品牌的价值。在创意经济中，品牌具有重要的导向作用，选择品牌产品可以彰显品牌个性、品牌赋予的价值理念、地位、身份认同乃至价值追求等。正因为如此，创意产品市场交易更加重视内容和品牌的建设。也正是由于创意产品市场交易对象的无形性以及交易时间的提前演进，决定了品牌构建和交易的价值所在。

二、交易价值的不确定性

首先，创意市场交易是一种精神消费。因为，创意市场主要是进行创意产品或者服务的交易，而创意产品的生产和制造是一种精神生产，所以相应带来的是精神产品的消费。精神产品所具备的价值、内涵以及创意产品的生产者所付出的脑力劳动不是物化的、具体的，而是一种抽象的精神形式。

其次，创意市场交易产品定价困难。创意产品属于复杂的、无形的脑力劳动产品，并且包含许多创新性，劳动的消耗和产品的成本难以确定。再者，创意产品中所蕴含的无形资产往往具有唯一性，没有可以进行类比和衡量的等价物。所以，创意产品的价值就很难用确定的价格予以表现，导致创意市场出现产品定价困难的现象。

最后，市场供求矛盾突出。创意产品具有特殊的产品特征，所以一般人或者企业都是无法提供和生产的，只有少数人或者企业可以作为市场的供给主体。例如品牌专有，像 LV、芭比娃娃、Calvin Klein 等。有些时候，市场需求量相当大，导致供求矛盾突出，供给方占据垄断地位时，购买方在进行市场交易的过程中处于弱势，创意产品的价格自然会走高，处于垄断地位的人或者企业就会获得垄断利润。

三、产品使用权的转让

按照知识经济的特点分析，创意产品在进行市场交易过程中，会涉及产品使用权转让的问题，与本书后面介绍的知识产权问题息息相关。例如影视作品，当某个出品公司已经结束拍摄和后期剪辑、包装制作，决定将作品卖到各个省级卫视播出时，此时，通过一系列程序和协议，电视剧出品公司和电视台达成共识，那么，各省级卫视尽管购买了该部电视剧的播出权，但只拥有第一、二轮的使用权，而电视剧的版权，即所有权仍归出品方所有。

第四节　创意营销

传统营销是一种交易营销，强调将尽可能多的产品和服务提供给尽可能多的顾客。经过长期的发展，传统营销已经形成比较扎实的理论和实践基础，消费者已经习惯这种固定的模式。消费者在消费过程中有很强的交流性，可以看到现实的产品并体验购物的休闲乐趣，同时产品也取得了大众的信赖。传统的市场营销策略是由麦卡锡教授提出的 4P 组合，即产品、价格、渠道和促销。后来，以舒尔兹教授为首的一批营销学者提出了 4C 的市场营销理论，即消费者的需求和欲望、成本、便利和沟通。

在传统营销模式中，制造商生产出成品后往往通过"制造商→批发商→零售商→消费者"的营销渠道对外销售产品，产品一般需要经历好几个环节才能到达消费者手中，这样冗长的供应链不仅降低了产品的时效性，而且增加了产品的成本。传统的市场营销理论具有以下几点局限性：(1)传统企业营销地域的局限性，一般只限于当地人购买和消费；(2)知名度局限性，传统企业的推广方式受到店铺的约束，推广范围小；(3)经营成本高，铺面的租金贵。

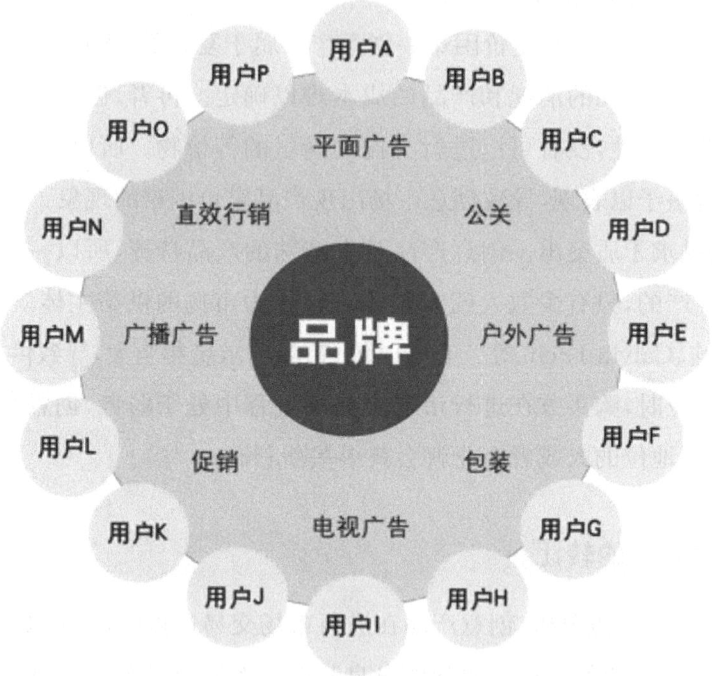

图 3－6 传统营销示意图

而创意产品的特殊性以及创意产品自身的消费特点决定了创意产品的营销策略与传统营销模式相比有很大的区别，创意产品的营销可分为时机营销、整合营销、概念营销和符号营销。

一、时机营销

所谓时间就是商机，以时间抢占商机、扩大利润，是成功营销的关键所在。人们对创意产品的需求更多是来自于心理层面和精神层面的需要。那么，营造适宜的时机进行创意产品的市场营销就显得尤为重要，会对创意产品的销售结果产生举足轻重的影响。

创意产品的生产要经历产品创意提出、产品研发、产品生产、产品运营、产品投放市场等一系列环节和阶段，因此，创意产品的营销也应根据不同的环节和阶段进行。关于时机营销，我们将以一位电影导演的工作计划予以分析。处于电影宣传潜伏期时，营造氛围，为整部电影的宣传营销奠定基础，做好铺垫。第一步，进行影片提议工作，向受众亮出影片的看点、内容、风格、类型，做良好的造势工作；开始组建整部影片的团队，开新闻发布会，做二次宣传；举行开机仪式，开始拍摄；散布电影信息，将有料信息向受众进行公布，发布探班活动、片场情况；在整部影片杀青时，进行大力宣传；进入到后期剪辑、包装制作时，仿佛进入整部影片宣传工作的沉寂期；等影片后期剪辑、包装完成，并拿到广电总局的公映许可证时，进入影片的密集轰炸式的宣传期，大量的宣传方式开始被采用，如广告、上综艺节目、各种新闻发布会、宣布上映期。这就是影视作品依托自身的特点所进行的渠道宣传工作，而传统的营销手段则作为促销环节的基础，最佳、最为有效的营销手段是贯穿始终的时机营销。

二、整合营销

整合营销，根据菲利普·科特勒的观点："当企业所有的部门都能为顾客的利益服务时，其结果是整合营销(Integrated Marketing)。"整合营销包括两方面的含义：首先是各种营销职能，诸如推销人员、广告、产品管理、营销研究等，必须协调一致；第二，必须使企业其他部门接受"思考顾客"的观念。[①] 企业内部有多个部门，每个部门各司其职。实行顾客导向的企业，营销部门的任务主要是研究、认识和争取顾客，其他部门应积极配合营销部门服务于顾客。各个部门都必须在增进整体利益的前提下，多方合作，一致行动，发挥整体效应。

根据过去的传统营销方法，现在的新型营销策略可概括为：

- 6P：product，price，place，promotion，power，public relation
- 4C：customer，cost，convenience，communication
- 4R：reliance，response，relationship，reward
- 4V：variation，versatility，value，vibration

创意产品的整合营销通常采用横向整合营销和纵向整合营销策略，从而取得"1+1>2"的规模效应。

[案例精选]

安徽卫视对新版电视剧《三国》的整合营销策略

自5月2日起，新版电视剧《三国》在安徽卫视等四家省级卫视首轮播出。安徽电视台通过整合优势资源，创新推广思路，借力发力，实现了栏目和剧目的深度互动，资源和品牌的良性共振，取得了收视、创收、影响力的全面提升。截至5月25日，安徽卫视新版《三国》在央视索福瑞5000户测量仪和29省网组平均收视均列省级卫视第一位。这是安徽卫视电视剧升级和节目跨越双重发力战略的一次有效实践，为安徽卫视实现跨越式发展积累了宝贵经验。

针对该剧在安徽、天津、江苏、重庆四家卫视同步上星播出的客观形势，安徽电视台在宣传推广上独树一帜，从三个方面加强资源整合与创新，取得了良好的宣传推广效果。他们整合剧目相关文化资源，把《三国》作为弘扬和普及传统文化的良好契机，开播前推

---

① 〔美〕菲利普·科特勒、〔美〕凯文·莱恩·凯勒著，梅清豪译：《营销管理》，上海人民出版社2006年版。

出长达5小时的《开播倒计时》特别节目“说三国 三国到”，让观众全面熟悉和了解该剧导演、演员及背后故事，并对《三国》的人物、思想、历史背景等进行详细介绍；推出《三国三人行》、《趣说三国》等充满知识性和趣味性的节目，对传统文化进行有效延伸和普及，深入挖掘该剧弘扬民族文化和民族精神的巨大价值；最大限度地整合电视、报纸、网络及户外媒体力量，通过召开新闻发布会、举办大型活动、在大型门户网站发布通栏广告、在重点城市发布户外广告等多种形式，实现了全媒体、全方位的整合营销。截至5月25日，“安徽卫视+三国”的百度新闻搜索为5630篇，发稿量遥遥领先于其他三家省级卫视。特别是与搜狐网联合举办的“三国英雄票选活动”，以及在优酷网和酷6网设置的三国专题视频，点击量近百万。另外，整合频道资源，调动全频道的有效资源，在剧目开播前几个月就制造话题进行炒作，吸引了全国各大媒体和观众的广泛关注。全台各档重点新闻栏目、品牌综艺栏目通力配合，进行多轮宣传造势：《非常静距离》和《说出你的故事》栏目共推出11期特别节目，创造了单剧推广之最。4月16日，安徽卫视在四家省级卫视中率先录制首映大典，举行新闻发布会，进一步提升收视期待。该剧播出过程中，安徽电视台又精心策划了“万人齐放孔明灯”、“游世博看《三国》皮影绝技”、《三国》主题征文和短信互动活动等，增强与观众的互动，有效维持了收视热度。新版《三国》的宣传推广呈现出众多亮点，获得了社会各界的广泛好评。这不仅是一次电视剧的推广，也是安徽电视台自身的一次成功营销。

三、概念营销

概念营销是指将市场需求趋势转化为产品项目开发的同时，利用说服与促销，提供近期的消费走向及其相应的产品信息，引起消费者关注与认同，并唤起消费者对新产品期待的一种营销观点或策略。概念营销着眼于消费者的理性认知与积极情感的结合，通过导入消费新观念来进行产品促销。

［延伸阅读］

湖南卫视的“快乐”定位，它的三个锁定，即：锁定年轻、锁定全国、锁定娱乐。它的频道台标为“鱼米之乡”之意，外形像一粒大米，中间的空位如同一条鱼，象征湖南是鱼米之乡。台标包装的椭圆形状和橙色，极像一个芒果，所以大家又称其为“芒果台”。湖南卫视，无论是从栏目特色、主持人风格、包装、自制剧特点，还是观众定位，均是年轻化，也呼应了其所倡导的“快乐”定位。

图3—7 湖南卫视的“快乐”定位

四、符号营销

当前，消费方式逐渐成为社会地位、文化身份、个人声望的评价依据，人们力图借助一些品牌符号来展示自己的地位和身份。符号营销是通过对顾客进行长期的、全面的、独特的、根深蒂固的符号理念灌输，使顾客认同其品牌的价值观，并将其品牌的符号铭刻于心底。一旦品牌符号被用心记忆和追求，即便品牌在某一时期内发生一些失误或错误，也不会动摇其在顾客心里的地位。①

在创意经济时代，人们购买产品，越来越多的是出于对商品所具有的象征意义的考虑，商品的表现形式更多是一种价值符号。为此，品牌商品所具备的品牌象征意义和价值具有非常大的导向和引领作用，可以说是物质产品的浓缩。文化产品的符号象征，还可以提升创意产品的观念价值，从而创造市场价值。

第五节　案例：LV 产品的观念价值诠释

何为旅行？
旅行不是一次出行，
也不只是一次假期，
旅行是一次过程，一次发现，
一次自我发现的过程。
真正的旅行让我们直面自我。
旅行不仅让我们看到世界，
更让我们看到自己在其中的位置。
究竟，是我们创造了旅行，
还是旅行造就了我们？
生命本身就是一场旅行。
生命将引领你去向何方？

——LV 电视广告

图 3—8　安吉丽娜·朱莉代言 LV

① 苏华：《符号营销——品牌竞争的新优势》，《企业科技与发展》2009 年第 13 期。

2008年3月15日，法国著名奢侈品品牌路易·威登(Louis Vuitton)的形象广告首度在中国内地电视屏幕上亮相，时长90秒。此广告片所采用的意味深长的广告词，旨在传递一种感觉、一种信仰、一种精神，广告以极具艺术表现力的手法有效地展示了LV品牌的核心价值。广告画面中不断闪现各式各样的风景和不同的面孔，仿佛将观众不知不觉地带入一种如梦似幻的境界，堪称经典之作。这则超时长的唯美电视广告的推出，增加了观众对LV品牌的认知度、欣赏性和好感度，从某种意义上来说，让一只镶嵌LV logo的旅行包承载了作为旅行用品之外的更多内涵，赋予了全新的品牌意义和价值。

一、LV的趣味传奇小故事

一直以来，有两则关于LV品牌的趣味传奇小故事为人们茶余饭后津津乐道：

一则是1911年英国豪华客轮"泰坦尼克号"撞击冰山沉没海底后，国际探险小组前往3800米深处的大西洋海底沉船处打捞遗物，其中有一件物品是LV硬型皮箱，令人惊讶的是，LV皮箱里面竟然没有渗进半滴海水。此事一经传出，LV品牌声名大振。

另一则是，距今20多年前，相传有顾客家中遭遇大火，几乎所有物品都被烧毁。然而，一只LV Monogram Glace包，虽然皮包的外表面已经被火熏黑变形，但是，在皮包内所存放的物品却完整无损。

这就是人们世代口口相传的有关LV品牌的趣味传奇小故事。尽管无从考究，但是它们所带来的影响意义可谓深远，也使得LV品牌更具品牌意识和价值象征。

二、LV品牌的成长史

(一)LV品牌的诞生

1821年8月4日，路易·威登(Louis Vuitton)出生于一个普通的木匠之家。为了生计，他来到法国巴黎，在行李箱作坊做学徒。几年后，路易·威登成为一名为法国王室服务的捆衣工。此时的法国，正值拿破仑三世刚刚执掌政权，呈现国强民盛、经济繁荣的景象。另外，法国版图的不断扩张，也激起拿破仑三世的皇后乌婕妮游历欧洲的兴趣。但是，旅行的乐趣却常常因为一些小问题而大打折扣——那些华美的衣服总是不能妥帖地放在行李箱中。路易·威登凭借自己的手艺，把皇后的衣服巧妙地捆绑在旅行箱内。于是，他很快便得到了乌婕妮皇后的留意和信

图3—9 路易·威登

赖。路易·威登在宫廷服务时期的实践经验积累,正是LV品牌形成阶段不可或缺的必要条件。此间,他为皇室所制作的皮箱从技术和品位上来说,随着时间的推移得到提升,为即将诞生的LV品牌增添了难得的皇室气息和贵族身份,赋予了特殊的文化价值,并为日后的品牌发展奠定了基础。

1854年,路易·威登结束了为皇室服务的工作,在巴黎采用自己的名字创建了首家皮具店,主要生产平盖行李箱。至此,LV品牌正式创立,并从此载入史册。路易·威登凭借自己在皇室为乌捷妮服务的实践经验,创造了最为经典的"Trianongrey"帆布行李箱。该品牌行李箱一经问世,即引起法国巴黎上流社会皇室和贵族的轰动,转瞬间成为巴黎贵族出行时首选和必备的行李箱。现如今,走进LV品牌专卖店,我们仍能看到墙壁上悬挂着的当年贵族们出游时携带的各式各样的LV旅行箱奔赴火车站的照片。另外,"Trianongrey"帆布行李箱的图案设计仍是当今LV箱包的经典元素,永不褪色。

图3—10 LV真皮行李箱

(二)**LV**品牌的成长

1859年,路易·威登扩大了皮具店规模,在巴黎近郊Asnieres设立了第一间工厂。这段时期,设计、生产的过程更注重于解决旅行者们的实际问题,以实用的设计理念为基础,路易·威登在时尚和专业化方面开始不断深入研究。可以说,在19世纪50年代,他依靠LV品牌的品质赢得了第一批消费者,即法国皇宫贵族。在那个没有大众媒体传播的时代里,LV得以在上层社会贵族间流传并得到认可,皆源于上层社会成员之间口口相传这个简单的传播手段。一方面,这种口碑传播增加了LV品牌的可信度;另一方面也提升了LV品牌的质感和认同感。

随着资本主义经济的迅速发展,LV开始向资产阶级新贵提供更具身份象征的特殊服务——特别定制。这种服务完全依据消费者的个人需求和审美而设计,可以最大限度地满足消费者的个性要求。另外,值得注意的是,每年仅有数十件的有限的定制量更加契合了资产阶级贵族彰显身份和权势的心理需求。LV缔造了150年不变的品牌核心,即精致、简单、实用的"旅行哲学"。之后,当路易·威登逐步树立起"精致、典雅、尊贵"的品牌形象时,虽遭到仿制者的窃取,但并没有影响到LV品牌。1896年,路易·威登的儿子乔治·威登设计出Monogram图案组合,借此表达对父亲的敬仰和敬意。对于LV来说,商标的诞生具有划时代的影响意义。它不仅使得LV品牌象征注入消费者的价值观念,还开启并延续了LV的品牌之路,并使其成为奢侈品品牌的符号代表和尊贵象征。

整整一个多世纪过去了，印有“LV”这一独特图案的交织字母帆布包，伴随着丰富的传奇色彩和典雅的设计而成为时尚之经典。一百多年来，世界经历了很多变化，人们的追求和审美观念也随之改变，但路易·威登不但声誉卓然，而且至今仍保持着无与伦比的魅力。“路易·威登”这个名字已经成为旅行用品中最精致、最高贵的符号象征。目前，LV集团经过百余年的发展，在全球已拥有8万多名雇员，2400多个商店，包括时装和化妆、珠宝等在内的五个业务集团，70%的业务在法国之外。另外，Millard Brown Optimor公布的2012 BrandZ调查显示，路易·威登集团经营的LV品牌价值比2011年高7%，达259亿美元，已经连续7年卫冕全球最具价值品牌。

三、LV品牌诠释的观念价值

观念价值，是指人们在消费商品物理属性的同时，因产品内在的文化属性、象征意义以及个人因消费产品所带来的身心感受和体验等方面的差异而愿意多支付的价格部分，也就是消费者感知的商品的使用价值。可以说，创意产品的观念价值是产品中包含的能与一些社会群体的精神追求或文化崇尚产生“共鸣”的无形附加物，包括品位、意味、风尚、情趣、体验等等。观念价值是人们主观的、可以体会和感受的无形附加物。它因文化的创意性渗透而产生，是一种附加的文化观念。

对于LV品牌产品而言，曾为皇家贵族所使用，在材料的选择、剪裁、制作、设计、质量等一系列工序上可谓是上乘，并以奢华闻名。因此，现代人觉得LV皮包象征高贵、显示富有，并渗透着悠久而深远的法国上层文化。LV皮包满足了消费者某种程度上的心理需求，体现了较强的观念价值。LV品牌的观念价值可以从产品的设计、生产、销售、服务等各个环节进行挖掘，以彰显其所拥有的“尊贵”气质。

首先，在产品的设计和生产上，LV品牌力求新颖和创新。无论是LV品牌所倡导的简单、实用，还是典雅、尊贵，其所有产品的设计和生产都是源于精致、品质、舒适的“旅行哲学”，并将此作为品牌理念予以推广和延伸，赋予新的文化韵味和意义。谈及法国人，大家会认为法国人思想偏向保守、陈旧，但是路易·威登则不像传统的法国人那般，而是对新事物具有较强的好奇心和敏感性，可以说是走在同行的最前面。更重要的是，他会根据现实生活中的条件和状况进行产品的设计，生产适合新生事物的箱包，以迎合广大消费者的心理需求和审美要求，从而拓宽生产领域，吸引消费者的目光。LV一直与时俱进地调整自己的设计和

图3—11　LV皮包

生产理念，以适应不断更迭的社会变化和需要。随着交通工具的不断变化，LV 所生产的箱包也随之发生变化和创新。LV 品牌在产品设计和生产上所力求的新颖和创新一直延续、传承至今。LV 品牌的衍生品，如丝巾、笔、手表，甚至是服装，亦深受这种创新理念的影响，以精致、品质、舒适的“旅行哲学”作为该品牌产品的核心理念，并作为产品设计和生产的创新基础。

其次，在产品的销售策略上，LV 品牌坚持价格的“非倾斜”。对于普通的产品而言，适时的打折促销是商家进行创收和提升产品品牌的策略，以此吸引消费者的购买欲并建立新的市场地位。然而，对于 LV 品牌产品来说，在产品销售策略上，坚持价格的“非倾斜”。也就是说，LV 品牌的皮具从来不会在任何一家百货公司进行打折促销，更不会出现降价的可能。这被称为 LV 品牌销售上的“死性价格策略”。也正是由于这样的销售策略，坚持价格的“非倾斜”，使得 LV 品牌的忠实顾客更加坚定不移、死心塌地地跟着 LV 品牌的脚步不断前行。此外，LV 品牌采用顾客数量限制的措施，即对待每一位顾客都保持最为尊重的态度，让顾客在店内享受顶级礼遇的服务。另外，LV 品牌会限制顾客购买产品的数量，因为每一款 LV 的箱包都是手工缝制的，所以生产速度有限，生产周期相对较慢。因此，每一位顾客在购买相同款式的箱包时只能购买一个，避免同一款箱包被同一个人抢购一空，形成脱销。由此可见，LV 品牌的产品在销售策略上与众不同，也缔造了不同的销售方式，为其赢得了商机和信誉。

再次，在产品的售后服务上，LV 品牌打造“家庭”氛围。LV 品牌的产品因其选材考究、制作精良、设计讲究而经久不衰，同时，在产品的售后服务上，LV 品牌可谓是煞费苦心。为了满足消费者的需求，LV 品牌向消费者提供产品永久性的终身保养服务，使得拥有 LV 品牌产品的消费者无论在什么时间都可以享受这一终身服务，得到了广大消费者的认可。LV 品牌的产品因其拥有良好的制作工序和设计理念，使得顾客可以把产品从祖母传给母亲，再由母亲传给女儿，就这样代代相传，营造“家庭”的感觉和氛围，并且无论什么时候，顾客都可以将产品拿回商家做保养修护，LV 品牌专卖销售店会责无旁贷、尽心尽责地为顾客提供帮助和服务。通过 LV 品牌的售后保养服务，一家三代能够持续地拥有同一个品牌产品，品牌的延续意义深远。所以，人们更加愿意用高价购买一件高品质、能带来不寻常意义的产品，终身使用，甚至代代相传。这也真正体现了 LV 品牌产品作为奢侈品的独特内涵和价值。

图 3—12 LV S/S 2013 巴黎时装周

最后，在观念价值拓展上，LV 品牌以文化面对各方挑战。LV 品牌产品彰显尊贵、华美、奢华、典雅，将得天独厚的悠久的法国文化渗透在产品之中，带给消费者的不仅仅是物质上的拥有和体验，更是精神领域的享受和分享。因此，LV 品牌在观念价值的拓展上，历代传人都会采用同一种手法——出版书籍，以此宣扬 LV 所蕴含的法国精神、法国文化和价值观，并激励每一代法国民众从不同侧面了解国家的文化底蕴，增强国民自信心，积极面对来自世界各方的挑战和机遇。像 LV 品牌第二代传人乔治·威登创作了《从古到今的旅游》，该书将旅游和 LV 品牌箱包相融合，既讲述了 LV 品牌的发展历程，也从侧面说明了 LV 品牌是历史发展的必然产物，一定程度上提升了 LV 品牌在法国人民心目中的地位及其在法国文化中的价值。第四代传人亨利·威登创作了《记忆中的行李箱》一书，该书出版问世正值法国文化面临美国文化的严峻挑战。在这个特殊的历史时期，该书一经出版，立刻激发了法国人民面对外来挑战时的毅力和勇气，激励法国人认识自己的国家文化，并增强了民众的自信心。这些都为 LV 品牌的生存、发展、创新、延续奠定了精神基础，为其注入强大的思想动力。

综上所述，LV 品牌具有创意产业的本质特点，完美地诠释和体现了创意产品的观念价值。在 LV 品牌发展的百年历史长河中，它将品牌、文化、身份、时尚等元素融会贯通，缔造了一个极具影响力和知名度的不朽的文化符号；它承载了消费者对于奢侈品所蕴含的深刻文化内涵的梦想，引领和刺激消费者对于品牌产品和文化的渴望与追求。LV 品牌仿佛让消费者乘着热气球展开一次心灵旅行，放飞梦想。正如 LV 品牌广告词中所描绘的，LV 品牌将引领你去向何方……

思考题

1. 理解创意产品的观念价值。

2. 创意产品的主要消费特点是什么？

3. 试分析创意产品的体验营销策略。

第四章 创意产业集群

本章要点

1. 创意产业集群的含义及特点
2. 创意产业集群的类型
3. 创意产业集群发展的动力机制
4. 创意产业集群的发展模式
5. 案例：北京文化创意产业集聚区概况

第一节 创意产业集群的含义及特点

一、创意产业集群的含义

(一)创意产业集群的含义

创意产业集群是产业集群中新产生的一类具体形态，是指相互关联的创意企业、创意工作者与相关机构在一定的文化地理空间上，形成相对集中的区域集合体。这里的文化地理空间主要包括高校、文化遗址地、艺术场所以及新规划的文化发展区域等。创意产业集群所具有的群体竞争优势和集聚发展的规模效益是其他产业组织形式难以相比的。它的崛起是创意产业发展的必然趋势，反映了其自身对文化资源创意的依赖。

与产业集群相近的一个概念是“产业集聚”，二者描述的角度有所不同。产业集聚是指同一产业在某个特定地理区域内高度集中，产业资本要素在空间范围内不断汇聚的一个过程。

(二)创意产业集群的作用

在创意产业发展的不同阶段，产业集群发挥不同的作用。在创意产业的萌芽和成长阶段，产业园区和集群主要发挥了平台与核心的作用，犹如“种子”快速发育。比如20世纪初叶，好莱坞电影作为一种新兴产业，依托产业集聚区的载体，迅速形成了资本、技术、人才和贸易的集聚优势，汇聚了一批全球规模的电影公司。

在创意产业的壮大和成熟阶段，产业园区和集群发挥了组织创新的引领作用，以新的组织业态来容纳不断壮大的生产力。譬如1927年至1966年，百老汇进入了黄金时代，流行音乐的风行、编舞型导演的大量涌现、新舞台技术的提升、600座以上剧场的群聚、从“百老汇”到“外百老汇”再到“外外百老汇”的圈层空间结构，形成了百老汇演艺娱乐集聚区的新组织模式，逛百老汇也成为体验美国大众娱乐文化和都市时尚的一种典型方式。

在创意产业的更新和融合阶段，产业园区的集群发挥了快速转型的更新作用，并且是对整个国家产业结构的重塑。如韩国经历了1997年的亚洲金融危机，把科技含量高和消耗能源低的游戏业作为“富国兴邦”的新依靠，成立多个游戏产业基地以扶持中小企业的发展。韩国文化观光部成立了韩国游戏支援中心，设立信息化基金和文化产业基金进行扶持，给游戏产业的高科技人才免除两年的兵役，这些举措也使韩国成为全球游戏产业生产国的后起之秀。2006年韩国游戏市场占全球的5.3％，网络游戏市场占全球的31.4％。

二、创意产业集群的特点

(一)能够放大创意效应

作为个人思想与社会文化互动的产物，创意一旦融入集群式的互动交流平台，便能形成“头脑风暴”，把小创意变成大创意、单纯创意变成复合创意、单个创意变成系列创意，创意在聚集条件下产生的这种不规则扩张式变化，已经无法用传统的“乘数效应”加以描述，而是一种爆发式的经济效益。对于集聚区的创意企业来说，除了能够在产业源头获得这种创意集聚的爆发式效应，还能够在后续业务发展中共享集聚区提供的行业基础设施、政策资源等软硬件环境，以及相对完备的产业链，从而更加高效、更为便利地将创意转化为产品和服务。

(二)核心要素是创意行为

创意产业集群的核心要素是创意行为，这与作为传统产业集群核心元素的一般创新行为存在很大区别。

1.创新行为与社会资本有关

这种社会资本包括网络、联系、信任、共同规则等，它们对于创造学习环境、提高产品创新或过程创新中的知识转换至关重要。因此，在创新行为中，加强人们之间的联系是有益的。而创意的产生来自于个人的思想与社会文化状况之间的互动，所以创意行为更需要松散的联系。因为紧密的联系会使得内部团体排斥外来者，损害创造力的多样性，而人的创造力是创意企业的根本生产要素，多样性是创意产业发展的重要条件。

2. 创新行为和创意行为依据的知识点不同

创新行为往往是显性的专门化知识，这种知识通过普通的渠道可以学习，如大学课堂、专业化书籍和电视广播等。而创意行为通常依据的是隐性的知识，这种知识有时需要面对面的交流才能获得。正如凯夫斯在《创意产业经济学》中所指出的，画家为了确立自己的创作风格、增强创作技能和艺术洞察力，同时对外推广自己的作品，需要大量的人际交往活动，包括研究其他画家的作品，交流关于当前的主流和艺术新观点。同行之间的交流是促使创意工作者聚集在同一地区的主要原因。

(三)集聚的主体具有多样性

在集群的内容上，创意产业集群也与一般产业集群大相径庭。传统的产业集群主要以营利性的企业为主，主题是生产经营业务和为之服务的技术创新、管理创新、服务创新，基本特点是程序性和标准化。而创意产业集群里既有生产经营企业，也包括为数不少的非营利性文化机构，如艺术场所、媒体中心等，既有文化生产的工作氛围，又有文化消费的生活情调，文化底蕴深厚，提供了创意阶层需要的便利性和舒适性的物质空间环境，吸引了风格各异的创意工作者。为了追求更新奇、更多的文化创意，他们同集聚区、公共代理机构、投资机构形成有机联系，其基本特点是多样性和变化性。

(四)创意人才发挥重要作用

传统产业集群和创意产业集群在形成的模式上有区别。传统产业集群通常是招来企业带来人，企业先期集群，发展壮大后再吸引人才的投奔式聚集；而创意产业集群往往是创意人才最先集聚，通过他们的创造活动形成一定的影响力后，进而吸引企业的“趋利性”入驻，形成和发展创意产业集群。因此，要发展创意产业集群，不仅要注重吸引企业，更要吸引合适的人才。这就意味着集聚区在制定吸引企业的政策的同时，往往需要制定吸引创意型人才的政策。

第二节　创意产业集群的类型

根据产业演进的历史逻辑，创意产业集群化的形成一般有两种形式：一种是以本地创意产业特定要素在特定地理区域内发育、聚集，并随着市场规模的扩大而形成的“原发型”创意产业集群；另一种是由于外部资源进入而形成的一定区域内产业集聚的“嵌入型”创意产业集群。根据这两种发展模式，我们可以按照不同的划分标准，对不同的创意产业集聚区进行分类。

一、按集群形成的原因划分

（一）文化趋同型

所谓“文化趋同型”创意产业集聚区，是指创意产业的集聚主要是源于创意企业的文化类型在本质上具有一致性，体现在创意产品上通常表现为创意产品的文化内涵有相似性，这些相似性决定了这些创意企业集聚在一起，共同向人们展示自身特定的文化含义，在吸收彼此文化精华的基础上，得到进一步的发展。比较典型的案例有北京798艺术区、宋庄画家村、潘家园古玩艺术品交易园区等。这些集聚区均具有自身的文化特质：798艺术区的主要文化内涵为不同风格的艺术形式的集聚；宋庄画家村主要是吸引不同风格的画家在此集聚；潘家园主要是吸引对古玩有兴趣的艺术家集聚于此。

（二）位置决定型

“位置决定型”创意产业集聚区是指创意产业的集聚源于特定的地理位置，或靠近特殊的创意群体，或靠近目标消费群体，或靠近交易市场，这种特定的地理区位促进了创意产业集群的形成和发展。典型的案例有北京中关村科技园区、前门传统文化产业集聚区等。

（三）政府作用型

这种类型的创意产业集聚区的形成主要是靠政府力量的推动，政府对园区进行设计、主体投资、协调和规划，通过政府的力量来促进园区的发展。较典型的案例有北京石景山数字娱乐产业示范基地、北京DRC工业设计创意产业基地等。

[案例精选] 北京宋庄画家村

在北京通州城北，两条不可多得的历史景观——温榆河与潮白河，造就了北京小平原的自然河流。在这两条河流之间，有一片秀美繁荣的土地，这就是闻名遐迩的艺术群落——宋庄。

宋庄小堡画家村辖域面积5049亩。近年来，在村委会的带领下，小堡的经济突飞猛进。随着宋庄文化造镇战略的出台，小堡画家村把发展重点放在了文化创意产业上。村委会下属四大公司：中坝河公司、小堡驿站公司、百富苑公司和泰丰龙门公司，分别负责画家村的艺术园区、村民居住区、工业区和商业街区的发展工作。

1994年起，著名画家方力钧、岳敏君等几位艺术家作为首批拓荒者相继来到画家村。画家村接纳着来自五湖四海的文化艺术同仁，目前已经有2500多名艺术家在这里抒发热情，追求梦想，形成以小堡画家村为核心的原创艺术创作基地。走进宋庄，我们可以看到文化艺术产业投资推广中心、宋庄小堡画家村文化旅游接待中心、宋庄画库、宋庄美术馆、AS艺术中心、国际名家真迹馆、万盛园国际艺术交流中心、联合国美术家协会、拍卖公司、多元化工作室、艺术家沙龙、原创艺术培训基地等等。

经过几年发展，画家村的艺术家由原来单纯的架上油画艺术，增加到现在的雕塑艺术、观念艺术、新媒体艺术、摄影艺术、独立制片人、自由音乐人、自由作家等等。艺术作品展销量每年以20%左右的速度增长。

为了给艺术家们营造更好的生活、创作空间，扩大对外交流途径，将文化艺术资源与市场连接、与社会化运作平台很好地结合在一起，画家村组织成立了文化艺术产业投资推广中心、宋庄画库、文化艺术旅游服务中心、宋庄文化创意发展公司和宋庄当代文化专项基金，努力把宋庄小堡画家村建设成为世界级的艺术创作基地、艺术品交易基地及国家级文化创意产业示范基地。宋庄小堡画家村正以鲜明的艺术特色向世人展示着独特的魅力和风采！

二、按产业集群的形成方式划分

（一）自下而上的自发形成型

自下而上的自发形成型创意产业集群，是指先由某些艺术家选中，进而带来众多艺术家和艺术机构的自发集聚。集群内企业和个人的地理临近性与企业间的合作网络，为创意阶层提供了良好的信息交流平台，集群内创意阶层共同营造的文化氛围是集群的自强化机制。一旦创意企业在某个地方集聚，循环累积的因果关系可以导致其在一定时期内锁定某一地区。创意产业集群是艺术人士或创意企业的自发行为，在企业和个人之间相互合作交流的关系基础上，同时形成创意产业链和价值链。但是这种关系容易形成创新的路径依赖，合作与交流主要依靠企业和人际关系渠道，市场拓展的动力不够充分。典型案例有北京798艺术区、宋庄画家村及美国的苏荷区。

1. 北京798艺术区

北京798艺术区的前身是新中国“一五”期间建设的北京华北无线电联合器材厂，即798联合厂。20世纪90年代以来，随着都市经济的发展，商务成本的提高，城市产业结构的不断调整，798工厂也逐渐开始衰落，大片的厂房车间长期处于闲置状态。当工厂的生产停滞以后，艺术家们首先意识到798工业遗产的价值，受包豪斯建筑及周围厂区环境幽静、交通便利、房租便宜等特点的吸引，从1996年开始，不同风格的艺术家纷至沓来，北京798工厂逐步发展成为雕塑、绘画、摄影等独立艺术工作室，以及画廊、艺术书店、时装店、广告设计、环境设计、精品家居设计、餐饮、酒吧等各种文化艺术空间的聚居区。目前，北京798艺术区已经成为当代艺术的重要集散地和国际上具有影响力的文化产业区。一批全新的创意产业入驻，艺术家们以保护历史文化遗迹为前提，将原有的工业厂房进行了重新的定义、设计和改造，表现出对于建筑和生活方式的创造性的理解。空置厂房经艺术家们改造后，成为新的建筑作品，在历史文脉与发展范式之间、实用与审美之间，艺术家们与厂区的旧有建筑展开了生动的对话。798艺术区是我国通过文化创意产业园区的方式来保护、开发和改造工业遗产的成功典范。

2. 美国苏荷区

美国纽约曼哈顿岛西南端的苏荷，原本是随着纽约步入工业化时代而兴起的一个工业社区。“二战”之后，金融业取代制造业成为纽约市经济的支柱产业。随着制造业的衰退，工厂搬迁，闲置了大量厂房和仓库。那些满脑子有理想、有才华但还不名一文的青年艺术家们发现了这片位于城市中心但已被废弃的工业遗迹，他们将厂房和仓库内部稍加整理后，变成自己的生活空间和艺术工作室，俗称“统楼房”，在这里进行艺术创作、作品展示和交流聚会活动。灵感和思潮的聚集与碰撞在短时间内产生了大量影响和领导当代艺术潮流的艺术著作，世界当代艺术就此发端。

20世纪60年代起，纽约市政府开始介入苏荷区，联合规划、立法部门对这个区域进行了一系列的旧城改造，制定并通过了一系列的法规，如允许艺术家们自筹一部分资金与开发商一起兴建合作公寓，统楼房的底层只能用于商业用途等。70年代，纽约市决定将苏荷区设立为历史文化保护区，明确规划这里以艺术经营为主。经改造的统楼房基本保持了原貌，但在装修材料、色调搭配及灯光照射等方面进行了特殊处理，成为苏荷区独有的“超现实主义风格”。

正是因为曼哈顿苏荷区的崛起，纽约取代巴黎成为世界的艺术中心，而世界当代艺术亦不能想象没有苏荷区的纽约。

这类集聚区的产业效益一般并不显著，它的特色和价值主要在于人才带来的区域品牌，形成特殊的文化创意区域，带动和辐射周边区域文化创意产业的发展。

（二）自上而下的政府推动型

政府推动型文化创意产业集群是指自上而下地人为培育而成的产业集群，它通常是政府战略规划的结果。这种类型的集群通常强调以政府配置作为资源配置的主要方式，由政府在综合评估区域经济、社会、文化等发展状况和环境条件的基础上，制定该行业的总体发展战略和规划，通过制定一系列产业政策来引导与鼓励集聚区内的文化创意产业优先、快速发展。通过设立和发展产业园区形成的集聚效应，可以为企业发展提供良好的外部环境，使之在基础设施建设、信息交换、经营管理等方面节约大量成本。同时，政府通过促进资源更有效地流转、调动、协调，形成的创意园区具有整体的风格和统一的管理，对创意产业集群发展的导向作用很大。典型案例有北京DRC工业设计创意产业基地、日本金泽市市民艺术村、韩国民俗村、中关村软件园等。

［案例精选］　北京DRC工业设计创意产业基地

北京DRC工业设计创意产业基地，是由北京市科学技术委员会与北京市西城区人民政府共同建设的。该基地主要以政府宏观政策为指导，以北京科技研发与设计创新综合实力为依托，以院校、企业和设计机构为服务对象，通过优化配置首都丰富的科技与设计资源，构筑市场化的资源共享模式，促进设计创意产业的发展和企业竞争力的提升。目前，该基地已发展成为集技术条件共享平台、设计企业孵化器、设计人才培训基地、创新设计助推器、国际化资源中心和国民科普教育基地等功能为一体的工业设计集聚区。DRC基地现占地2万多平方米，共吸引138家工业设计企业入驻，产值增长至近30亿元。

（三）自发形成与政府推动相互结合型

任何事物都不可能完全自由地发展，文化创意产业集聚区也是一样。尽管一些产业园区起初是由于受到区位优势的驱动而自发聚集形成，但在发展到一定阶段后，政府一般也会主动介入，承担一定的管理和协调的职责，使其发展更加规范和完善。因此我们可以说，当今大多数自发形成的产业园区，在其发展过程中都会直接或间接地受到政府的引导、推动和支持。

［案例精选］　韩国民俗村

韩国民俗村位于京畿道首府水原市附近，占地163英亩，它将韩国各地的农家民宅、寺院、贵族宅邸及官府等各式建筑聚集于此，再现朝鲜半岛500多年前李朝时期的人文景观和地域风情。

民俗村由三部分组成，分别是复原和展出民俗资料及民族文化遗产的民俗景观区，展出文化遗产和民俗资料的博物馆区，以及展出传统食品、工艺、纪念品的集市街。

村内有240座传统的建筑物，有李王朝时的衙门、监狱、达官贵族的宅邸、百姓的简陋房屋、店铺作坊、儿童乐园等等，不一而足。民俗村内的店铺和露天集市上的商品大都是当地传统手工制品及别具风味的食品，有木质雕刻、彩绘纸扇、民族服装、彩色瓷器等。

民俗村内露天集市上每日定时都有精彩的节目表演，如民俗舞蹈、杂技和鼓乐，热闹非凡。这里的村民穿着古代李朝时的衣着，演绎着古代村民的风俗，迎娶新娘、送亡人入土等礼仪都真实地仿照李朝时代的模样。

韩国民俗村是收集、保存富有祖先灵魂的文化材料，并且为成长中的孩子提供现场学习场所的一家野外博物馆。它沿着山脚建成一间间房屋，村内流入一条小河，小河的周边有稻田，这一切展现为傍山临水的美丽风景。

三、按集群内企业提供的产品特点划分

不同的创意产业集聚区具有各自不同的风格，当然也就提供不同的产品。如果按照集群内的企业提供的产品特点对集聚区进行划分的话，可以分为科技创意型、文化创意型、综合创意型等。

（一）科技创意型

科技创意型产业集聚区，顾名思义，即集聚区内企业提供的产品多与科学技术相关，若合理应用，便能对科技的发展起到助推的作用，同时使我们的生活水平得到一定程度的提高，使我们的生活更加便捷。典型案例当属北京的中关村科技园区、美国的硅谷等。

（二）文化创意型

文化创意型产业园区，即园区内提供的产品和服务多与文化相关。这类产业园区的经济效益可能不会很高，但是其主要的发展目的在于向公众展示其文化内涵，通过自身的文化产品和服务来逐步提高公众的文化素养和文化水平。较为典型的案例有北京798艺术区、北京房山历史文化旅游集聚区、杭州湘湖文化创意产业园区、LOFT49园区、韩国民俗村等。

（三）综合创意型

综合创意型产业园区，即园区内企业的发展目标较为广泛，既要传播文化，又要取得可观的经济效益。这类园区大多是以文化创意起家，在此基础上，经过多年的发展，不断发掘其经济因素，经济效益不断提高，如美国好莱坞、长沙锦绣潇湘文化创意产业园等。

［案例精选］ 长沙锦绣潇湘文化创意产业园

“惟楚有才，于斯为盛。”锦绣潇湘文化创意产业园位于岳麓山大学城，处于阜埠河路与麻园路的交汇处，离千年学府岳麓书院800米。项目包括湖南创意设计城、大学科技港、创意都乐街和金苹果天马创意城。

锦绣潇湘文化创意产业园依托岳麓山大学城区位优势，朝着“人文岳麓”、“和谐长沙”、“创意潇湘”的方向发展。

项目基本形成了文化创意企业聚集区、文化创意人士集居区、文化创意产品交易区、

文化艺术培训集中区和文化旅游体验区。园区致力于打造创意设计、文化旅游、文化博览、文化演艺、艺术培训、文化创意商品交易等一条龙服务的文化创意产业链，成为湖南首个文化创意产业聚集区。

园区将文化产业与旅游产业相结合，形成了各具特色的娱乐文化、旅居文化、游园文化、观赏文化、美食文化；将文化产业与商贸流通结合，积极引进科技电子产品市场、小商品市场等，还举办大学生创意集市，免租提供摊位给大学生创业；将文化产业与教育培训结合，开展各种出国留学培训、升学考试培训、教育咨询培训等；将文化产业与社会发展结合，安置劳动力就业，为社会贡献税收等；将文化产业与创业富民结合，鼓励创业，提供各种综合服务。

园区致力于打造两张文化名片，形成湖南文化品牌：打造湖南首个创意设计产业集聚区——湖南创意设计城；打造大型文化旅游剧目——《芙蓉国里》。

锦绣潇湘文化创意产业园将通过建设，将园区打造成创意设计、文化旅游、艺术培训、文化博览、文化演艺和文化创意商品交易等文化产业聚集区，形成湖南文化创意产业一张亮丽的名片。

四、按集群内企业的产业关联方式划分

（一）垂直关联型

垂直关联型创意产业集群是指在多层次的产业集群中，上下游企业之间存在着原材料供应、成品或者半成品生产和成品销售的投入产出联系的复合型产业群。创意产业中的传媒行业尤为常见，典型案例是北京 CBD 国际传媒文化创意产业集聚区和国家新媒体产业基地。

1. 北京 CBD 国际传媒文化创意产业集聚区

北京 CBD 国际传媒文化创意产业集聚区属于典型的垂直关联型产业集群。该集聚区以国际传媒产业为主导，依托于中央电视台、北京电视台、人民日报以及众多国际知名传媒机构，重点发展以版权交易、书报刊发行、影视内容制作与传播、网络服务、广告业为主的五个行业。

为了搭建传媒产业的平台、发展文化创意产业，北京 CBD 管理委员会成立了北京 CBD 传媒商会，设立了北京朝阳（CBD）保护知识产权举报投诉服务中心和北京国际版权交易中心。随着软硬件的不断完善，北京 CBD 国际传媒的龙头地位日渐显现。

2. 国家新媒体产业基地

国家新媒体产业基地在产业集聚、平台建设、项目引入等方面取得了重大成效，在业

内和社会上产生了重大影响，初步形成了集聚效应。

一是建成了全国最大的综艺节目制作平台——国家新媒体产业基地星光影视园。星光影视园拥有充足的影视节目制作资源，可以为全国各地乃至国外的电视台提供转播和节目制作平台，成为北京奥运会非官方的媒体接待中心。

二是建成了国内最大的移动增值业务基地和IDC数据中心——中国移动通信集团北京有限公司增值业务旗舰基地。该基地已落户大兴，紧邻国家新媒体产业基地核心区。该基地投资超过10亿元，涵盖彩铃、彩信、手机游戏、手机动漫、无线音乐、视频点播、彩信杂志等移动增值业务，为广大运营商创造了一个集创意、制作、流通于一体的移动增值业务平台。

三是建成了亚洲领先的互联网体验平台。赛尔教育科技发展有限公司是教育部领导下的赛尔网络等企业投资建立的一家网络内容开发、营销和投资公司，拥有中国教育科研网遍布全国的网络设施、庞大的网民数量和优质的媒体资源，具有雄厚的资金实力。该平台要建成国内和亚洲地区最先进、规模最大的新媒体孵化平台和国内最具影响力的培训基地，可容纳200家小型新媒体创业公司，为提升我国新媒体产业的竞争力作出自身的贡献。

四是建成了先进的互联网新媒体国际传播及版权保护平台。美国哈佛大学飞流公司联合清华大学等著名机构合作开发了全新的互联网新媒体国际传播及版权保护平台项目，即飞流项目。该项目将开发、建设、运行及推广一套原创型综合系统，使之成为我国文化创意数字产品的版权保护与出口贸易中心。该项目的建设能够有效地保护知识产权，有利于创意产业的健康发展，有助于减少由版权问题带来的国际贸易纠纷。飞流股份有限公司是在基地核心区落户的第一家外商企业。

五是建成了覆盖全国的动漫产业孵化平台和教育新媒体基地。动漫产业孵化平台位于国家新媒体产业基地起步区。根据功能定位，该项目要建成国内和亚洲地区最先进、规模最大的专业化动漫和游戏创作平台。中国教育电视台教育新媒体基地在国家新媒体产业基地内建立远程培训平台、学习超市，建设中国国家教育博物馆等项目，同时，电视台的全部新媒体业务投资项目均将落户基地。

(二)水平关联型

水平关联型产业集群实质上是同一产业群体，这种产业群体的最大特点就是集群企业生产或经营的产品大致相同，面对共同的市场和用户，企业仅以提供差异化的产品来避免同质化竞争。其中，该模式最具典型性的是北京中关村创意产业先导基地。

[案例精选] 北京中关村创意产业先导基地

中关村创意产业先导基地作为北京市首批十家文化创意产业集聚区之一，在宣布挂牌成立后，全球500强企业Yahoo(中国)率先签约入驻，同时腾讯公司也入驻先导基地。

基地涉及的行业有互联网、软件、游戏、创意设计、动漫画、数字内容、出版传媒等。该基地成立五年以来，发展非常迅速，产业配套环境也不断优化，投融资服务体系和技术中介服务体系日益完善，北京数字娱乐软件公共技术支撑平台、中关村创意产业动漫游戏孵化器建设项目、第三极创意产业孵化器已经启动建设，中关村1号楼动漫产品体验和市场推广平台建设正加快推进。其中，第三极文化中心作为创意产业基地的标志性建筑，无论从其创新的媒体式幕墙，还是即将推出的新的业态方式，都将成为创意产业的代表，彰显创意产业的新生力量。

目前，该基地已经形成了互联网、软件、游戏、创意设计、出版传媒等产业集聚，已有新浪、百度、腾讯、华旗资讯、联众、光线传媒等百余家创意产业。

基地未来将重点发展动漫游戏、创意游戏、软件开发、数字媒体与出版、网络内容增值服务等产业，大力发展互联网等现代信息服务业，依托海淀图书城特色商业街，促进图书出版、发行与经营等图书产业发展。

无论采取何种分类标准，我们得出的都是一个相对结果。文化创意产业集聚区从来就不是单一类型发展的，都是各种类型的集合体。至少可以说，多数集聚区都是从单一类型发展起来的，在发展过程中结合各种因素，逐步形成了集多种类型集聚区优点于一身的复合体。

第三节　创意产业集群发展的动力机制

伴随我国进入21世纪头20年的重要战略机遇期，在国家促进文化产业大发展、大繁荣的政策推动下，全国文化创意产业集群呈现高热兴起的局面。创意产业集群作为一个有机的整体，其发展必然是系统内部与系统外部多方共同推动的结果。

[案例精选]

1. 曼彻斯特北部园区

曼彻斯特北部园区(NQ)位于曼彻斯特主要商业区市场街与安黛尔购物中心东北部。和其他许多传统工业城市的中心地带一样，曼彻斯特北部地区经历了城市人口结构变化和城市产业空心化的过程，政府行为无济于事。扭转局面的是20世纪80年代后期悄悄进入的一批新企业，包括著名的潮流服饰店Afflecks宫、Dry酒吧、PJ爵士乐俱乐部等。与此同时，NQ地区之外的许多受到高成本冲击的乐队，被闲置楼房低廉的租金所吸引，在NQ地区聚集。之后，NQ地区逐渐形成了以摇滚音乐和流行音乐为主导的音乐产业集群，并且重新成为曼彻斯特的购物、音乐、美食、时尚和工作中心。

2. 北京中关村科技园区雍和园

中关村科技园区雍和园位于北京市东城区东二环路与北二环路的交汇处，是唯一位于北京市二环路以内的科技园区，面积约290.30公顷。基地以政府引导、企业运作、注重高端、打造品牌为建设原则，现已建成国家网络游戏动漫产业(北京)发展基地、北京歌华文化创意产业中心等。此外，基地还成立了多媒体数据中心平台、共享软件开发平台、网络服务平台等技术服务平台。基地成立后，北广传媒集团、诺基亚西门子通信技术(北京)有限公司、北京歌华德高广告有限公司、中国移动通信集团北京有限公司、央视动画有限公司、光线传媒有限公司、北京天天宽广网络科技有限公司、千龙网等一大批知名企业纷纷入驻，国际版权交易中心、奥运票务平台和雍和园数据中心等重大项目得到顺利开展。

3. 杭州西湖创意谷

杭州自古以来就以"上有天堂，下有苏杭"享誉天下，而西湖更是这块美丽的土地上最为璀璨的明珠。现在，西湖又有了新的风情。"西湖创意谷"基地是由政府搭台、以中国美院为依托、以文化艺术为核心的创意产业带，形成了"一园三区"：以中国美院为依托的大学科技园；以浣纱路为轴线，包含西湖大道、开元路等区块在内的产业孵化区；以清河坊、杭州工艺美术特色园为轴线，辅以吴山通宝城、吴山博物馆等文化机构的古董艺术产业的展示交易区；以南山路、万松岭路为轴线的时尚休闲区的集聚结构。西湖创意谷以其优越的地理位置、丰富的文化沉淀、强大的人气聚集力，整合西湖景区本身的优势资源，逐渐成为杭州最有活力和发展潜力的区域。

通过对以上几个具有代表性的创意产业集群的分析，我们可以看到尽管其产业内容各异、集群发展程度不同，但在它们兴起和发展的过程中有一些因素是共同的。总的说来，区位因素、需求因素、人才供给、科技支撑以及政府对软硬件环境的支持是推动创意产业集群发展的五大主要动力。

一、创意产业集群发展的区位因素

区位因素是一个很早就被人们所认识的概念。一个地区发展创意产业，如同农业社会要进行农业生产、工业社会要进行工业生产一样，必须考虑到地区发展创意产业的条件和优势。一般而言，区位因素包括园区的地理位置、交通设施、文化环境、城市氛围、一定的产业基础和租金。

(一)地理位置

良好的地理位置是创意产业集聚形成和发展的重要条件。从产业集聚形成的角度来说，无论是自发形成的集群（如北京 798 艺术区、纽约百老汇等），还是政府主导开发的集群（如中关村软件园、英国伍尔夫汉普顿文化园区等），大都靠近城市中心区或是曾经的城市中心，或者是距离中心城市不远的、相对封闭而结构完整的卫星城或村庄。地理位置对创意产业集群发展的推动可以分为三种情况：

1. 依托中心城市的优势

创意产业集群对信息流通、技术革新和人才的要求决定了其往往建设在中心城市里。中心城市拥有完备的公共基础设施和广泛的国际化交流，且对周边地区乃至全国有着很强的辐射和影响力，为创意产业集群提供了丰沃的发展土壤。如我国的创意产业集群发展速度最迅猛、势头最强劲的地区都属于全国性中心城市，如北京、上海、深圳，以及发展较好的地区性省会中心城市，如杭州、长沙等。

2. 利用中小城市和卫星城市资源

相对于数量有限的中心城市来说，我国大量的中小城市和卫星城市由于传承了丰富的文化遗产，保存了多样化的文化资源，加上政府的集中扶持和相对低廉的生活成本，也可以成为创意产业集群发展的地理区位选择。在这些地方形成的创意产业集群通常分为两种：一是依托于当地的特产资源和文化资源，如北京（房山）历史文化旅游集聚区、云南大理等；二是借助于中心城市的辐射能力而专门建设的创意产业集聚区，如浙江横店影视城、北京顺义国展产业园等。

3. 结合乡镇特色

由于文化产业的特色规律，在一些交通便利、工商活跃、生态良好、文脉传承、靠近城市的乡镇，也同样具备建设具有特色的创意产业集群的地理条件。近年来，北京宋庄、深圳大芬村、青岛市张家楼镇画家村等，都提供了给人启发的案例。特别是北京宋庄原创艺术集聚区，地处大城市郊区，以良好的生态环境和舒适的创作环境吸引了大批艺术家前来，从而形成了中国原创艺术的“重镇”，证明了乡镇村庄也拥有发展创意产业的地理条件。

（二）交通设施

尽管交通设施对创意产业集聚区的影响不如其对传统产业的影响力大，但占据良好的交通地理位置，具备完善的交通设施，仍是创意产业集群发展的重要因素。创意产业是一个以人为核心的产业，良好的交通设施一方面有利于产业集群区自身对创意人才和创意公司的吸引，另一方面也有利于游客前来参观。

（三）文化环境

文化环境是指在日常生活中与文化、艺术和创意有关的活动与特质，良好的文化氛围来源于园区本身的文化积淀以及周边环境。它主要表现为三个方面：一是公共部门和企业对以资源来支持文化艺术发展的承诺；二是在创造力、艺术、艺术教育和知识产权保护方面形成的文化规范与价值的衡量；三是在社区的文化参与程度和范围。一般而言，自发形成的创意产业集聚多起源于传统的城市中心或作为历史遗产保留下来的市集、厂房区域，这些地方由于长年处于城市的商业或文化中心而积累了较深厚的文化沉淀。而对于政府主导新建的创意产业集聚，则在选址的时候会考虑周边的环境是否适合发展该类型的创意产业。

除了周边环境以外，集群区内部的文化环境也十分重要。对于知识密集型的创意产业来说，创意往往来自于人们在日常交流过程中的火花碰撞，因此，一个轻松惬意的交流环境是必不可少的。例如，硅谷特色的下午茶文化就催生了许多创意的涌现。与传统产业集群不同的是，创意产业集群往往是包含工作环境和生活环境并将二者合二为一的。这大大地提高了人们对有用信息的掌握和利用，为将创意转化为生产力提供了得天独厚的条件。

(四)城市氛围

一个和谐、包容、自由的城市氛围是创意产业发展并形成集聚的另一关键因素。在创意产业集群的发展过程中，是否拥有一个能够吸引、动员和维持创意的社会环境，与该园区是否拥有足够的创意人才和先进的技术同样重要。城市氛围因素，也可以叫作社会环境因素，可以表现为信任、制度、互惠原则、功效意识、合作性、接受多元化和包容程度、对人权的态度、对外地移民的态度、对现代价值的支持、自我表达、政治活动的参与及社会活动的参与等方面，良好的城市氛围将有助于促进创意产业集群内部创意个体和企业的蓬勃发展。

(五)租金因素

作为起步阶段的创意人士和企业大多面临着资金短缺的问题，故低廉的租金往往是一个地区吸引他们到来并形成创意产业集群的主要原因。政府在对创意产业集群进行引导时尤其应该注意到这一点，正如美国苏荷区的例子一样，随着集群区知名度的提升而日益高涨的房租很可能逼走大量的创意人士，从而使整个集群区的根本性质发生改变。

二、创意产业集群发展的需求因素

根据经济学原理，扩大需求是推动产业增长的最大动力。对于创意产业集群来说，不断地适应城市发展的需要，不断地满足社会和人们生活的需要，也是使其生命长青的不竭动力。一般而言，对创意产业集群的发展有影响的需求因素主要包括城市建设需求和大众心理预期两个方面。

(一)城市建设需求

符合城市规划与城市建设发展是创意产业集群发展壮大的关键因素。通常创意产业集群区都位于城市的旧城改造地区或新兴的城郊开发区。前者,承载着一座城市的历史文化,也保留着长期累积而来的便捷交通和密集人口,创意产业的入驻是这些老城区进行现代化改造的重要步骤,是文化资源和创意产业接驳的途径;后者则大多拥有良好的交通条件和扶持政策,创意产业入驻这些地方也能极大地促进自身发展。

此外,从目前我国创意产业集群的发展状况来说,创意产业集群大都集中于北京、上海、深圳等几大核心城市,以及杭州、成都等自身条件和发展潜力都较好的二线中心城市。这也是创意产业集群依托于城市需求的表现:世界级、国家级、跨区域级的中心城市既是大量全球性公司总部及研发机构的集中地,又是公共设施和国际化联系最为便捷之地,有利于掌握全球主要的市场变化和技术创新等情况,并及时对产业的各个层面进行控制。这是创意产业集群发展的重要资源之一。2010 年 1 月,胡锦涛总书记视察了上海 8 号桥创意产业园区,指出"创意产业蕴藏着巨大发展潜力,要真正把创意产业打造成上海经济发展的新亮点",这是对上海创意产业园区建设的高度评价。上海创意产业的发展与其城市发展有密不可分的关系,其国际化大都市的城市形象和世博会的成功召开都对吸引创意产业和创意人群起到了促进作用。

(二)大众心理预期

创意产业的发展还依赖于大众对它的心理预期。正如大众消费心理一样,人们往往会对自己认为有极大升值空间的物品投入资金,而对未来发展不确定的物品谨慎投资。由于大多数创意产业都十分依赖于资金的支持,故人们对其预期较高的集群园区往往能得到更多的资金投入,其发展也自然更好、更快。

三、创意产业集群发展的人才供给因素

21 世纪是创意的世纪,而创意最重要的是人才。是否有源源不断的人才供给是一个创意产业集群能否健康发展的关键。在现代知识经济的背景下,大部分文化创意企业都属于重人才、富智慧、轻资产型的企业。人们经常可以看到这样的情况:即便是一些名气已经很大的文化创意企业,除了它们所拥有的房产和人才之外,公司的基本资产用一两辆大卡车就可以全部拉走,而创意性人才恰恰是公司最核心的要素、最具有增长性的资本。苹果公司的创始人史蒂夫·乔布斯在父母的车库里开创了苹果公司,迪士尼的创始人沃尔特·迪士尼从一只小老鼠开始发家的事迹,都说明了人才的重要性。这里的人才资源可以分为三类:

(一)周边高校

高校具有深厚的文化底蕴和丰富的文化资源,为创意产业的发展提供了创新源。高校既是培养高素质人才的重要基地,也是先进文化的创新基地和重要辐射源。同时,作为社会文化、科技的中心,高校既是人类文化集中传播的地方,也是新文化的诞生地和文化的引领者。而创意产业是科技与文化相结合的产业,经济、科技和文化的一体化,高校所具有的学科、品牌和文化资源优势为创意产业搭建了良好的创新平台。如北京 798 艺术区就是由中央美术学院的教授所建立的工作室牵领的,而后 798 的蓬勃发展也大大得益于中央美院学生的支持。同时,国内许多高校都纷纷成立了自己的文化创意产业研究机构,如中国社会科学院文化产业中心、中国传媒大学文化创意产业发展研究中心等,为创意产业的产学研结合提供了平台。

以北京为例,一份关于北京市文化创意产业集聚区与科研院校协作关系的抽样调查显示,在被调查的企业中,有 78%的企业与周围高校和其所属科研机构保持着密切的合作关系,合作内容主要包括技术研发、人员培训、公用设备和创意思想方面,所占份额分别为 26.5%、28.6%、22.4%和 16.3%。可见,北京文研院校已成为北京文化创意产业集聚网络中的一个重要支点。

(二)社会团体

社会团体,实质是中国公民自愿组成、为实现会员共同意愿、按照章程开展活动的非营利性社会组织,包括人民团体、社会公益团体、员工组织团体、学术研究团体、宗教团体等。当前社会团体参与文化创意产业发展的途径,主要是一些团体主办或协办文化创意产业会展,向各界推介文化创意产业。此外,社会团体中的行业协会通过开展行业基础调查,为政府和企业制订创意行业发展规划当好参谋与助手;为企业排忧解难,提供有价值的信息、咨询等;学术团体通过树立“科研为市场经济服务”的观念,为学术研究成果直接转化为生产力努力;专业性社团则通过培训创意人才,提高创意人才的创新能力,为创意人才搭建一个展示自己的平台,来促进文化创意产业的发展。

(三)创意人群

文化创意产业的本质特征之一就是高度推崇个体创造性,因此,创意人才是推动创意产业集群形成和发展的根本动力。文化创意要形成产业,不仅需要设计师、工艺美术家、创意策划人这样的创意产品生产者,还需要擅长将其创意作品“产业化”和“市场化”的文化产业经营管理人才和文化市场营销人才。创意人群不仅能够生产文化创意产品,更能将艺术品推向市场,促使创意向传统产业等多方面渗透,从而发展创意产业的上下游产业链。正是这些产生新观念、新技术和创意内容的创意人群，构成了中国创意产业集群发展的思想源泉，推动着文化创意产业的发展。

四、创意产业集群发展的科技支撑因素

创意产业以信息和网络技术为主要载体，是科技大发展时代科技与文化高度融合的产物，强调产业的价值源于文化积累和科技发展所激发的创意，重视创意向知识产权成果和生产力的转化。大量统计数据表明：创意、文化、经济与技术的互动和创新，是推动产业发展的有力杠杆。文化出口产品和服务包含的创意和技术含量越高，其在国际文化市场上竞争的优势就越大。科技创新是创意产业集群发展的基础，对其发挥着重要的支撑和保障作用。

比如，在国际文化贸易的舞台上，发达国家的创意产品出口优势集中在技术含量和附加值高的领域，占全球视听媒体和音乐出口额的 89.2%，占出版和印刷媒体出口额的 82.6%，占视觉艺术出口额的 70.7%，占新媒体出口额的 53.8%。而与之形成对比的是：发展中国家的文化出口集中在艺术和工艺品等领域。根据联合国的有关统计，2005 年，全球创意产品出口额达到 3355 亿美元，其中，发达经济体占 1961 亿美元，发展中经济体占 1362 亿美元，转型经济体占 315 亿美元，而整个非洲、加勒比海和太平洋集团(ACP Group)虽然包括 79 个国家，拥有极丰富的资源，但是它们合起来的创意产业出口额仅为 13.87 亿美元，在全球创意产品出口额中仅占 0.4%。

此外，科技对创意产业集群的推动力还体现在园区的智能化管理上。创意产业蓬勃发展的时期，恰好与国际上推进数字化、智能化、信息化技术，推进以"云计算"、"物联网""泛在网"为代表的"智慧地球"的技术发展潮流相重叠。在全面实现"云计算"以后，创意产业集群可以极大地提高其运营效率，降低管理资本，更好地实现资源的共享与交换。到那时，创意产业集群将不再受到空间的限制，形成一个以"物联化、泛在化、智能化"为基本特点的虚拟集群，达到资源的最优配置。[①]

目前，中国科技进步的贡献率在 40%左右，即使是长三角、珠三角等经济发达地区，也仅在 50%左右。在中国创意产业领域，科技进步的贡献率也相对有限。鉴于此，提高科技进步的贡献率，把内容创新和科技进步结合起来，特别是与科研基地相结合，提高创意产业集群区的科技研发能力，已经成为创意产业集群发展的重要动力。

[延伸阅读]

"智慧的地球"是 IBM 公司提出的人类社会发展愿景。世界正在不断变"平"、变"小"，

---

① 花建：《文化产业的集聚发展》，上海人民出版社 2011 年版。

这使中国与世界日渐融为一体。而与此同时，各种全球问题随之凸现，金融危机、能源紧张、环境污染、食品问题接踵而至，这迫使我们审视过去，思考未来。无论是经济、社会还是技术层面，整个中国和世界正处于转变的关口。幸运的是，各种挑战的背后也蕴藏着巨大的机遇——整个世界正变得更加“智慧”。整个世界的基础结构正在向“智慧”的方向前进。首先，各种创新的感应科技开始被嵌入汽车、家电、公路、水利、电力等设施当中，从而令物质世界被极大程度地数据化。同时，随着互联网的高速发展，越来越多的人、物品开始构成互联互通的系统，而先进的技术和超级计算机则可以将这些堆积如山的数据进行实实在在的分析，并帮助人类做出正确的行动决策。总之，这意味着人类历史上第一次出现了几乎任何东西都可以实现数字化和互联的现实，人类将最大化地利用信息资源，获得前所未有的能力和洞察力，以建设智慧的系统、智慧的企业、智慧的国家，甚至智慧的地球。①

五、创意产业集群发展的政府及软硬件环境因素

(一)政府

创意产业集聚区既不是大规模的地产，也不是简单的写字楼。创意产业集聚区内含了个体的工作环境和生活环境，是由非营利企业、文化机构、艺术场所、媒体中心以及不同类型艺术家组成的集群。它既是文化生产的地方，又是文化消费的地方。如此广泛的内容需要政府的积极参与协调，将创意人员、公共机构、行政部门和金融服务机构都有机地联系起来，以开发更多的文化创意。

政府推动文化创意产业集聚区发展一般具有以下特点：(1)在政策层面，相继推出一批具有可操作性的、针对文化创意产业集聚区的政策；(2)在发展模式上，形成了与旧厂房改造利用、与历史建筑保护等相结合的发展路径；(3)在推进机制上，形成了政府引导、市场运作、其他方参与服务的运行机制；(4)通过多种形式的国内外文化创意产业交流，促进文化创意产业集群的发展。

政府对创意产业集群发展的巨大推动力不仅体现在对集聚区的规划建设上，更体现在对新兴园区成长的扶持和帮助上。由于创意产业集群在诞生之初往往力量都很小，一个小工作室甚至于个人就构成了创意源，因此，其创意的生产和资金往往成为制约创意发展为生意的最大障碍。而政府的扶持可以在很大程度上解决这些问题。如北京的中关村软件园，软件园会对其入驻的有资金需求的企业进行全方位考察，当专家委员会对这些企业的产品信誉、研发能力有了基本认定后，园区就将为这些企业提供可行的金融服务，解决小型企业因缺少有形的资产抵押而很难获得金融支持的难题。同时，软件园

① http://www.baike.com/wiki/智慧的地球。

还会同银行、风险投资机构、担保公司一起为申请资金的企业设计资金方案，对于一些潜力大、前景好的软件公司将考虑予以直接投资。此外，在税收、财政补助、行政手续简化等方面的政策，都将刺激和推动创意产业集聚区的发展。

(二)软硬件环境的辅助

这里的硬件环境主要指集聚区原先的产业积累，而软件环境则指传媒网络。

首先，对于硬件环境来说，一定的产业基础是创意产业集聚区兴起和迅速发展的先天条件。而软件环境——传媒网络，对于创意产业集聚区的发展更为重要。信息化和数字技术能够提高创意产品的质量、水平和性能，大大节约创意产品的开发成本，缩短其转化过程。如用计算机来进行设计创作；利用数字技术来采集、制作和传播影视作品；用互联网搭建网上展示平台和电子贸易平台……

其次，传媒网络作为整个社会的信息交流中枢，几乎任何一个创意产业的推介活动都离不开传媒网络的参与，积极运用媒介来塑造自身品牌、提高自身的知名度，已经成为创意产业集聚区发展的必要手段。

可以说，21 世纪的文化产业集聚发展，越来越把下列的条件作为选择区位和地点的第一要素：研究和开发条件优越，创新人才密集，创造性服务周全，与市场联系紧密，信息交流密集频繁，充满自由而活跃的创造空气，低廉的生产和生活成本，安全而舒适的生活环境等。而营造上述的服务条件，使得智力资本更快地集聚，也就成为吸引文化产业企业集聚的重要基础。

第四节　创意产业集群的发展模式

从宏观上说，创意产业集群的发展模式可以分为两种：一种是极化与扩散的非均衡发展模式，一种是以创意产业为引擎的产业关联发展模式。

一、极化与扩散的非均衡发展模式

(一)“发展极”理论

“发展极”理论是法国经济学家弗朗索瓦·佩鲁于 1955 年提出的。这一理论认为，经济发展在时间和空间上都不是均衡分布的。在一个国家的经济空间中，经济发展应当以非总量的方法来安排发展计划，经济增长不是在不同的部门、行业或地区按相同的速度平衡增长，相反，是在不同的部门、行业或地区间按不同速度增长。一些主导部门和具有创新能力的行业集中于一些地区，以较快的速度优先得到发展，形成“发展极”，再通过其吸引力和扩散力不断增大自身规模并对所在部门和地区产生支配作用，从而不仅使所在部门和地区迅速发展，也可以带动其他部门和地区的发展。①

佩鲁把“增长极”分为两类：一类是厂商或企业，另一类是产业。它们的共同点是创新。虽然在完全竞争的环境中，追求利润最大化是所有经济单元的共同目的，但只有创新才是实现利润最大化的根本途径。“创新把不同的或追加的变量引入积极的代理人和一群代理人的经济视野和计划之中，它具有不稳定的效应。”因此，并非所有的厂商和产业都具有创新功能，只有成功的创新性厂商和“领头产业”在一定的经济空间中对其他厂商和产业才具有支配诱发和推进的功能，产生支配效应和扩散效应。佩鲁从产业关联方面说明“增长极”的功能效应，提出所谓的“领头产业”概念，其涵义是指具有“当它增加其产出（或增加购买生产性服务）时，能增加另外一个或几个产业的产出（或投入）”特性的产业。佩鲁认为，领头产业即包含着创新企业的主导推进型产业的带头增长，通过支配和扩散，通过投入产出关系，市场竞争和价格联系，能够使它的前向、后向、旁侧联系产业以及有关的厂商受益，获得由其扩张所引起的西托夫斯基式的“投资性的外围经济”增长。并在此基础上，以这种主导推进型产业为发展中心或发展极，扩大产业联系，使相关产业或企业进一步聚集，形成大型产业群或产业联合体，就可以在经济活动中取得强化效应。发展极的这种功能效应被称作“发展极效应”。

通过了解“发展极”理论我们可以看到，创意产业正是21世纪最充满朝气、最有发展潜力的“发展极”。创意产业的最大资本就是其创造力，创新是其与生俱来的本能。成功的创意企业往往都是极富创新能力、走在整个行业前端的企业，如乔布斯和他那以不断推陈出新、挑战常规而出名的苹果公司。这正好与“发展极”对企业“成功的创新”能力和“领头企业”的要求一致。

（二）创意产业集群与“发展极”模式

由于创意产业具有知识密集，沉没成本高、边际成本低，规模经济与范围经济明显，辐射能力强等特点，形成创意产业集聚是降低其发展风险和生产成本，获得规模效应的必然选择。在创意产业集聚的形成过程中，集群区内部和外部分别存在着“发展极”，以实现集聚群知识与技术的创新扩散、资本的集中与输出、产生规模经济效应和形成凝聚经济等“发展极”效果。

1.创意产业集群内部——“发展极”与知识溢出

知识溢出是指某一组织的知识尤其是创意、经验、技术诀窍等最宝贵的隐性知识，在

① 〔法〕弗朗索瓦·佩鲁著，张宁等译：《新发展观》，华夏出版社1987年9月版。

同一地区、行业内不同组织之间的扩散、传播、转移和获取。创意产业在本质上是一种知识型产业，知识和知识型的劳动者是最重要的生产要素。因此从创意产业集群内部来讲，起到“发展极”作用的往往就是核心研发机构、先进企业和大学院校等。它们与园区内的企业及周边的社区形成“行星—卫星”的辐射环绕效应，通过知识溢出和技术的创新扩散，带动整个园区创造力和生产力的提升。

关键术语

知识溢出是指某一组织的知识尤其是创意、经验、技术诀窍等最宝贵的隐性知识，在同一地区、行业内不同组织之间的扩散、传播、转移和获取。

创意产业集群区内知识溢出的途径包括：

(1)专家和员工即人与人之间的密切接触和相互学习。

(2)上下游合作厂商之间的合作与接触，彼此之间的创意设计思想、工艺技术诀窍、市场营销创新、组织管理程序等隐性知识的交流壁垒大大降低，促进知识的扩散。

(3)企业间的示范和模仿产生溢出效应。产业园区使近距离观察和模仿竞争对手的技术和管理经验得以实现，院校和先进企业的创新理念、创新产品、创新工艺、创新服务等会起到示范作用，先进的企业知识成为集群知识场中的“知识极”，后进企业迫于竞争和在这种知识极化的作用下，就会加快学习、模仿和追赶。同时，先进企业普遍达成这样的共识：“与其独守先进技术遭遇技术瓶颈，不如与人共享共同进步”，进一步促进先进知识在集群区内部的交流和创意的碰撞。

而创意产业集聚发展过程中的“知识溢出”与技术的“创新扩散”，还必须依赖于与企业孵化的紧密结合。一个创意产业集聚区应该通过搭建孵化器平台，集聚优质的资金和其他要素，使得拥有创新理念和技术以及良好的商业模式、富有发展前景的企业能够迅速地孵化壮大，并且通过市场扩张、收购并购、合作网络等方式，把新的产业模式尽快地推广开来，在整个集群区内实现“发展极”效应。这种企业孵化模式，以先进的产业孵化器和服务平台为依托，以优质低价的服务为核心，能够培育具有产业化网络的企业集群。上海多媒体产业园就是其中的优秀代表。

[案例精选]

上海多媒体产业园坐落于长宁区中心地带，毗邻中山公园，是融办公、商务、住宅等为一体的新生代园区。它的主体建筑兆丰广场位于汇川路、长宁路交汇处，共 42 层，高 159 米。7 层至 42 层为办公区域，次体建筑包括新锦江商厦和新时空国际商务广场。作为拓展区域的凯旋路走廊由多媒体网络通讯主题楼、网络游戏主题群、影视文化传播主题楼等 7 个项目组成，并且逐渐发展成为一个规模更大的多媒体创意产业区域。它以多媒体技术为龙头，以实体园区为基础，以虚拟网络为辐射，以经济流量的集聚和企业孵化为亮点，形成了国内规模最大的多媒体产业园。该产业园从最初的一栋烂尾楼，逐步发

图 4—1 多媒体产业园

展成为一群楼、一条街、一片区的大型产业园，创造了一个“从烂尾楼到亿元楼”的奇迹。从 2005 年开始，园区中的企业年上缴税收达到 1 亿多元人民币，之后逐年稳步上升。2010 年入驻整个多媒体产业园和孵化基地的企业达到 400 多家，其中包括 3 家世界 500 强公司（DELL，LG，ACCENTURE）、200 多家数字媒体相关公司（分众传媒、新好耶、阿里巴巴上海公司、深蓝的海、水晶石、上海卡通等业内龙头企业）以及多家多媒体专业机构（亚洲艺术科学学会、上海市多媒体行业协会等）。在这些龙头企业的带动下，产业园区形成了一个企业相互促进、园区统筹发展的良性发展循环。2010 年，上海世博会的大量多媒体项目，包括上海世博会展示中心的超大多媒体屏幕、中国馆内的 3D 移动《清明上河图》，都是由上海多媒体产业园的入驻企业制作的。参与这样的国际盛事也为园区的大量多媒体人才提供了技术提高和经验积累的机会，以参加到更多的大型项目中去。这显示了上海多媒体产业园的“发展极”效应，为创意产业集群的建设提供了有益的经验。

2. 创意产业集聚区外部——“发展极”与区域发展

创意产业集聚区的“发展极”效应还体现在园区外部，即园区对自己所在城市或地区的空间再造能力及对周边地区的辐射带动能力。

(1)创意产业集聚区对城市或地区的空间再造

当代创意产业的集聚发展，应该同城市的发展有机地结合起来，成为城市发展现代服务业、建立新型服务功能和新型社区的重要组成部分，成为吸引知识型劳动者的“鸟巢”和“蜂房”。创意产业集群应当成为城市完善产业结构和实现城市功能转型的引导力量。

[案例精选]

第二次世界大战使名古屋变成了一片废墟，也促使这座拥有悠久历史和丰富文化资源的城市有了重生的意念。经过几十年的战后重建，名古屋于 1989 年开始声称要成为一座“设计之都”，并向国内外宣称将把主要精力集中在创意社区的建设上。在此后的几年里，市政工作者通过对街区、商品和思想的创意重塑，致力于将名古屋建设成一个民众愿意居住的国际化大都市。与此同时，名古屋开始致力于推动国际创意产业的发展。它先后举办了3个在设计界富有重要影响的会议，即：1989年，举办了世界工业设计年会(ICSID)；1995年，举办了两年一度的全球室内设计联合大会(IFI)；2003年，举办了世界设计大会(ICOGRADA)。1996年，名古屋正式建成名古屋国际设计中心，该中心也成为创意设计活动的集中地。名古屋国际设计中心提供来自不同渠道的多元信息，拥有丰富的创意人才资源，不断推动着创意项目的国际化合作。经过20多年的不懈努力，2007年，名古屋被批准加入联合国教科文组织创意城市网络，获得了全球"创意城市"称号。

无独有偶，其余获得全球"创意城市"称号的，如日本的金泽市，英国的爱丁堡市、格拉斯哥市，美国的圣达菲市，中国的上海市、成都市和深圳市，都是依托自己在城市化发展不同阶段的特点，把文化产业和创意产业的集聚发展与城市功能的再造结合起来，使创意产业集群区成为城市知识型、创新型的服务功能区，用创意产业集群的发展引领城市的发展和功能转型。

(2)创意产业集聚区对周边城市及地区的辐射影响

创意产业集聚区对周边城市或地区也能产生一定的辐射能力，以创意产业集聚区为中心向外扩散而形成"发展极"效应，从而带动这些地区相关产业的发展。

以宋庄原创艺术与卡通产业集聚区为例，从1993年开始，陆续有艺术家到宋庄镇小堡村租房。1995年10月北京圆明园画家村被迫解散后，一部分艺术家集体搬迁到小堡村，形成了宋庄最初的创意人群和原始规模。至2005年年底，到宋庄生活创作的艺术家达800多人，2006年年底增至1200多人，至2007年11月增加到1500多人。画家村则由最初的小堡村，扩散到以小堡村为核心的疃里、大兴庄、辛店、喇嘛庄、任庄、北寺、小杨庄、白庙、邢各庄等20个村庄。

从产业集聚情况来看，2004年宋庄镇只有一家前哨画廊，到目前已经出现近30家画廊；美术馆从无到有，目前已出现了宋庄美术馆、上上美术馆、宋庄1号、东区艺术中心、北京当代艺术馆等8家美术馆；另外，小堡村艺术园区、左右艺术区和三辰卡通产业园区也相继落成。

宋庄已经发展成为以小堡村为中心，北部至规划一路，南部至京哈高速，向东扩展至东部发展带联络线，向西至六环路，总占地11.2平方千米的中国最大的原创艺术家的聚居群落。原来单纯的艺术家居住性聚集形式，也逐步发展为原创艺术家、画廊、批评家和经纪人等共同形成的艺术集聚区，并形成了一个

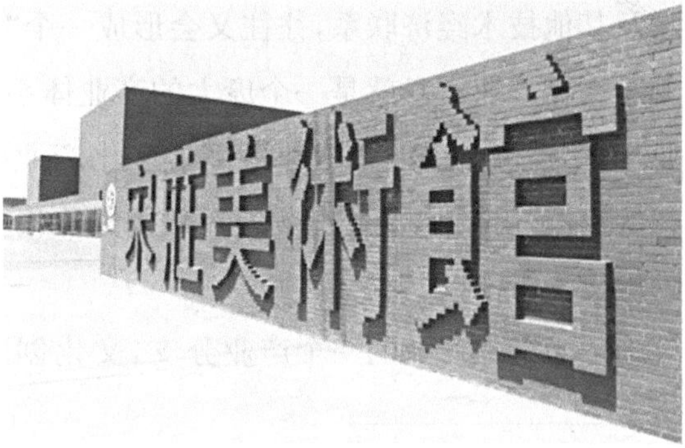

图4—2　北京宋庄原创艺术与卡通产业集聚区一景

产值2.5亿元以上的,集现代艺术作品创作、展示、交易和服务为一体的艺术品市场体系,相关的配套产业和服务行业以及基础设施也呈现出快速发展趋势。①

二、产业关联发展模式

(一)产业关联效应理论

产业关联效应是由经济学家赫希曼在其《经济发展战略》一书中提出的。在经济活动的过程中,各产业之间存在着广泛的、复杂的和密切的技术经济联系。这种技术经济联系在产业经济学中被称为产业关联。产业关联是指产业间以投入和产出为纽带的经济联系。一般而言,在经济活动过程中,各产业都需要其他产业为其提供各种产出,以作为其要素供给,同时又把自身的产出作为一种市场需求提供给其他产业进行消费。正是由于这种错综复杂的供给与需求的关系,各产业才得以在经济活动的过程中生存和发展。因此,我们可以认为,产业关联的实质就是各产业相互之间的供给与需求的关系。

> **关键术语**
>
> 产业关联是指产业间以投入和产出为纽带的经济联系。一般而言,在经济活动过程中,各产业都需要其他产业为其提供各种产出,以作为其要素供给,同时又把自身的产出作为一种市场需求提供给其他产业进行消费。

产业关联理论又称投入产出理论,主要方法是运用投入产出表(里昂惕夫表),通过对投入产出的定量分析,研究一国或一地区在一定时期内的社会再生产过程中产业间的技术经济联系,从而为经济预测、计划制订、政策研究、经济分析和经济控制服务。

产业间的关联,虽然都是由供给和需求所维系的,但这种维系的方式却因各产业在产业链中的位置不同而有所差异。依据这种不同的维系关系,可将产业间的关联方式分为前向关联、后向关联和环向关联。前向关联是指某一产业通过供给与其他产业部门发生的关联。后向关联是指某一产业通过需求与其他产业部门发生的关联。产业链通过前向、后向的关联及其他技术经济联系,往往又会形成一个“环”,称为环向关联。

文化产业本身就是一个庞大的产业体系,伸展性的纵向产业链条和扩展性的横向产业带宽,这两个维度架构和衔接了文化产业核心层、相关层和外围层的相互联动。产业间的前波、后及和旁侧效应在整个文化及相关产业中发挥和传递,昭示了文化产业的勃勃生机。

作为第三产业的一个产业分支,文化创意产业不仅带动第三产业中的金融业、交通

---

① 侯汉坡:《北京市文化创意产业集聚区案例辑》,知识产权出版社2010年版。

运输、信息、软件、餐饮、住宿等诸多行业的发展，而且对于目前国家的支柱产业——第二产业的生产、制造和加工等行业，也都有深远的影响，是国民经济中的引擎产业。

（二）我国创意产业发挥产业关联效应方面的问题

1. 尚未形成完整、顺畅、高效的产业链

首先，企业在融资方面存在困难，资本成为制约企业发展的重要因素。尤其对于产业链长、投资回收慢、启动资金多、风险大的产业，民间资本和金融资本为规避风险而较少介入。其次，企业间在开发、生产和营销等环节上缺乏密切的协同合作，企业自身的产品和服务难以融入客户企业的价值链运行当中，产品的有效差异性小，提高产业链的整体竞争能力差，难以获得较高的利润回报和竞争位势。

2. 创意产业带动相关产业发展的能力有待提高

文化创意产业是具有高知识性、高附加值性和强融合性的知识密集型新兴产业，其与信息技术、传播技术的广泛应用密切相关，处于技术创新和研发等产业价值链的高端环节，具有高度的融合性、较强的渗透性和辐射力。但是，目前我国的文化创意产业总体上还处于起步阶段，普遍存在企业经营规模小、市场不成熟、需求不稳定等问题，加上银行现行信贷制度的制约因素，在一定程度上影响了创意项目的可行性、经济合理性和投资成功率，从而影响文化创意产业对相关产业发展的带动能力。

3. 创意不足，我国的文化资源优势远未转化为产业优势

我国历史悠久，文化底蕴深厚，长期接受美、日等国家的外包业务也使我国培养并积累了一大批具有高水准制作技术的人才。但是，我国创意产业发展中，原创水平仍相对较低，文化资源优势尚未转化为产业优势。以动漫产业为例，美、日、韩等国家的动漫产品占据市场主导地位。而在中国，国外动画片占国内 90%以上的市场份额，国产动画片只占 10%左右。其深层次的原因是国产动漫对本土文化的挖掘不足、原创不足，没有占据动漫行业价值链的高端，而美、日等国却屡屡重新演绎中国传统文化名著、故事，如《花木兰》、《功夫熊猫》等动画片均获得较高利润。

4. 创意产业国际竞争力不足

我国创意产业的发展虽然已经取得了一定的成绩，但与文化创意产业国际化程度较高的国家和地区相比，差距仍然较大，国际化发展过程中仍存在不少问题。

第一，缺乏国际化发展整体战略。目前，我国还没有制定创意产业整体的国际化发展战略，没有将国际化作为我国创意产业发展的重点，缺乏明确的国际化发展路径，缺乏引导企业、机构进行国际化发展的系统性政策，企业拓展国际市场面临较大阻力。

第二，创意产业出口规模小，整体国际化水平有待进一步提升。我国创意产业各行业总体国际化水平不高，国际市场占有率低。如影视行业、图书行业，我国主要以进口为主，出口规模很小。而且我国创意行业的研发能力和创意水平相对较低，没有占据全球文化创意产业价值链的高端，出口的主要是附加值较低的产品。

（三）创意产业集聚区的产业关联效应

通过以上对我国创意产业发展过程中的问题分析，可以看到，我国的创意产业要得到又好又快的发展，就必须建立创意产业集群区。而作为创意产业集群区，其集聚形态则必须要以产业链方式来经营，充分发挥创意产业巨大的产业关联效应，形成多种产业链形态的产业集聚。这种产业链形态不仅是产业自身经营的产业链，如研发设计、生产、营销、售后服务等基本要素，还包括内在产业链、协同产业链和整合产业链这三种产业链形态。

1. 内在产业链的建设

创意产业集聚发展的一个重要规律就是集群区的发展依托于文化创意产业链的发展，在产业链的前端、中端、后端形成产业集聚，从整体上提高创意产业集群的竞争力和综合效益。创意产业的核心产品是以文化符号出现的价值观念的表达，是具有知识产权的文化内容创造。文化产品的高附加值体现在以内容为重点、以产业链为形态的延伸。比如，一本原创的文学书出版后，可改编成漫画、连环画、动画片，可拍成电影和电视剧，可制成影碟、电脑游戏，可以进行文字网站和移动阅读的授权收费阅读服务，还可以授权进行其他衍生品的开发，其价值会随着产业链的延伸而不断增加。可以说，创意产业集群的核心就是前后联动的产业链和左右协作的产业网络。

创意产业存在着一条非常明显的“微笑曲线”，即在创意产业链各个环节所参与的文化生产和文化服务形成了一条两端上扬的“微笑曲线”。其前端包括品牌设计、创意设计、服务外包、专业培训等环节，是通过智慧和知识把无形理念凝聚为有形产品的过程；它的中端包括品牌加工、规模生产等环节，是以规模化生产取胜的过程；它的后端则包括奢侈品服务、会展交易、品牌发布、时尚体验等环节，是通过时尚服务实现商业增值的过程。大量实践证明，这一条产业链的上游设计研发环节和下游体验服务阶段具有的商业价值最高。

正因为如此，在创意产业链的前端和后端，都可以因地制宜，形成产业集群。它们既可以是研发设计型的产业集群，也可以是生产制造型的产业集群，还可以是营销交易和消费服务型的产业集群。随之而来的就是，随着产业链规律的逐渐凸显，文化产业的集聚发展会逐渐向上游研发创造和下游分销服务环节延伸，以便获得更高的商业价值，并且形成紧密型的产业集群。其理想模式就是通过文化产业集群的发展，把创新元素和活力因子输送到产业链的各个环节，不断进行产业链环节的再造和重组，拉动整个产业链的能级和规模的不断提升。

(1)以设计研发为起点的产业集聚

从“微笑曲线”的角度来说，创意产业集聚的发展大多选择在产业链的前端——创意设计研发领域进行。由于这是整个创意产业发展中最关键的部分，因此当它发展到一定规模的时候，必然会要求衍生出与之相关的下游产业，从而形成一条完整的、有效的产业链，使每个环节都产生经济效益。如美国的好莱坞，正是从一批相对独立的电影拍摄公司到形成电影拍摄产业的集聚再到相关上下游产业的完善，最后形成了一个从剧本创作到拍摄再到后期制作，并囊括了电影的道具场景服务公司、保险服务公司等配套服务的电影产业集聚区。

［**延伸阅读**］

“微笑曲线”(Smiling Curve)是由国内重要科技业者、宏碁集团创办人施振荣先生在1992年提出的。微笑嘴形的一条曲线，两端朝上，在产业链中，附加值更多体现在两端——设计和销售，处于中间的制造环节附加值最低。

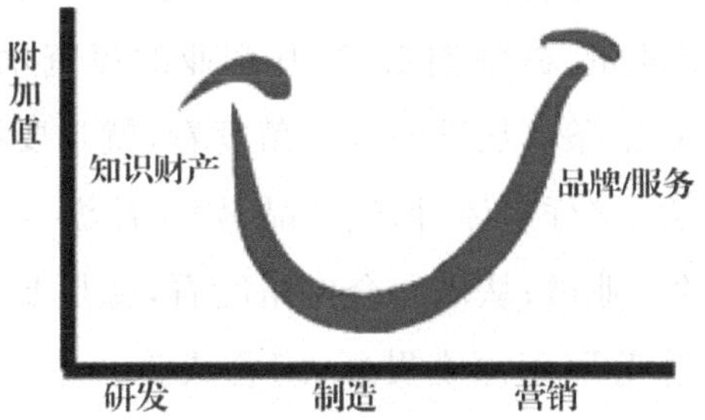

图4—3　微笑曲线

(2)以生产和流通为起点的产业集聚

生产和流通领域位于创意产业的产业链的低端，但并不意味着它们就没有形成产业集聚的价值、没有吸引上下游企业的能力。生产制造和交易领域的产业集聚既可以以规模化的生产集聚区实现，也可以以原料产品交易区的形式来集聚大批上下游的企业和服务机构。这种形式对中国创意产业的升级发展有很强的针对意义。改革开放以来，中国经过30余年的努力，已经成为世界级的制造业大国。许多省市如广东、浙江、深圳、杭州、芜湖等地的文化产业分类统计数据表明：文化产品的制造和销售仍然是规模大、产生利润高的门类之一。许多地方发展创意产业，正是从印刷、包装、工艺品制造、动漫游戏作品代工、文化用品和设备制造的环节开始，逐步向产业链的高端发展的。如广东佛山南海的平洲玉器城发展为玉文化产业园区，就经历了一个从平洲玉器街的初级加工阶段，到平洲玉器街的翡翠原料交易、产业集聚和市场建设阶段，到平洲玉器街加强玉器设计、形成玉器商街和产销组合的阶段，再到平洲玉器城加强文化产业建设、向玉文化综合产业基地发展阶段的逐步高升的过程。

2010 年，平洲玉器城集聚加工企业和商铺 800 多家，文化旅游类企业 40 多家，在 1 万多名从业人员中，从事翡翠玉器加工的人员达到 4000 多人，每年营业额数十亿元，形成了 5 个以上特色文化旅游项目，平均每天吸引中高档旅游客源 600 人次，每年文化旅游产业收入达到 6000 万元以上。平洲玉器城依托自身原有的翡翠原料交易和玉器成品加工交易市场，开展了玉文化标识设计大赛，用文化内涵提升玉器城的商业品位，用创意设计提升玉器城的产业链，用娱乐休闲扩大玉器城的旅游内涵，用文化包装塑造玉器城的整体品牌，从一个自发形成的低档玉器交易市场，逐渐发展成为集交易、会展、购物、商贸、旅游、中介等功能于一体的现代化专业市场和玉文化产业基地、全国最大的缅甸翡翠原材料集散基地、最大的光身玉器加工批发基地。它的每一个阶段，都在改变和更新产业集聚的内容和模式，都在不断地推动产业升级和转型，也以此来带动整个玉文化产业链跨上更高的台阶。

(3)以会展服务为起点的产业集聚

一个创意产业集聚要在全球化的竞争中奋起直追，后来居上，就必须提高整个产业的运作水平，包括提升产品质量、鼓励创新，提升产业的投资水平与管理水平，特别是要形成自身的战略体系和产业链条。从纵向合作角度看，就是要把战略投资、设计研发、规模生产、交易市场、营销推介、多样媒体、衍生产品、娱乐旅游、品牌开发等环节，组合成为一个上下联通、前后联动的产业链；从横向合作角度看，就是要把战略投资、开发生产、会展推介、人力资源、国际合作等层面深度贯通，组合成为一个合作渠道畅通、协作形式多样、要素优化组合、投入产出高效的产业网络结构。从这个意义上说，从会展交易的环节嵌入，发展起一个具有战略高度定位、产业全面展示、文化产权交易、常年国际合作、配套服务优良的会展和交易平台，成为产业集聚的重要起点。

其中最典型的一个案例就是日本的东京国际动画节。东京国际动画节(Tokyo International Anime Fair，TAF)是世界最高级别的动画商品综合展销会和全球规模最大的动画主题创意展览会之一。为了使主要分布在东京的日本动画公司与海外展商加强业务交流，该节庆凭借日本动漫产业在全球业界中不可撼动的地位，每年吸引到数百家日本及国际顶尖的动画制作公司、玩具软件开发公司、电影电视公司等相关企业和团体齐聚东京，发布动画的最新信息和潮流趋势，洽谈动画进出口业务。从 2002 年至今，东京国际动画节已成功举办了 10 届，每一届的入场人次、出展公司数量等都在逐年增长。

2. 协同产业链的建设

创意产业集群的产业链建设还可以以“越界”和“扩散”的形式，与其他相关产业一起协同发展。就我国目前创意产业集群的发展现状来看，创意产业集聚构建协同产业链主要集中于文化旅游领域，将文化资源、创意开发和旅游结合起来是当下我国创意产业集群发展的主流。以文化旅游为主题，以核心项目为种子，以创意项目为辅助，既能提高旅游资源的综合利用率，以更好地开发文化旅游资源，也能促进创意与资源的结合，形成文化旅游产业集聚区。

从全球旅游市场看，文化资源是旅游产业的核心资源，旅游目的地的潜力很大程度上取决于当地文化内容的魅力和吸引力。旅游资源多种多样，但决定其品质的是文化内涵，决定其市场受欢迎程度的则是创意。广西桂林的“印象·刘三姐”歌墟就是一种创新性的文化旅游演艺集聚区，它是文化产业的“种子企业”在优良环境下“繁衍”和“扩散”的结果，更是创意与旅游资源协同发展的结果。

图 4—4 桂林阳朔“印象·刘三姐”海报

“印象·刘三姐”根据时代特点、中国特色、广西特征，采用了“全景式、大舞台、总调度”的构思，依托于桂林阳朔的世界级旅游景观和民俗风情，立足于源远流长的广西刘三姐民歌，把山、水、天、景、服、饰、歌、乐、舞、光、人、鹰、畜、桥、浮岛等各种要素创造性地组合起来，实现了表演与自然风光的完美结合。它把著名艺术家的创作构思与现代企业化的艺术管理模式结合起来，把有效的文化产业投资与对民族艺术精品的追求结合起来，成为世界上最大的，也是目前全球唯一的大型山水常年实景演出。它是中国大型山水实景演出的首创之作，为发展民族山水实景演艺事业提供了宝贵的经验，成为集唯一性、艺术性、民族性、商业性为一体的盛大演出。

“印象·刘三姐”在产业要素的组合上，创新性地采用了“四结合”的模式，即：把政府的先导性投资和综合扶持，与广维集团投入的优良资本和管理模式结合起来；把广西文艺工作者的原创剧目及运营经验，与张艺谋等著名艺术家的品牌效应结合起来；把建设一支多梯队、高素质的专业艺术队伍，与对桂、黔、滇等老、少、边、穷地区的助学扶贫工作结合起来；把开发山水景观大舞台与拉动阳朔旅游及相关产业发展结合起来。[①] 通过几年的运营，“印象·刘三姐”已日臻成熟，成为了当地拉动旅游发展、推广漓江人民文化的一股重大力量，实现了经济、文化、社会、生态等多方面综合效益的良好平衡。

由此可见，将创意产业与文化旅游等产业关联起来协同发展，有着极大的发展潜力。目前，我国许多旅游景点也纷纷推出实景演出，如山东泰安的“中华泰山·封禅大典”，河南登封的“禅宗少林·音乐大典”，印象系列之“印象·丽江”、“印象·西湖”等项目和产业聚居区。尽管它们的模式不尽相同，但大体上都是以文化旅游演艺项目的结合为核心，形成紧密型的观光、体验、商务等产业板块组合，拓展产业链。

3. 整合产业链的建设

创意产业作为21世纪知识经济的重要组成部分，把具有文化内涵的符号系统作为核心价值。而从广义上说，任何人工产品都可以成为文化符号的载体，成为创意的载体。这样，创意产业就具有了“越界—弥漫—融合—拉动”的特色，它可以和包括汽车、游艇、服装、家具、园艺、贸易、物流、体育等在内的各种领域相融合，由开发产业的文化化逐步向文化的产业化过渡，从而实现产业链的整合开发和实体经济的整体提升。

创意产业的整合开发，指的是推动文化样式的混合消费，让不同的消费形式联系起来。比如，从动漫游戏的角度看，可以让同一个顾客消费不同的动漫游戏产品，从卡通书刊、动漫影视片、音像制品、DVD、VCD、动漫游戏软件到纷繁多样的衍生产品。在这一领域做得最好的非迪士尼公司莫属。迪士尼作为世界上最强有力品牌之一的多媒体巨头，不仅创造了一系列深入人心的动画形象，继之而起的一系列迪士尼衍生产品更是为迪士尼公司展现了无尽的商业魅力。迪士尼公司专门成立了迪士尼创意公司（Walt Disney Imagineering），主要领域包括建筑、创意开发、设计、产品和项目建设管理、技术研发等，其核心宗旨就是让原创的动漫作品获得更多的综合开发和推介的广阔空间。在大力发展衍生产品的运营理念下，迪士尼推出了世界上第一个具有现代意义的主题公园，随后在全球拓展了十几个超大规模的主题公园，掀起了动漫游乐热潮。各种迪士尼产品专卖店也遍布全球，数千种迪士尼产品的特许经营蓬勃发展使得迪士尼不仅收获了可观的经济效益，还进一步拓展了自己的品牌影响力。

其次，迪士尼衍生产品的“轮次收入”模式则是引领全球的典范。第一轮，迪士尼的动画制作，票房加上发行、销售拷贝和录像带收回数亿美元，解决了成本回收的问题。第二轮，世界各地的迪士尼乐园，吸引了大量游客游玩消费。第三轮，品牌产品授权和连锁

---

① 容小宁、李格训、花建等编著：《印象·刘三姐：文化产业新视野》，百家出版社2007年版。

图 4—5　迪士尼主题公园

经营。迪士尼通过层层产业建构布下了它的天罗地网。看迪士尼卡通，去迪士尼乐园，买迪士尼产品，玩迪士尼玩具，已经成为全世界孩子的共同爱好之一。

迪士尼的成功经验启发我们认识到产业链基础上的产业价值链的构建和品牌的整合开发对创意产业集群的巨大推动力。产业链的整合是在产业链机构下遵循价值的发现和再创造的过程，有利于提升整个创意产业集群的实力，塑造集群区的品牌影响力。

创意产业作为现代城市的“软力量”，不仅创造着巨大的经济价值和社会价值，承担着知识启发、知识传播、知识转化、知识提升的工具型功能，而且它的成长还是国际性大都市发展的必然选择和有力的经济竞争手段。因此，我们既要大胆地建设城市文化创意产业集群，又要找到城市文化创意产业的准确定位，通过对创意产业集群的发展特征和产业关联效应规律的探讨，探索出一条以创意产业集群推动城市文化创意产业发展、实现产业结构调整升级的有效道路，使“产业之川常流，集聚之势常生，集群之花常开”。

第五节　案例:北京文化创意产业集聚区概况①

为带动文化创意企业形成集聚规模，促进北京文化创意产业又快又好地发展，北京市出台了文化创意产业集聚区认定和管理办法。集聚区的认定条件是:有科学的规划、鲜明的产业特色和定位、相当的产业规模、先进的产业形态、合理规范的管理机构和运营机制、较完善的基础设施和公共服务支撑体系以及良好的产业发展前景。迄今，北京已经认定了四批市级的文化创意产业集聚区，总数达 30 个。

一、第一批市级文化创意产业集聚区

2006 年 12 月 14 日，“北京市第一批文化创意产业集聚区”授牌仪式在首届文博会闭幕式上举行。首批 10 个集聚区是:中关村创意产业先导基地、北京数字娱乐产业示范基地、国家新媒体产业基地、中关村科技园区雍和园、中国(怀柔)影视基地、北京 798 艺术

① 资料来源:北京文化创意网。

区、北京DRC工业设计创意产业基地、北京潘家园古玩艺术品交易园区、宋庄原创艺术与卡通产业集聚区和中关村软件园。

此次认定，不仅可以规范集聚区的建设、发展标准，而且明确了政府支持的重点。北京市政府决定设立文化创意产业集聚区基础设施专项资金，3年投入5亿元，支持集聚区的基础设施、环境整治和公共服务平台建设。

经过一年多的培育和发展，集聚区的集聚和辐射带动作用十分明显。2007年，首批集聚区文化创意产业发展态势良好，利税增幅明显高于收入增幅，九大行业规模以上企业共实现收入3827.7亿元，增长19.4%；实现利润217.9元，增长28.7%；上缴税金156.6亿元，增长22.5%。

二、第二批市级文化创意产业集聚区

2008年4月15日，北京市文化创意产业领导小组宣布，北京市文化创意产业集聚区再添11个。认定的第二批文化创意产业集聚区是：北京CBD国际传媒产业集聚区、顺义国展产业园、琉璃厂历史文化创意产业园区、清华科技园、惠通时代广场、北京时尚设计广场、前门传统文化产业集聚区、北京出版发行物流中心、北京欢乐谷生态文化园、北京大红门服装服饰创意产业集聚区、北京(房山)历史文化旅游集聚区。

第二批文化创意产业集聚区的产业发展重点是：

北京CBD国际传媒产业集聚区位于朝阳区CBD核心区及周边辐射区，主要以影视内容与传播、新闻出版、广告会展、发行和传媒版权交易为主导产业。

顺义国展产业园会展面积超过全市现有会展面积总和。

琉璃厂历史文化创意产业园区以书画艺术和古玩艺术品交易为主导产业，目前有上百家骨干企业和老字号企业。

清华科技园以软件、网络及计算机服务、设计服务、出版发行、新媒体、动漫网游等产业为主。

惠通时代广场以平面媒体、网络新媒体、电视节目制作、原创音乐制作等产业为主。

北京时尚设计广场位于朝阳区酒仙桥路，以服装设计、时尚产品交易、艺术展示、艺术培训等产业为主导。

前门传统文化产业集聚区有同仁堂、全聚德、百工坊等诸多百年老字号，整修改造后，前门浓厚的历史文化底蕴将得到更好的弘扬。

北京出版发行物流中心位于通州区台湖产业园区，致力于打造北京最大的出版物集散中心和交易市场。

北京欢乐谷生态文化园入园人数已超过270万，弥补了文化演出类产业在集聚区中的空白。

北京大红门服装服饰创意产业集聚区以服装交易、设计展示、面料研发为主要内容。

北京（房山）历史文化旅游集聚区以房山区丰富的文化旅游资源为依托，汇聚周口店风景区、上方山风景区、云居寺风景区等著名旅游资源。

经过几年的培育和发展，北京市文化创意产业取得较快发展。2006－2009 年，文化创意产业增加值占本市 GDP 比重分别为 10.3%、10.6%、12.1%和 12.6%。2009 年全市文化创意产业增加值 150.8 亿元，占全市 GDP 新增量的 20.1%。

文化创意产业集聚区的产业集聚和辐射带动效果日渐明显。各集聚区均吸引了一定数量的骨干龙头企业，集聚区年均吸引企业入驻超过 1000 家，特别是吸引了一些重大产业项目落户。截至 2009 年年底，集聚区企业总数近万家，累计吸引投资超过百亿元，第一、二批 21 个市级文化创意产业集聚区土地一级开发储备已达 8000 余亩，为集聚区今后的产业发展创造了条件。

三、第三批市级文化创意产业集聚区

继 2006 年、2008 年本市认定两批共 21 个文化创意产业集聚区之后，2011 年年初，北京市文化创意产业领导小组审议并通过首钢二通厂中国动漫游戏城和北京奥林匹克公园为市级文化创意产业集聚区。和第一、二批合计北京市文化创意产业集聚区数量达 23 家。

首钢二通厂中国动漫游戏城是文化部和北京市政府共建的国家级动漫产业基地，其核心区为首钢旗下北京第二通用机械厂原厂区。总规划面积约 1200 亩，建成后建筑面积将超过 120 万平方米，总投资将超过 100 亿元，初步形成集原创、生产、展示、交易于一体，产业链完整的国家级、高水平的重点文化产业园区。该项目的规划建设不仅探索了首钢工业厂区产业转型的新途径，而且是北京市承接中央大型文化项目，落实国务院《文化产业振兴规划》的重大举措。

奥林匹克公园集聚区作为第 29 届夏季奥运会和残奥会的主要场馆群所在地和重大活动举办地，是目前世界上最大的综合性奥林匹克文化展示区。奥林匹克公园重点发展旅游、文化、体育、会展和商务服务等现代服务业，力争成为集体育竞赛、会议展览和文化娱乐于一体的综合性城市功能区，成为首都重要的文化交流展示平台、国家交往平台、特色产业园区和休闲体验基地。

四、第四批市级文化创意产业集聚区

继 2006 年开始先后 3 次认定 23 个文化创意产业集聚区后，2011 年 11 月，北京文化创意产业集聚区再添 7 个新成员：八达岭长城文化旅游产业集聚区、北京古北口国际旅游休闲谷产业集聚区、斋堂古村落古道文化旅游产业集聚区、中国乐谷——首都音乐文化创意产业集聚区、卢沟桥文化创意产业集聚区、北京音乐创意产业园、十三陵明文化创意产业集聚区。

至此，北京市市级文化创意产业集聚区数量达30家，覆盖了北京市全部区县、八大重点行业，实现了《北京市"十一五"时期文化创意产业发展规划》中提出的"到2010年市级文化创意产业集聚区力争达到30个"的工作目标。

通过文化创意产业集聚区的支持和引领，近几年的首都文化创意产业彰显出巨大的发展潜力和良好的发展前景。2004—2009年，北京市文化创意产业增加值从573亿元增加到1489.9亿元，占地区生产总值的比重从9.5%提高到了12.3%。6年间，文化创意产业现价增长160%，明显高于同期GDP现价增长101%。文化创意产业已成为第三产业中仅次于金融业的第二大支柱产业。

文化创意产业集聚区的国内外影响力持续提高。798艺术区已成为展示中国当代艺术发展的形象窗口，入驻艺术区的400多家文化创意产业类机构来自至少16个国家和地区，国际要员纷纷造访，国内外游客数量平均达数百万人次。奥林匹克公园已成为北京的新地标，除奥运会、残运会外，中网等系列赛事及系列演出活动影响广泛。CBD传媒产业集聚区聚集了80%以上的驻京海外新闻机构，中国最具权威性的国家级报纸、中国最有影响力的电视台、中国国内的因特网门户网站均落户于此。中关村软件园高新技术企业输出技术合同成交额占北京市的一半以上，占全国近1/3，园区着力建设具有全球影响力的科技创新中心。

思考题

1.创意产业集群发展的动力机制。

2.创意产业集群的类型有哪些？

3.创意产业集群的发展模式有哪些？

第五章　创意经济与知识产权保护

本章要点

1. 知识产权的含义与特征
2. 知识产权与创意经济
3. 创意活动各阶段的知识产权保护
4. 知识产权保护措施
5. 案例：苹果 VS. 唯冠："iPad"商标之争

第一节　知识产权的含义及特征

一、知识产权的含义

知识产权是由英文"Intellectual Property"翻译而来的。该词最早产生于 17 世纪中叶，由法国学者卡普佐夫提出。后来，比利时著名法学家皮卡第将其定义为"一切来自知识活动的权利"，直到 1967 年《建立世界知识产权组织公约》签订以后，该词才逐渐为国际社会所普遍使用。

对于这个概念的具体解释，国内外的著作普遍采取的是列举其包含的主要内容，比如，有"世界创意经济之父"之称的英国经济学家约翰·霍金斯提到，"知识产权有若干形式，其中最为常见的四种分别是版权、专利、商标和设计。"[①]目前比较普遍采用的定义是：知识产权是工业、科学、文学和艺术领域以及其他来自智力活动的一种财产属性的权利，是法律确认的产权。知识产权涵盖许多方面的内容，最主要的知识产权包括著作权、专利权、商标权及商业秘密权四项。

---

① 〔英〕约翰·霍金斯著，洪庆福、孙薇薇、刘茂玲译：《创意经济：如何点石成金》，上海三联书店 2006 年版，第 5 页。

著作权是指作者以及其他著作权人依法对文学、艺术、科学、工程技术等作品所享有的各项专有权利。它是基于作品而产生的一种法定权利。著作权通常有广义和狭义之分。广义的著作权包括作品创作者依法享有的权利和传播者在传播作品过程中享有的权利。传播者包括表演者、录音录像制品制作者和广播电视节目制作者。传播者享有的权利又称为著作邻接权或与著作权相关的权利。狭义的著作权仅仅指作者享有的权利。

专利权是公民、法人或者其他组织对其发明创造在一定期限内依法享有的独占性使用权。在同一法域内,相同主题的发明创造只能被授予一项专利权,专利权人就该发明创造享有排他性权利。除非法律另有规定,任何人未经专利权人许可不得实施该专利技术。在我国,发明专利的专利权期限为二十年,实用新型和外观设计专利权的期限为十年,均从申请日起算。就地域性而言,所授予的专利权只能在该地域内有效,对其他地域没有任何效力。

商标权是商标所有人依法对其注册商标所享有的专利权,内容包括专有使用权、禁止权、使用许可权、转让权、续展权等。商标权属于重要的知识产权,具有三个基本特征:是一种排他性的支配权;具有相对永久性;具有财产属性权利。

商业秘密权,我国《反不正当竞争法》对商业秘密的界定是"指不为公众所知悉,能为权利人带来经济利益、具有实用性并经权利人采取保密措施的技术信息和经营信息"。商业秘密权也是知识产权重要的组成部分,主要针对两类信息:技术信息和经营信息。经营信息中一项重要的内容是客户名单,通常是指客户的名称、地址、联系方式以及交易的习惯、意向、内容等构成的区别于相关公知信息的特殊客户信息,包括汇集众多客户的客户名册,以及保持长期稳定交易关系的特定客户。①

[背景延伸]

1967年国际社会签订的《建立世界知识产权组织公约》对知识产权所划定的范围包括:关于文学、艺术、科学作品的权利;关于表演艺术家的演出、录音和广播的权利;关于人们努力在一切领域发明的权利;关于科学发现的权利;关于工业品式样的权利;关于商标、服务商标、厂商名称和标记的权利;关于制止不正当竞争的权利;以及在工业、科学、文学或艺术领域里一切其他来自知识活动的权利。

二、知识产权的法律特征

知识产权是智力成果创造人依法享有的一种权利。对于智力成果的保护不同于对一般的物质成果的保护,因此它具有特殊的法律特征。

---

① 萧延高、范晓波:《知识产权》,科学出版社2010年版,第196页。

(一)知识产权的客体是具有独特性的无形资产

作为知识产权的对象,作品、商标、发明创造等都要求具有原创性或独创性。文学艺术作品、工商业标记以及发明创造虽然表现为一定的“形式”,但它们本质上是一种非物质实体的、非物理的存在,是一种无形资产。它们可以被无穷复制,易于传播,不因使用而消耗,且可以多主体同时使用等。应该注意的是,知识和知识的载体是不同的两个事物。

(二)知识产权具有财产权和人身权双重属性

彭万林教授认为,在知识产权领域内,除商标权不直接涉及人身权利内容之外,其他各类权利均包括财产权和人身权的双重内容。

我国《著作权法》明确规定著作权包括著作人身权和著作财产权。著作人身权是指作者通过创作表现个人风格的作品而依法享有获得名誉、声望和维护作品完整性的权利。该权利由作者终身享有,不可转让、剥夺和限制。作者死后,一般由其继承人或者法定机构予以保护。根据我国《著作权法》的规定,著作人身权包括:发表权、署名权、修改权和保护作品完整权。著作财产权又称“著作经济权”,指作者及传播者通过某种形式使用作品,从而依法获得经济报酬的权利,包括使用权、许可使用权、转让权和获得报酬权。

[延伸阅读]

著作权包括下列人身权和财产权:

(一)发表权,即决定作品是否公之于众的权利;

(二)署名权,即表明作者身份,在作品上署名的权利;

(三)修改权,即修改或者授权他人修改作品的权利;

(四)保护作品完整权,即保护作品不受歪曲、篡改的权利;

(五)复制权,即以印刷、复印、拓印、录音、录像、翻录、翻拍等方式将作品制作一份或者多份的权利;

(六)发行权,即以出售或者赠与方式向公众提供作品的原件或者复制件的权利;

(七)出租权,即有偿许可他人临时使用电影作品和以类似摄制电影的方法创作的作品、计算机软件的权利,计算机软件不是出租的主要标的的除外;

(八)展览权,即公开陈列美术作品、摄影作品的原件或者复制件的权利;

(九)表演权,即公开表演作品,以及用各种手段公开播送作品的表演的权利;

(十)放映权,即通过放映机、幻灯机等技术设备公开再现美术、摄影、电影和以类似摄制电影的方法创作的作品等的权利;

（十一）广播权，即以无线方式公开广播或者传播作品，以有线传播或者转播的方式向公众传播广播的作品，以及通过扩音器或者其他传送符号、声音、图像的类似工具向公众传播广播的作品的权利；

（十二）信息网络传播权，即以有线或者无线方式向公众提供作品，使公众可以在其个人选定的时间和地点获得作品的权利；

（十三）摄制权，即以摄制电影或者以类似摄制电影的方法将作品固定在载体上的权利；

（十四）改编权，即改变作品，创作出具有独创性的新作品的权利；

（十五）翻译权，即将作品从一种语言文字转换成另一种语言文字的权利；

（十六）汇编权，即将作品或者作品的片段通过选择或者编排，汇集成新作品的权利；

（十七）应当由著作权人享有的其他权利。

（三）知识产权需要依法审查确认

由于智力成果内容的无形性，决定了它本身不能直接产生知识产权。因此，除商业秘密权之外的著作权、专利权以及商标权，都必须按照专门的法律确认或者授予才能产生知识产权。在我国，著作权采用的是自动保护原则，即作品一旦完成，就产生著作权，不要求登记，也不要求加注著作权标记。但对于著作权保护的客体、期限、限制和侵权行为等，都需要依法进行审查确认。

（四）知识产权具有独占性

知识产权的独占性也称排他性，是指知识产权专为权利人所享有并受到严格保护，非经法律特别规定或权利人同意，任何人不得利用和处分。从知识产品来说，对同一项知识产品，不允许有两个或两个以上同一属性的知识产权并存。

（五）知识产权具有地域性

除签有知识产权国际公约或知识产权双边互惠协定外，经一国知识产权法律所保护的某项权利只在该国范围内发生法律效力，在其他国家不具有法律效力，其他国家也不承担保护这类权利的义务。著作权一般是自动取得，其地域性特征没有专利权和商标权强，如只要加入《伯尔尼公约》的成员国，对成员国之间著作权人的作品都要按照本国著作权法进行保护，但如果在没有加入相关国际公约或没有签署双边著作权保护协议的国家，就无法获得保护，因此著作权一样具有地域性。

［背景延伸］

《保护文学和艺术作品伯尔尼公约》，简称《伯尔尼公约》，是关于著作权保护的国际条约，1886年制定于瑞士伯尔尼。截至2012年3月14日，缔约方总数为165个国家，1992年10月15日中国成为该公约成员国。

(六)知识产权具有时间性

知识产权只在法律规定的期限内受法律保护，一旦保护期限届满，权利即告终止，相关的知识产品就成为整个社会的共同财富。各项知识产权基本上都有法定的保护期限。相对于著作权与专利权的有限保护期限而言，商标权因其可无限续展而属于相对永久权。商业秘密的保有因其特殊性则无时间限制。知识产权的时间有限性，是世界各国为了促进科学文化发展，鼓励知识产品公开所普遍采用的原则。

第二节　知识产权与创意经济

一、知识产权对于创意经济的意义

“资本和技术主宰一切的时代已经过去，创意的时代已经来临”，当今世界已步入知识经济时代。知识经济的快速发展，孕育了创意经济这种新的经济形态。众所周知，知识经济最重要的基石是知识产权，因此，知识产权保护也是创意经济得以繁荣发展的重要保证。

(一)知识产权是创意经济的核心价值

知识产权是整个创意经济的核心。约翰·霍金斯在其《创意经济》一书中提到，创意产业是其产品都在知识产权法的保护范围内的经济部门。创意经济的本质是以智力资源为依托的知识经济，是将智慧化为智力成果的经济。知识产权的原意为“知识(财产)所有权”或“智慧(财产)所有权”，也称为智力成果权，其核心是赋予创造者对其智力成果的各项权利。从这一点上来说，创意经济与知识产权的客体是有很大关联的。创意经济在发展过程中若缺少知识产权保护，那么创意经济的发展就很难顺利进行下去。因此，知识产权对于创意经济的核心价值在于“其为权利人提供了对创新成果的专有垄断的合法保障，通过为创造性劳动所创造的价值提供了合理的利益分配机制，知识产权制度建立起了对创意产业而言行之有效的法律保护框架”。[①]

---

① 王勉青：《知识产权保护时代的创意产业发展》，《上海企业》2008年第4期，第19—20页。

世界上许多国家对创意产业的界定都充分体现了知识产权的核心价值地位，如表5—1所示。

表5—1 部分国家(地区)和国际组织对创意产业的定义①

国际组织/国家/地区	对创意产业的定义
联合国	结合创意才华和先进技术的一系列基于知识的活动，其产出受知识产权的较大保障。创意产业生产和分销的产品和服务以文本、符号和图像为中心。
英国/新西兰/新加坡/日本	源自个人创意、技巧及才华，通过知识产权的开发和运用，具有创造财富和就业潜力的行业。
香港地区	一组经济活动群组，开拓和利用创意、技术及知识产权以生产并分配具有社会及文化意义的产品与服务，更可望成为一个创造财富和就业的生产系统。
台湾地区	源自创意或文化积累，透过智慧财产的形成与运用，具有创造财富与就业机会潜力，并促进整体生活环境提升的行业。

(二)知识产权是创意经济的核心资产和衡量标准

知识产权不仅为创意经济的发展提供了法律上的保障，更重要的是，它为创意企业建立了一个市场交易框架。对于创意企业来说，拥有的知识产权越多，可演绎的范围就越广，获得的经济利润也就越多。1928年，沃尔特·迪士尼创作出了“Mickey Mouse”，近几十年来，迪士尼公司在版权产业领域赚取了数以亿计的利润，这一切都归功于迪士尼公司对于“Mickey Mouse”系列作品拥有的原始版权。在美国版权法对版权产业者的庇护传统下，迪士尼公司凭借对版权的绝对占有，远离了版权纠纷的泥淖，进而缔造了这一当今全球传媒集团中的巨擘。

知识产权可以有效地衡量创意的创新性。作为知识产权内容之一的专利权，授予条件包括形式条件和实质条件。在实质条件中，很重要的一点是创造性，即与申请日之前已有的技术相比，该发明有突出的实质性特点和显著的进步。在立法上，世界上绝大多数国家的专利法都有这一要求。

知识产权可以反映创意经济的发展状态。2011年，在管理咨询公司Booz &Company的年度调查当中，苹果公司连续三年被评为全球十大最富创新能力公司的冠军。弗雷斯特研究公司的分析员查尔斯·戈尔文认为，苹果拥有较宽的创新领域：硬件设备、工业设计、软件支持、可用性、零售服务，与其他只在一个或几个领域内表现优异的竞争对手相比有显著的优势。苹果公司创新过程中取得的知识产权，是衡量其创意经济发展规模的重要标准。

① 潘瑾、陈晓春：《基于价值链分析的创意产业知识产权保护方法与途径探讨》，《知识产权》2006年第2期，第30—33页。

（三）知识产权保护是创意经济的重要管理手段

从本质上来说，创意经济是以价值为重心，依赖个人知识资本、文化资本的经济，创意以一种无形的方式贯穿整个创意产品生产的过程。这些特点都决定了创意一旦被公开，如果没有完善的法律进行保护，那么创意的拥有者就无法阻止其他人对于这个创意的擅自使用。由此可见，知识产权保护对于创意经济之健康、持续发展的重要性。

随着网络普及率的提高，高科技复制技术的不断进步，创意经济的市场越来越大，创意产品的开发也不断深入。这些变化都显示出创意经济无可比拟的生命力，但随之而来的也是对创意和创意产品的保护难度越来越大。创意产业的产品更容易复制，而且其复制成本与创作成本相比接近于零，这为侵权行为留下了巨大的获利空间。因此，不断完善知识产权法，加大对创意经济的保护力度，是对创意经济重要的管理手段。

（四）知识产权是创意企业的重要商业资源

在今天的创意经济中，真正的“附加值”源自于将“创意”发展成为市场接受的商品。当商业模式既定，市场和技术日益成熟的时候，“创意”更多地要用在研发和营销方案上。根据经济学“U 字形的笑脸定律”对企业利润的分析，技术研发和品牌价值是高利润区，而加工制造是低利润区。研发与专利、技术秘密密切相关；营销则与品牌（商标）和服务不可分离，这些都与知识产权密不可分。对于创意企业来说，拥有越多的专利、商标（品牌）、商业秘密等知识产权，就越容易获得较高的附加值。知识产权已日益成为创意企业的重要商业资源。

1. 知识产权保障创意企业的收益

当今社会，“三流企业卖苦力，二流企业卖商品，一流企业卖专利，超一流企业靠无形资产获取长久收益”。知识产权是无形资产的重要组成部分。纵观全球的领袖企业和著名的跨国公司，它们纷纷靠强大的知识产权装备自己，占领市场，获取巨额利润。

可口可乐公司依靠其饮料配方和商标权控制了世界饮料市场，股票价格一直成倍地上涨，市价曾高达其账面价值的 13 倍之多。

微软公司依靠其商标权和软件著作权等无形资产控制了全球软件市场。1986 年 3 月 13 日，微软公司的股票以每股 23.75 美元上市，备受投资者的追捧和青睐，转年 3 月每

图 5—1　几大著名商标

股上升到 84.75 美元，一年之中股票价格翻了 3 倍之多。

美国 Google 公司独特的搜索引擎新技术，为文件检索提供了极大的方便。每天处理的搜索请求已达 2 亿次。Google 公司巨大的无形资产价值被市场认可，2004 年 8 月上市时的股价为每股 85 美元，一年后其股价已超过 400 美元，市值达到 1100 多亿美元。

2. 知识产权有利于提升创意产业的国际竞争力

英国政府白皮书提到，国际竞争的胜负取决于我们能否充分利用自己独特的、有价值的、竞争对手难以模仿的资产，而这些资产就是我们所拥有的知识产权。

当今世界上，美国是创意产业较为发达的国家之一。美国国际知识产权联盟发布的报告显示，2000 年以来，美国四大类核心版权产业（包括预录唱片、磁带和压缩光盘，电影、电视节目和家庭录像带，计算机软件，书籍、报纸和期刊）的出口一直处于增长态势，2004 年突破千亿美元大关，至 2012 年已达 1420 亿美元（见表 5—2）。同时，美国的核心版权产业规模占 GDP 的比重也在稳定中有所提高（见表 5—3）。如此强大的知识产权保护下的创意产业，使美国在国际创意产业竞争中处于绝对的霸主地位。

表 5—2　2000—2007 年美国核心版权产业出口状况①（单位：十亿美元）

年度	预录唱片、磁带和压缩光盘	电影、电视节目和家庭录像带（包括 DVD）	计算机软件	书籍、报纸和期刊	总出口额
2001	8.91	14.69	60.74	3.39	88.28
2002	8.47	17.00	59.79	3.82	89.26
2003	8.42	19.12	66.82	4.47	98.82
2004	8.47	19.35	73.66	4.74	106.23
2005	8.26	18.45	79.10	5.00	110.82
2006	7.92	18.54	84.55	4.92	115.93
2007	7.62	22.62	91.86	5.78	127.88
2008	7.52	23.24	96.57	6.14	133.47
2009	7.07	23.25	94.00	4.91	129.23
2010	6.56	23.89	98.50	4.82	133.77
2011	6.44	24.56	105.20	4.68	140.88
2012	6.39	24.78	106.40	4.42	141.99

表 5—3　美国核心版权产业占 GDP 的比重②（单位：十亿美元）

年度	核心版权产业增加值	GDP	核心版权产业占 GDP 比重
2001	595.0	10100.8	5.89%
2002	626.2	10048.8	5.98%
2003	701.6	10320.6	6.40%
2004	765.1	10755.2	6.48%

①② 数据来源：《美国经济中的版权产业》。

续表

年度	核心版权产业增加值	GDP	核心版权产业占 GDP 比重
2005	818.1	11134.8	6.56%
2006	837.3	13178.4	6.35%
2007	904.3	14061.8	6.43%
2008	913.9	14369.1	6.36%
2009	884.8	13973.7	6.33%
2010	910.4	14498.9	6.28%
2011	965.1	15075.7	6.40%
2012	1015.6	15684.8	6.48%

二、创意成果的知识产权取得

总体来说，知识产权的取得有两种方式：一种是原始取得，可称为直接获取；一种是继受取得，可称为间接获取。

知识产权的直接获取是以创造者的身份资格为基础，以国家授予或认可为条件，通过创作、申请等方式原始取得的。知识产权权利产生的事实包括创造者的创造行为和国家机关的授权性行为。在知识产权的原始取得中，国家机关的授权性行为是知识产权主体资格最终得以确认的必经程序。

我国的著作权法采用自动保护原则，即作品一旦完成，就产生著作权，不要求登记，也不要求加注著作权标记。

知识产权的间接获取是指通过转让、继承、赠与等方式继受取得，往往是一种不完全取得或有限制取得。在知识产权领域，由于继受取得这一方式的存在，会出现同一创意产品存在若干权利主体的情况。

著作权、专利权、商标权和商业秘密权的取得方式有所不同。其中，商标权和商业秘密权的取得过程比较简单。商标权取得的依据是商标局对商标注册申请的批准和授权。商业秘密的所有权一般以权利人通过开发、发明、受让、继承等方式实现对商业秘密的占有来认定。① 著作权是自作品创作完成之日起自动产生的，具体的归属比较复杂，下文将单独介绍，在此不予赘述。专利权的授予程序是：发明专利申请经实质审查，实用新型和外观设计专利申请经初步审查，没有发现驳回理由的，专利局应当做出授予专利权决定，发给专利证书，并同时予以登记和公告，专利权自公告之日起生效。在授予专利权之前，专利局应当发出授予专利权的通知书。

---

① 蒋三庚、王晓红、张杰：《创意经济概论》，首都经济贸易大学出版社 2009 年版，第 211 页。

三、创意成果的知识产权归属

(一)一般原则。根据《著作权法》规定:本法另有规定的除外,著作权属于作者,以作品上的署名为标志。根据《专利法》规定:非职务发明创造,申请专利的权利属于发明人或者设计人。在符合其他法律规定的情况下,专利权授予最先申请的人。

(二)职务作品的著作权归属。对于职务作品的一般规定是,职务作品的著作权由作者享有,但单位有权在作品完成两年内优先使用。而特殊职务作品的著作权由法人或者其他组织享有,作者仅享有署名权和奖励请求权。这里的特殊职务作品是指:1. 主要是利用单位的物质技术条件创作,并由单位承担责任的工程设计图、产品设计图、地图、计算机软件等职务作品;2. 法律、行政法规规定著作权由单位享有的职务作品;3. 由作者与其所在单位以合同约定著作权由单位享有的职务作品。

(三)职务发明创造的专利权归属。根据我国《专利法》规定:职务发明创造申请专利的权利属于单位,批准申请后,单位是专利权人。

(四)知识产权的约定取得。著作权和专利权的原始取得均以法定为一般,以约定为例外。

(五)委托作品的著作权归属取决于当事人的合同约定,双方没有约定或约定不明时适用法律规定。

(六)委托发明创造的知识产权归属取决于当事人的合同规定,双方没有约定或约定不明时,委托发明创造的知识产权归属于委托方。

(七)合作作品的著作权归属。根据我国《著作权法》规定,合作作品的著作权由合作者共同享有,作者对各自创作的部分可以单独享有著作权,可分割使用,但行使著作权时不得侵犯合作作品的完整性。

(八)综合作品的知识产权归属。综合作品是集体劳动的产品,以影视作品为例,影视作品的整体著作权归属于制片者。在整体行使影视作品著作权时,导演、编剧、作词、作曲、摄像等作者只享有署名权。但影视作品中可以独立使用的作品,如词、曲、剧本的作者可以单独行使独立著作权。整体作品的著作权与独立作品的著作权是相互并存的关系,并不冲突。

(九)合作发明创造的专利权归属。根据我国《专利法》规定,除非另有协议,合作发明创造的申请专利的权利属于完成或者共同完成的单位或个人。申请被批准后,申请的单位或个人为专利权人。

(十)二次创作作品的著作权归属。我国《著作权法》规定,再创作作品的著作权归属于再创作者,但对已有作品进行演绎须取得已有作品著作权人的同意,且对新作品著作权的行使不得侵犯原作品的著作权,原著作权人可以通过许可使用演绎作品获得收益。

（十一）二次发明创造的知识产权归属取决于当事人双方的约定，如果没有约定或者约定不明确，改进方享有新技术成果。对已有专利进行二次开发产生的新技术申请专利时，如果前一项专利权在有效期内，那么后者必须取得原专利权人许可才能使用新专利。

［案例精选］《马文的战争》引发的“著作权之战”

2006 年，作家叶兆言将自己创作的获奖小说《马文的战争》的电视剧版权转让给北京玫瑰影视广告公司，双方在约定中明确，叶兆言“不承诺玫瑰影视公司或该公司聘请的编剧以含电视小说和电视剧本在内的任何文字形式出版根据该小说改编的文字作品”。后来，陈彤受制片方聘请，将《马文的战争》改编成剧本。2008 年 10 月，《马文的战争》一剧在全国多家卫视热播。几个月之后，叶兆言发现南京先锋书店正在出售一本名叫《马文的战争》的书，但作者不是他，而是陈彤，这本书的内容，正是陈彤的剧本。2008 年 12 月 1 日，叶兆言将陈彤、北京大学出版社、南京先锋书店告上南京市鼓楼区人民法院，索赔侵权给他造成的损失，以及他为制止侵权行为付出的开支，共一百余万元。2011 年 8 月，南京市鼓楼区法院做出一审判决，被告方陈彤、北京大学出版社以及南京先锋书店，立即停止对叶兆言小说的侵权行为。判决生效后 10 天内，陈彤和北京大学出版社必须在国家级报刊上刊登道歉声明（内容须经法院审核，逾期不履行，法院将刊登判决书的主要内容，所需费用由陈彤和北京大学出版社承担）。此外，还判决陈彤赔偿叶兆言 14.3562 万元，北京大学出版社赔偿叶兆言 40 万元，两者共同支付叶兆言为制止侵权行为所花费的 3 万余元，驳回叶兆言要求北京大学出版社责令全国新华书店将该小说下架的请求。

图 5—2　《马文的战争》版权之争

第三节　创意经济活动各阶段的知识产权保护

一、创意创作阶段

创意创作阶段属于知识产权的创造阶段。为了保证创意经济活动各阶段都能顺畅进行，从源头开始就要做好知识产权保护。我们将从创作者个人、创意企业及政府三方面分别来考虑。

（一）创作者加强自我保护意识

创作者个人是创意活动最主要的主体，也是知识产权最主要的创造者。同时，创作者个人也是自我保护能力最弱、最容易受到侵权的一方。因此，创作者个人必须加强自我保护意识，掌握知识产权相关的法律法规，既要善于保护自我的知识产权，又要学会尊重、保护他人的知识产权。在当今社会，分工与合作已经成为主流，一项创意产品有可能是合几人之力共同完成的。这就要求创作者们要提前约定好对于知识产权的分配和占有，以免引起不必要的争端。

［案例精选］《北京爱情故事》编剧引纠纷

2012年年初，一部讲述"80后"男女面对爱情、事业时不同的人生态度和抉择的电视连续剧《北京爱情故事》，在多家电视台热播并迅速走红。正当观众为剧中青年们的不同结局而欷歔不已时，该剧的编剧之一李亚玲却和身兼编、导、演三职的陈思成因为稿酬而发生了纠纷，甚至闹上了法庭。

图5—3 《北京爱情故事》

李亚玲认为，《北京爱情故事》是其与陈思成共同创作的作品，但作为重要编剧之一的她，却没有收到合理的稿酬。而且陈思成在她不知情的情况下，擅自与另一家公司签订了合同，转让了《北京爱情故事》的全部著作权。对此，陈思成方则有另一番说法，根据法律，作品自创作完成之时，著作权自动产生。也就是说，在陈思成完成了剧本大纲及前十集剧本的时候，此时著作权已经产生。另外，陈思成早前曾透露，李亚玲曾口头授权他代表两人去跟投资方签订合同。在编剧合同中明确规定剧本版权归投资方所有，李亚玲只享有联合署名权。至于稿酬矛盾，陈思成表示他们之间确实没有达成书面协议。

《北京爱情故事》已经落幕，但李亚玲与陈思成之间的纠纷却还没有结束，对于此案件的最终审判还没有结论，但不可否认的是，如果在创作初期，他们可以重视知识产权，尽早做好约定，也许就不会出现这样的纠纷了。

(二)创意企业要做好对创作者的管理与激励工作

对于创意企业来说,知识产权创造阶段的保护重点是对企业创作人员的管理和激励。一方面,以商业秘密为例,创意企业中的创作人员流动,有可能会导致知识产权的流失。员工跳槽到其他新任职企业、离职自立门户、业余兼职等,都有可能导致原企业的商业秘密被泄露。因此,创意企业在对员工进行职业培训时,一定要强调对商业秘密的保守,提高员工的知识产权保护意识。创意企业要制定严格的企业内部商业秘密保护制度,与技术人员签订创意成果归属合同,做到防患于未然。另一方面,创意企业还要注重对创意人员的激励,既要重视精神激励,也要有合理的物质激励。我国《专利法》第十六条规定:“被授予专利权的单位应当对职务发明创造的发明人或者设计人给予奖励;发明创造专利实施后,根据其推广应用的范围和取得的经济效益,对发明人或者设计人给予合理的报酬。”

(三)政府与行业协会积极提供服务保障

政府或行业协会在创意创作阶段也要有所作为。政府可以建立知识产权公共信息平台来向创作者个人或企业提供包括专利、已登记著作权在内的各类知识产权信息检索。[①] 作为版权集体管理组织的各行业协会,如音乐、文字、摄影著作权协会等,一定要在本领域内严格制定完善的法规条例,保障创作者的知识产权。

[案例精选] 《月亮之上》抄袭《敖包相会》[②]

2005 年,“凤凰传奇”组合的一首《月亮之上》成为当时互联网上的热门歌曲,红遍大江南北,其词曲作者署名是何沐阳。2006 年,达斡尔族著名音乐家通福之女色日玛在一次偶然的机会下听到了这首《月亮之上》。令其吃惊的是,《月亮之上》中有一段蒙语长调是《敖包相会》里的曲调,而《敖包相会》正是由自己的父亲通福创作的。但《月亮之上》整张专辑都没有就这段音乐引用的署名,而且色日玛作为这首歌曲著作权的唯一继承人,也从未对此进行过许可,更未得到相应的报酬。

于是,色日玛与《敖包相会》的另一名词曲著作权人玛拉沁夫一同将《月亮之上》的词曲作者何沐阳及音乐 CD《凤凰传奇——月亮之上》的销售商、出品商一起告到了法院,要求判令被告立即停止侵权行为,并在全国有影响的专业媒体上公开赔礼道歉、消除影响同时赔偿经济损失 20 万元,承担本案支出费用 1 万元。

案件审理中,双方就涉案 6 小节的归属展开了激烈的争论,被告方认为,涉案 6 小节

---

① 蒋三庚、王晓红、张杰:《创意经济概论》,首都经济贸易大学出版社 2009 年版,第 206 页。
② 本案例根据网络资料整理而成。

来自于民歌《韩秀英》，并非抄袭《敖包相会》。在一审判决中，法院经过对《韩秀英》、《敖包相会》两件作品的比较，认定涉案6小节均源自民歌《韩秀英》，《敖包相会》改编者通福对此6小节并不享有著作权。案件宣判后，色日玛对判决不服，向北京市第一中级人民法院提出上诉。

2011年，此案终审判决。二审法院将1952年通福的歌曲手稿与1949年版民歌《韩秀英》曲谱进行了再次对比，认为涉案6小节中，除第三小节完全相同外，其他各小节均有较为显著的差异，所对应的曲调也有较为显著的不同。据此认为，《敖包相会》的涉案6小节并不来源于《韩秀英》，色日玛认为其对涉案6小节享有著作权的主张具有事实与法律依据。

法院认为，《敖包相会》的涉案6小节与《月亮之上》的对应6小节曲调基本相同，何沐阳、孔雀廊公司、广东音像出版社的行为均已构成对于色日玛著作权的侵犯，应共同承担停止侵权、赔偿损失的民事责任。

二、创意产品的开发和生产阶段

创意产品的开发和生产阶段也是知识产权的开发和生产阶段。在这个阶段，最重要的是进一步健全和完善知识产权的相关法律法规，加强诸法的综合运用与保护。我国创意产业的发展起步晚于英、美等国家，知识产权保护还不够完备，因此在这个阶段很容易出现各种纠纷。就专利权来说，创意企业要密切跟踪与项目有关的知识产权动态，密切关注竞争对手的开发进展。目前，许多创新人员在进行发明创造实物的展示前就未雨绸缪，事先提出专利申请，这叫作“预期性专利申请”，相对于在发明创造完成之后才考虑申请专利更有进攻性。只有及时进行专利申请，使创新成果获得法律保护，才能有效保障新技术、新产品开发的安全进行。

小说《哈利·波特》系列被翻译成70多种语言，在全世界200多个国家累计销量达4亿多册，位列史上非宗教、市场销售类图书首位。《哈利·波特》以其小说的闻名带动了一系列相关文化产品的开发，包括道具、系列景点、游乐园、相关书籍、相关主题城市等。华纳兄弟将《哈利·波特》畅销书变成了横跨电子游戏、玩具、主题公园等多个领域的产业，根据其创作的电影不但成为好莱坞最有价值的电影系列之一，更为华纳创造了零售额近200亿美元、盈利10亿美元的巨额利润。在整个创意产品的开发过程中，从图书、电影剧本到周边玩具、电子游戏等知识产权保护都是十分完善的。

[案例精选]“红色经典”《沙家浜》著作权侵权纠纷

1958年，上海人民沪剧团根据崔左夫的纪实文学《血染着的姓名——三十六个伤病员的斗争纪实》、上海警备区副司令员刘飞的回忆文章《阳澄湖畔》，创作了抗日题材沪剧《芦荡火种》，由沪剧团专职编剧文牧先生执笔，讲述1939年秋，留在阳澄湖畔养伤的数十名新四军伤病员面对日伪顽匪相互勾结的险恶环境，在地方党组织和群众的支持帮助下，不畏艰苦，重建武装，坚持抗日斗争的事迹。后来，北京京剧团将其改编为现代京剧《芦荡火种》。1964 年，毛泽东主席观看了该剧并提议把剧名改为《沙家浜》。

2006 年 4 月 22 日，根据沪剧《芦荡火种》改编的电视连续剧《沙家浜》举行了首播仪式。2006 年 5 月，沪剧《芦荡火种》的执笔人、已故剧作家文牧先生的遗孀筱惠琴女士，携膝下六名子女连同上海沪剧院一起向上海市第二中级人民法院递交了一纸诉状，以原告享有的对沪剧《芦荡火种》剧本的修改权、保护作品完整权和改编权受到侵犯为由，请求判令被告北京朱氏联合传媒有限公司、北京幻聪影视文化有限公司、沈阳电视台、江苏省广播电视总台、中国新四军和华中抗日根据地研究会等停止侵权，不得自行或许可他人以复制、发行、出版、出租、展览、表演、放映、广播、信息网络传播、摄制、改编、翻译、汇编等方式使用，公开向原告赔礼道歉，共同赔偿原告人民币 70 万元；判令被告齐鲁电子音像出版社停止出版、发行、经销电视连续剧《沙家浜》音像制品，赔偿原告人民币 20 万元；判令被告广州优乐文化传播有限公司停止销售电视连续剧《沙家浜》音像制品，赔偿原告人民币 10 万元；判令被告上海韵丽音像制品有限公司停止销售电视连续剧《沙家浜》音像制品。

图 5—4　电视剧《沙家浜》

本案争议的最根本的焦点是原告认为上海沪剧院和文牧是沪剧《芦荡火种》的共同著作权人，被告侵犯了他们的著作权。被告则用之前的一份诉讼判决书试图证明《芦荡火种》剧本是法人作品，著作权归上海沪剧院所有。

2007 年间，上海市第二中级人民法院的法官与双方当事人合力寻求妥善解决的途径，随后，原告文牧家属和上海沪剧院与被告一同拟订了一份和解协议：在分清是非、明辨责任的前提下，被告充分尊重原告上海沪剧院、文牧家属对《芦荡火种》剧本各自享有的权利，愿一次性赔偿原告上海沪剧院、文牧家属经济损失；北京朱氏联合传媒有限公司、北京幻聪影视文化有限公司在本协议签订之日起一周内在《新民晚报》刊登致歉声明。原告对诸被告在中国大陆境内播放电视连续剧《沙家浜》表示许可。

原告上海沪剧院和文牧家属之间也就《芦荡火种》剧本著作权达成共识，一致确认双方都是沪剧《芦荡火种》剧本的共同著作权人，上海沪剧院在对剧本享有著作权的同时充分尊重文牧先生的署名权。

2007 年 12 月 20 日，文牧家属和上海沪剧院正式向上海市第二中级人民法院申请撤诉，这一申请获得法院准许。

三、创意产品的传播和销售阶段

创意产品的传播与销售阶段亦即知识产权的交易阶段。知识产权保护的重点在于加大执法力度，严厉打击侵权者。相关执法部门一定要加大执法力度，从源头上杜绝侵权行为的发生。

美国十分重视通过立法对创意产业知识产权进行保护，为本国的创意产业迅速发展提供了良好的保障。早在1787年，美国在宪法第一条第八款里就规定了版权和专利权。1976年，美国制定了第三部版权法，即现行《版权法》，自1978年1月1日施行以来，几乎每年修改1—2次。美国于1998年通过了跨世纪数字版权法，近年来还依次通过了半导体芯片保护法、电子盗版禁止法、伪造访问设备和计算机欺骗滥用法，形成了全球保护范围为最广泛、相关规定最为详尽的知识产权立法体系，为版权产业的繁荣提供法律保障。①

新加坡近年来也逐步加大了对盗版行为的打击力度，2004年修订的版权法，将盗版行为划入刑事犯罪的范畴。版权法规定：初犯予以罚款2万新元和/或监禁半年的处罚，重犯罚款5万元和/或监禁三年。版权法对个人盗版行为作了明确的界定，非法下载歌曲和电影等都属于犯罪行为。

韩国对盗版的打击也是非常严厉的。以打击盗版音像制品为例，从2000年开始，韩国由没收为主转变为以刑事立案为主打击盗版音像制品。此后，韩国文化观光部正式成立了"打击盗版本部"，以首尔为中心严厉打击盗版销售行为。同时，韩国政府专门拨款宣传使用正版，特别是要求政府机关和各组织机构必须使用正版。2004年，韩国政府组织研讨了"网络音像复制品保护法案"，并出台了"防止电影盗版实施令"，进一步加强了对盗版音像制品的稽查力度。

[案例精选]　"天下第一福"商标侵权案

北京著名景区恭王府内有一宝——康熙御笔所书的"福"字，被称为"天下第一福"。文化部恭王府管理中心称其是"天下第一福"、"康熙御笔之宝"的商标专用权人。而北京湖山书苑文化艺术有限公司在《人民日报》上刊登广告，并销售"康熙御笔'福'字立轴"商品。因此，文化部恭王府管理中心将北京湖山书苑文化艺术有限公司告上了法庭。

文化部恭王府管理中心认为，北京湖山书苑文化艺术有限公司擅自在商品包装、商品本身及广告上使用"天下第一福"、"康熙御笔之宝"注册商标，侵犯了其注册商标专用权，故诉至法院要求北京湖山书苑文化艺术有限公司停止侵权、赔礼道歉、赔偿经济损失10万元。

---

① 赵锐：《创意产业的知识产权保护研究》，知识产权出版社2012年版，第197—198页。

北京湖山书苑文化艺术有限公司辩称，其是一家经营文化艺术礼品的公司，涉案商品是从其他单位合法购进。北京湖山书苑文化艺术有限公司同意停止销售涉案商品，但不同意其他诉讼请求。

经调查，北京湖山书苑文化艺术有限公司生产涉案侵权产品 9999 套，截至 2008 年 12 月 3 日，销售 5321 套，获利 531 万余元。

图 5—5　“天下第一福”

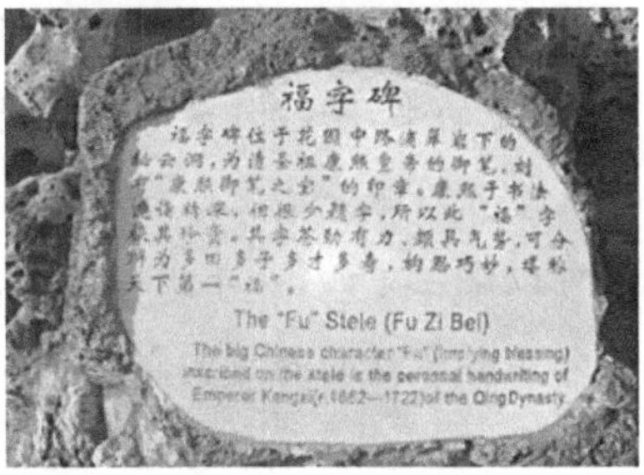

图 5—6　福字碑

法院审理后认为，“天下第一福”和“康熙御笔之宝”是文化部恭王府管理中心依法核准注册的商标，该商标处于注册有效期内，恭王府管理中心对其享有注册商标专用权，有权禁止他人在核定使用的商品上使用上述商标或与之类似的标识。法院认为，按照商标法规定，销售不知道是侵犯商标权的商品，能够证明该商品是自己合法取得并说明提供者的，不承担赔偿责任。据此可以判令，北京湖山书苑文化艺术有限公司需承担停止侵权的责任。

“天下第一福”商标侵权案于 2009 年 6 月 19 日在北京市东城区人民法院一审宣判。法院判令北京湖山书苑文化艺术有限公司停止侵犯文化部恭王府管理中心享有的注册商标专用权，但不承担赔偿责任。

四、创意产品的消费阶段

创意产品的消费阶段也是知识产权的消费阶段，这一阶段的知识产权保护更应从消费者的角度来考虑。因此，要提高消费者的知识产权保护意识。一方面，政府要加大对于知识产权保护的宣传，普及知识产权法律法规的基础知识，让群众意识到在知情情况下购买或免费使用侵权产品会伤害创作者的创作激情和经济利益，给创意企业带来巨额精神和物质上的损失，给社会带来危害，甚至可能使自己触犯法律，要承担相应的法律责任；另一方面，应建立有效、方便的维权渠道，大力宣传维权途径，帮助消费者运用合理手段维护自身权益。

［案例精选］　“韩寒致李彦宏的一封信”节选①

……于是昨天开始谈判了，您派来几个高傲的中层，始终不承认百度文库有任何的

---

① 资料来源：韩寒博客。

侵权行为。你们不认为那包含了几乎全中国所有最新、最旧图书的279万份文档是侵权，而是网民自己上传给大家共享的。你这里只是一个平台。我觉得其实我们不用讨论平台不平台、侵权不侵权这个问题了，您其实什么都心知肚明。您在美国有那么长时间的生活经历，现在您的妻子和女儿也都在美国，您一定知道如果百度开了一个叫百度美国的搜索引擎，然后把全美国所有作家的书和所有音乐人的音乐都放在百度美国上面免费共享会是什么样的一个结果。您不会这么做，您也不会和美国人去谈什么这只是一个平台，和我没关系，都是网民自己干的，互联网的精神是共享。因为您知道这事儿只有在现在的中国才能成立。而且您也知道谁能欺负、谁不能欺负，您看，您就没有做一个百度影剧院，让大家共享最新的电影电视剧。

您也许不太了解出版行业，我可以简单地给您介绍一下。1999年，十二年前，我的书卖18元一本，2011年，卖25元一本，很多读者还都嫌贵。您知道这十二年间，纸张、人工、物流都涨了多少倍，但出版商一直不敢提太多价，因为怕被骂，文化人脸皮都薄。一本25元的书，一般作者的版税是百分之八，可以赚2块钱，其中还要交三毛钱左右的税，也就是可以赚一块七。一本书如果卖两万本，已经算是畅销，一个作家两年能写一本，一本可以赚三万四，一年赚一万七，如果他光写书，他得不吃不喝写一百年才够在大城市的城郊买套像样的两居室。

……

出版业和互联网业，本是两个级别相当的行业，你们是用几百亿身价和私人飞机、豪华游艇来算企业家身价的，我们这个行业里的企业家们，我几乎没见过一个出行坐头等舱的。我们倒不是眼红你们有钱，我们只是觉得，你们都那么富有了，为何还要一分钱都不肯花从我们这个行业里强行获得免费的知识版权？音乐人还可以靠商演赚钱，而你让作家和出版行业如何生存？也许你说，传统出版终将会消亡，但那不代表出版行业就该如此地不体面。而且文艺作品和出版行业是不会消亡的，只是换了一个介质，一开始它们被画在墙上，后来刻在竹子上，现在有书，未来也许有别的科技，但版权是永远存在的。

我写这些并不是代表这个行业向你们哭穷，但这的确是中国唯一一个拥有很多的资源、与生活息息相关却没有什么财富可言的行业，尤其在盗版和侵权的伤害之下。我们也不是要求你们把百度文库关了，我们只是希望百度文库可以主动对版权进行保护，等未来数字阅读成熟以后，说不定百度文库还能成为中国作家生活保障的来源，而不是现在这样，成为行业公敌、众矢之的。没有永远的敌人，也没有永远的利益。我在2006年还和磨铁图书的沈浩波先生打过笔仗，为了现代诗互相骂得不可开交，而现在却是朋友和合作伙伴。百度文库完全可以成为造福作家的基地，而不是埋葬作家的墓地。

第四节　知识产权保护措施

在当今社会，创意经济日益成为推动经济和社会持续发展的新引擎，带来了巨大的经济效益和社会效益。在中国，创意经济正以前所未有的传播速度影响着各地的经济发展模式，改变着人们的观念和思维方式。对于创意经济这一新兴而又充满生命力的经济发展方式，我们必须创造良好的经济环境和社会环境，建立完善的知识产权保护措施，一路为其保驾护航。

一、增强知识产权保护意识

我国的创意经济起步较晚，知识产权保护还很不完善，在政府层面、法律层面、企业层面和意识层面仍然存在诸多亟待解决的问题。比如在一些商业秘密案件中，原告在诉状中声称商业秘密被侵害，但问题出现的最根本原因是其不注意划分秘密范围，采取保密措施；又如在一些专利案中，发明人错误地认为只要是自己首先研发的，就能获得法律保护。这些都导致了知识产权侵权案件的不断发生。

创意企业要生存，创意经济要发展，首先必须要重视知识产权的保护；遵守知识产权保护的有关国际公约和我国法律法规，遵循国际贸易通行规则，信守企业间有关知识产权保护的合同、承诺；既尊重他人的知识产权，也注重对自己知识产权的保护。通过与国际社会的通力合作，赢得中国企业和企业家的荣誉与尊严。

[案例精选]

2012 年年底，网络上出现了一个让许多音乐爱好者吃惊的消息：据称，包括华纳、索尼、环球在内的几大国际唱片公司，将在 2012 年年底或 2013 年年初联合国内酷狗、酷我、百度、QQ 音乐、虾米网等音乐服务网站尝试采取音乐下载收费包月制度，下载收费的具体操作细节及价格还没有最终定论。但一些音乐网站的负责人和音乐人称这一举措并不意味着音乐免费午餐的彻底终结，2－3 年之内针对普通用户的免费音乐下载业务不会消失。

对于可能的收费实施方案，QQ 音乐市场拓展组高级市场总监吴伟林透露，各音乐平台和 15 家大的唱片公司共同讨论的模式暂定为包月收费，但会有等级划分，按照用户的需求来定制不同收费，等级不同权限不同。“举例说，如果一个月用户付 7 块钱可以授权下载 7 首歌曲，音乐品质达到 128kbps；而一个月达到 20 元时，用户可随意下载音乐，音乐品质能达到 CD 水平。”

二、确定知识产权保护的重点行业

创意产业在不同的国家和地区有不同的划分模式，每一种创意产业门类都需要知识产权保护，只是保护的核心有所不同。下面四类是知识产权保护的重点行业：

(一)出版产业

我国正处于传统出版与数字化出版相互结合、相互交叉和相互促进的转型期。出版业侵权已经不仅仅是纸质图书的盗版问题了，网络数字化盗版问题日益突出，且暴露出来的治理难题更为棘手。集中体现在：1. 数字和网络环境下的侵权行为更加复杂，侵权行为的认定也更加困难；2. 版权所有人取证更难，成本更高；3. 侵权范围分布广泛，侵权者往往数量众多；4. 侵权损害更大，但损害赔偿计算困难。①

侵权盗版问题能否解决是影响我国出版行业能否健康持续发展的重要因素。因此，国家必须及时完善著作权保护的法律法规和著作权集体管理制度，加大对数字化版权侵权盗版行为的打击力度，加强版权保护宣传教育。

[案例精选] 脸谱著作权纠纷案

2000 年 1 月，经北京森淼圆文化传播有限公司组织联系，由艺术研究院提供图片及文字，九州出版社提供书号出版了《中国戏曲脸谱》一书。书中使用了京剧脸谱绘画大师汪鑫福绘制并收藏在艺术研究院陈列室中的 177 幅京剧脸谱，但没有为汪鑫福署名。

图 5—7 汪鑫福戏剧脸谱

汪鑫福的外孙季成，自其母亲去世后即为“脸谱”的继承人。季成于 2010 年年初发现《中国戏曲脸谱》一书，并于 2010 年 8 月从北京世纪高教书店购买到该书，故其将中国艺术研究院、九州出版社、北京世纪高教书店诉至法院。

---

① 资料来源：中国企业评价协会主办的《知识产权白皮书(出版业)》发布会。

本案的争议焦点之一是涉案脸谱的作品性质及著作权归属问题。季成认为，涉案脸谱属于汪鑫福个人作品，著作权属于作者；而三被告均表示，涉案脸谱为汪鑫福于上世纪50年代在艺术研究院工作期间完成的，属于职务作品，著作权归属于艺术研究院，该院有权在2000年出版的《中国戏曲脸谱》书中使用。

后经法院调查取证后，做出如下结论：三被告提出的涉案脸谱为汪鑫福于上世纪50年代在艺术研究院工作期间完成，属于职务作品的辩称，证据不足，不予采信。汪鑫福对涉案脸谱享有的著作权并没有因为原件所有权的转移而转移给艺术研究院，所以，艺术研究院在2000年出版《中国戏曲脸谱》书中使用涉案脸谱时，应当取得著作权人的许可。

因此，法院认为，汪鑫福将涉案脸谱原件所有权转让给艺术研究院后，即对涉案脸谱享有除展览权以外的著作权。汪鑫福去世后，其著作权中的署名权、修改权和保护作品完整权由其继承人保护，著作权中的财产权部分除展览权外，依照继承法的规定转移给继承人。本案中，季成有权保护汪鑫福就涉案脸谱享有的著作人身权，并继承取得了涉案脸谱除展览权以外的著作财产权，在涉案脸谱之著作权受到侵犯时有权依法提起诉讼。

(二)网络游戏、动漫产业

信息技术带来了网络游戏和动漫产业的快速发展，据调查，中国目前是世界网络游戏玩家数量第一的国家。根据“2011年度网络游戏风云榜”公布的最新数据显示，网游产业在2011年取得了446亿元的销售业绩，依然是互联网产业中最具活力和盈利能力的热点。动漫产业与网游产业一样，具有广阔的发展空间。2004年，中国动漫产业总产值达到117亿元人民币，2005年达到180亿元人民币，并且中国动漫市场还有1000亿元人民币的产值空间等待开发。

在此形势下，加强对网游产业和动漫产业的知识产权保护迫在眉睫。从国外的产业和司法发展态势看，用专利保护网游产品，这将是网游产业最重要的知识产权策略。在我国，网游方面的专利申请量不少，其中一些基础专利已经被授权。积极向国内专利权人支付专利使用费，这也是我国网游企业的必经之路。

[案例精选] 网游“外挂”成知识产权侵权新形式

网络游戏最大的特点是玩家必须通过互联网媒介，接入游戏运营商的服务器，通过向运营商购买游戏装备、时间充值卡或缴纳客户端费用实现在线娱乐。正版网络游戏运营商设置的服务器即“官服”，而“私服”是指未经游戏版权拥有者授权、非法获得服务器端安装程序之后设立的网络游戏服务器。许多私服存在的目的是向玩家收费以从中获利，所以本质上来说，“私服”就是一种“网络盗版”，是侵犯知识产权的违法犯罪行为。目

图 5—8 国产游戏《剑侠情缘Ⅲ(网络版)》

前,网游私服已经形成了一条完整的地下产业链,从私服经营到广告发布、提供支付平台、私服服务器承租等,分工明确,获利丰厚。相关资料显示,我国目前在互联网上有数万个私服游戏经营者,因私服而造成的正规游戏公司的经济损失每年超过数亿元。

私服不仅是对正版游戏企业合法利益的侵害,同时也会伤害到每个普通的游戏玩家。由于违法,开设私服就面临着随时可能被关停的风险,玩家的虚拟财产是无法得到保障的。

(三)软件设计

目前,我国对计算机软件采取以著作权加以保护,根据《计算机软件保护条例》,自软件开发完成之日起产生。软件著作权保护期为自然人终生及其死亡后 50 年。法人或者其他组织的软件著作权,保护期为 50 年。但由于软件是一种逻辑产品,它以程序和文档的形式保存在作为计算机存储器的磁盘和光盘介质上,具有易复制的特点,所以很容易出现盗版侵权等行为。

据有关调查结果显示,我国软件盗版率每增长 10 个百分点,就会造成软件销售直接损失近 40 亿元人民币,造成软件产业综合经济损失近 70 亿元人民币。可见,侵权盗版已经成为制约我国软件产业发展的主要障碍。

[案例精选]“番茄门”事件

番茄花园是一个软件下载网站,为网民提供某种电脑操作系统软件的下载,而这种电脑操作系统版正是番茄花园站长洪磊和他的团队通过修改微软的 Windows XP 系统之后形成的版本,它被更名为番茄花园版本。2008 年 6 月,微软公司向国家版权局、公安部等部门进行投诉。2009 年 8 月 20 日,苏州市虎丘区人民法院对番茄花园案主犯侵犯著作权案做出了一审判决:经营番茄花园网站的被告单位成都共软网络科技有限公司以及四名相关被告人孙显忠、洪磊、张天平、梁焯勇因未经著作权人许可复制发行计算机软件,以侵犯著作权罪被追究刑事责任。

(四)影视制作

随着信息网络技术的发展,影视作品的制作和国内外发行过程中必然会出现版权问题，这一点即使是世界上影视产业发达国家之一的美国也不能避免。据美国电影产业估计，由于非法的复制行为和经由物理媒介（录像带、DVD、VCD 等）传播的盗版电影所导致的收入损失超过了 30 亿美元。

1998 年，美国通过了“千禧年数字版权法案”（DMCA），将众多以互联网为载体的电子产品置于其保护措施之下，当然包括影视产品。但事实证明，法律并不能跟上技术发展的步伐，没能够为大多数软件、电影和音乐等行业的公司提供有效支持。

[案例精选] 美国 Video Pipeline 案①

原告 Video Pipeline 是一个独立的电影预告片发行商，根据迪士尼的电影制作了视频并把其出售给一些网站，并在自己的网站上贴有受版权保护电影的类似电影预告片的片段，可供访问者进行浏览。原告认为，它对电影预告片的利用是合理使用，因为预告片实质上改变了最初的电影，并且剪辑的目的是与原创作品不同的。法院认为，商业性质的使用自身并不能决定使用的性质或者目的是否有利于合理使用。因此，尽管视频的性质和特征以及时间长短是不一样的，但是所有的视频都具有迪士尼演绎作品的性质和目的，因此可以代替这些作品。另外，网络上的视频可能替代了电影预告片的市场，有可能产生危害派生作品市场的结果。在对所有的因素进行衡量后，法院判决这些视频不构成合理使用的范畴。

面对数码和网络技术的发展，我国应完善法律法规、加大保护力度、改进保护手段，法律保护、行政保护和商业保护多管齐下，并适时根据网络发展做出一些调整，在切实做到保护影视版权人权益的同时，也要保护好广大消费者的利益。

三、提高创意企业的知识产权管理水平

我国对知识产权的保护起步比较晚，发展还不完善，创意企业的知识产权管理还没有相对成熟的模式和先例。因此，国内的创意企业要借鉴国外发展比较成熟的创意企业管理制度，结合我国的具体国情和发展规划，运用知识产权管理手段来进行市场决策和经营，通过自主创新和品牌战略谋求自身发展。

（一）制度化的知识产权归属约定

在国际上，发展比较成熟的创意企业为了维护企业利益，减少纠纷，往往采取签订协议或者企业制定规章制度等手段将知识产权归公司所有，做到“未雨绸缪”而非“亡羊补牢”。

---

① 资料来源：中顾法律网。

比如，日本企业往往直接通过社规规定知识产权的归属，员工的职务发明和职务外发明，权利均归公司所有。业务外发明也必须向公司报告，根据公司的需要决定归属。若员工在岗位期间完成职务发明，而在离职后一年内取得专利权也应通知公司，由公司决定是否使用该专利。[①] 日本三菱公司就有明确的社规规定，员工所做出的“职务发明”权利一律归公司所有，“职务外发明”和“业务外发明”则由公司根据需要与员工协商让渡。

与三菱公司不同，美国IBM公司采用的是制度化的知识产权归属约定，即企业通过协议要求员工只要从公司内部取得机密信息，或从前员工完成的发明、著作等创造物中采集的信息，或因执行职务而产生的成果，应将这些成果的知识产权全部移交给公司所有。

(二)鼓励性的知识产权激励体制

数据显示，2005年美国全国授权专利3000余件，许可专利则达到了4932件，许可率达到了160%，许可收入达到19亿美元。[②] 专利申请之所以出现如此繁荣的景象，与企业的激励机制有密切的关系。申请专利数量排名靠前的国外企业都有一套鼓励员工发明创造的良好激励机制。在物质激励和精神激励的共同促进下，大大提高了员工进行创新的积极性，大量的发明创新实现了企业和个人的“双赢”。

日本各企业都建立了对发明人、申请人、分支机构的发明奖励制度，奖励金额不等，但大多数在专利申请的各个阶段都得以实施：提出专利申请后有几千日元到一两万日元不等的奖励；专利权授予以后，奖励略比申请时高；专利实施后的奖励较高，主要根据实施效益而定，并且在专利实施后，对发明人、实施单位、实施单位的知识产权部门均给予奖励，这个奖不封顶，最高额可至几百万日元。除此之外，近年来，日本企业知识产权奖励制度的发展趋势是逐年提高奖励，促进研发。[③]

(三)规范的知识产权教育培训体系

德国很多企业诸如西门子、拜耳、先正达等大公司，每一名员工进入企业时，都必须接受知识产权方面的培训，包括知识产权法律制度，文件管理及保密规定，知识产权发明、申请、应用、维权程序和途径等。员工经过教育培训，逐步形成自觉遵守法律制度和保护企业知识产权的强烈意识。不少德国企业还注意培养专业化的知识产权人才队伍，对技术、法律人员定期进行跨学科轮训，或派员工去专利事务所、律师事务所、高校学习，

---

① 金永红：《日本企业知识产权战略管理及其对我国的启示》，《科技与经济》2008年2月第1期，第45—47页。

② 张志成：《推动知识产权交易 有效运用知识产权》，http://finance.sina.com.cn/stock/t/20071029/05361751729.shtml.

③ 杜芸、赵顺龙：《美日德企业知识产权管理制度比较》，《科技管理研究》2010年第17期，第160—163页。

积极创造条件，鼓励员工参加专利律师资格考试，以此培养企业具有理工科背景、技术与法律相结合的复合型人才。[①]

(四)将知识产权战略作为企业长远的发展战略

目前，知识产权战略已经成为企业增强自身竞争力、保持长久生命力的强大武器。西门子公司树立的知识产权战略思想是：利用专利权垄断技术市场，使其产品在国内外市场拥有竞争优势，以保持和提高企业在国际市场中的占有率。

在创意产业部门中，计算机软件产业是重要的组成部分。1997 年，比尔·盖茨在考察过印度的软件业之后就曾预言，“未来的世界软件超级大国既不是美国，也不是日本，而是印度。”如今在印度，正在演绎着一幕越来越引起全球关注的“印度奇迹”。据印度国家软件和服务公司协会(NASSCOM)2008—2009 年度报告显示，尽管受到全球金融危机的不利影响，印度 2008 财年软件出口仍强劲增长 29%，达到 408 亿美元，占据全球软件市场 20%的份额，其中软件外包出口收入达到 160 亿美元。[②] 这与其软件行业的知识产权战略密不可分。据国际上最有影响的软件反盗版组织——商业软件联盟(BSA)的年度监测报告，印度的 PC 软件盗版率自印度软件业起步以来，在发展中国家中一直保持较低水平，远远低于人均国民收入水平三倍于印度的中国。

(五)超前的知识产权扩张意识

知识产权的特征之一是地域性。一般来说，经一国知识产权法律所保护的某项权利只在该国范围内发生法律效力，在其他国家不具有法律效力。然而，随着经济全球化的发展，各国企业必然会为了打进其他国家的市场而提前做好竞争准备。许多有远见的企业会在其他国家提前注册商标，等待商机，随后一举打入他国市场。

遗憾的是，我国商标被国外公司抢注事件层出不穷。如“大宝”在美国、英国、荷兰、比利时、卢森堡被抢注，“全聚德”、“三鞭酒”在韩国被抢注，“红星”在英国被抢注，“大白兔”在日本、美国被抢注，“英雄”和“同仁堂”在日本被抢注。此外，诸如“红塔山”、“安踏”、“海尔”、“长虹”、“女儿红”、“杏花村”、“王致和”等著名品牌也都遭遇国外抢注。这一现象倘若得不到应有的重视，将直接导致我国产品出口受阻，进而阻碍我国企业在国外的发展。

---

① 唐恒、刘佳、朱宇：《中小企业知识产权管理标准化研究》，《科学与科学技术管理》2009 年第 11 期，第 45—48 页。

② NSSCOM2008—2009 年度报告。

四、完善知识产权制度建设，优化创意产业发展环境

（一）理顺知识产权管理体制

我国创意产业中的一些行业属于文化部管理，而与信息技术联系密切的新兴行业又归属于工业和信息化部，同时，我国政府对知识产权实行分类管理：国家知识产权局、国家工商总局商标局、国家版权局分别负责专利、商标、版权等方面的管理事务。这必然会造成执法效率低、保护资源浪费、保护范围不完整等多方面问题，从而制约我国知识产权事业的发展。

若能设立一个知识产权管理机构，将专利、商标、版权等知识产权工作整合起来，下设具体分部，明确各自职责，构建高效的沟通渠道，从宏观到微观理顺我国的知识产权管理体制，则将完善我国的知识产权制度建设，优化创意企业的发展环境。

（二）建立健全法律法规和政策体系

随着我国融入世界竞争格局步伐的加快，我国法律中有关知识产权方面的欠缺部分，必须要尽快予以修订和完善，为我国的创意经济发展塑造良好的环境。另一方面，要出台有利于创意产业发展和参与国际合作与竞争的政策，为我国创意产业的茁壮成长保驾护航。

目前，中国《著作权法》正在修订中，修法重点之一是强化法律惩罚措施，强化执法保护知识产权力度。2011 年 7 月，中国《著作权法》第三次修订启动，分别于 2012 年 4 月、7 月公布草案第一、二稿并向社会公开征求意见。

提高著作权保护水平是本次修改著作权法的主要目标之一，第三次修改草案增加了行政执法措施，规定了权利人选择损害赔偿的方式，提高了法定赔偿标准，增加了惩罚性赔偿的规定，扩大了侵权者过错推定的范围，完善了技术保护措施和权利管理信息制度，进一步提高了著作权保护水平。

（三）严格执法，加大执法监督力度

保护知识产权的最基本方式就是严格执法。首先，要加强企业监管，打击各种侵权违法行为。其次，加强市场监管，防止侵权商品进入流通领域并最终流向消费者。重点是对互联网领域、进出口环节的知识产权保护工作。再次，加大刑事司法打击力度，严厉打击侵犯知识产权的行为。对于情节严重、影响恶劣的知识产权案件，要予以重罚。最后，加强行政执法和刑事司法的有效衔接，坚决追究侵犯知识产权犯罪分子的刑事责任。

五、处理好知识产权保护力度与创意产业发展的关系

从哲学上来说，处理知识产权的保护力度与创意产业发展的关系时，要拿捏好“度”，追求两者之间的平衡。这是因为，一方面，人们日益要求重视知识产权保护；另一方面，人们也开始重视更加开放的知识共享和更加宽松的许可制度。

（一）保护创作还是保护投资

这是真正的作者与投资商之间的利益较量。传统版权法中，激励创作的对象主要是独自创作的自然人作者。版权法赋予创作出具有独创性作品的作者以排他性的权利，以保护和鼓励创作行为。从这一点上来说，版权法的重心是保护创造。而随着电影作品、音像作品和软件作品的产生，从根本上说，离不开电影公司、音像公司和软件公司这些大型企业的巨额投资，它们为作品的创作提供了物质基础。所以，为了把巨大的经济投资引入到作品的创作之中，保护投资与保护创作一样，正成为版权法的一项越来越重要的责任。

（二）保护版权还是知识共享

在互联网技术、新媒体迅猛发展的时代，信息的开放、共享与快速传播趋势不可阻挡，在这个过程中，掺杂着版权纠纷、利益纠葛等。如果在共享名义下，侵权泛滥成灾，最终损伤的是文化原创力，网络资源将成“无源之水”；如果在版权保护中，设置过高门槛，失去使用便利，难以共享的资源将成“一潭死水”。如何在各方权利、利益的博弈中找到一个平衡点，使互联网企业和有关各方面能够理性地解决纷争，关键还在于建立科学合理的机制。国际上一些比较成熟的分享型网站，通过设置版权认证门槛，及时鉴别上传文本的版权，启动相关保护程序等措施，形成相对完善的版权保护机制，较为有效地兼顾了资源共享和版权保护，这些经验值得借鉴和吸收。①

（三）网络环境下的技术保护与知识产权规划

网络环境下，版权人的利益极易被侵犯，而当今各国版权法还不够完善，不能提供令版权人满意的保护，因此，版权人纷纷寻求自我保护。数字技术为版权人的自我保护提供了可能。技术措施和权利管理信息是版权人采取的权利保护及标示措施，将其纳入版权保护体系是版权保护在数字和网络环境下的新发展。②

---

① 摘自《版权保护与资源共享，如何两全其美》，http://ip.people.com.cn/GB/14326857.html.

② 马治国：《网络版权中技术措施的法律保护》，《科技与法律》2001 年第 2 期，第 41—46 页。

第五节 案例:苹果 VS. 唯冠:“iPad”商标之争

图 5—8

苹果公司,原称苹果电脑公司,是全球最大的手机生产商和 PC 厂商,也是目前世界上市值最高的公司,其核心业务是电子科技产品。最知名的产品是其出品的 Apple II、Macintosh 电脑、iPod 音乐播放器、iTunes 商店、iMac 一体机、iPhone 手机和 iPad 平板电脑等。

唯冠公司成立于 1989 年,是全球四大显示器生产商之一,提供显示类产品,产品在超过 50 个国家上市,世界各地均设有业务人员。由于资金问题,唯冠股份于 2010 年 8 月 2 日停牌。

表面上看起来并没有太多交集的两家企业,却因为一个商标——“iPad”而闹上了法庭。

一、案件介绍

2000 年,唯冠国际旗下的唯冠台北公司在多个国家与地区分别注册了“iPad”商标。

2001 年,唯冠国际旗下的唯冠科技(深圳)有限公司在中国内地注册了“iPad”商标的两种类别。

2006 年,苹果公司开始策划推出“iPad”时,发现“iPad”商标权归唯冠公司所有。2009 年,苹果公司与唯冠达成一项协议,唯冠台北公司将“iPad”全球商标以 3.5 万英镑价格转让给苹果。但唯冠深圳方面表示,“iPad”的中国内地商标权并没有包含在 3.5 万英镑的转让协议中,而且,唯冠深圳才是“iPad”商标权在中国内地的拥有者,唯冠台北公司没有出售权力,所以“iPad”的中国内地商标权不属于苹果公司。

为此,苹果公司和英国 IP 申请发展有限公司(下称 IP 公司)将唯冠深圳告上法庭。苹果公司一方诉称:2009 年 12 月 23 日,唯冠国际 CEO 和主席杨荣山授权麦世宏签署了相关协议,将 10 个商标的全部权益转让给英国 IP 公司,其中包括中国内地的商标转让协议。协议签署之后,英国 IP 公司向唯冠台北公司支付了 3.5 万英镑购买所有的“iPad”商标,然后英国 IP 公司以 10 英镑的价格,将“iPad”商标的所有权益转让给了苹

图 5—9 关于“iPad”之角力

果公司。

两原告请求法院判令注册号 1590557“iPad”、注册号 1682310“iPad”商标专用权归原告所有，判令被告赔偿原告因商标权属调查费、律师费所损失人民币 400 万元。

深圳中级人民法院于 2010 年 4 月 19 日受理该案，并于 2011 年 2 月 23 日、8 月 21 日、10 月 18 日三次开庭审理。2011 年 12 月，深圳中院做出一审判决：驳回苹果公司及 IP 公司的诉讼请求。案件受理费人民币 4.56 万元，由两原告承担。一审判决认为：原告要商业获取他人商标，应当负有更高的注意义务，应当按照我国的法律规定，与商标权利人订立商标转让合同，并办理必要的商标转让手续。而本案商标转让合同系原告 IP 公司与唯冠电子股份有限公司签订，且与被告之间的表见代理亦不成立。故原告的诉讼请求缺乏事实和法律依据，予以驳回。苹果公司不服判决，上诉至广东省高级人民法院。

图 5—10　唯冠与苹果“iPad”商标纠纷

2012 年 2 月 29 日，深圳唯冠与美国苹果公司“iPad”商标纠纷案二审在广东省高院开庭审理，法院未当庭宣判。2012 年 6 月，苹果公司与深圳唯冠达成民事调解，苹果公司向深圳唯冠支付 6000 万美元一揽子解决中国大陆“iPad”商标权纠纷。广东省高级人民法院表示，本案调解协议于 6 月 25 日生效。

据了解，苹果公司已向广东高院指定账户汇入 6000 万美元，并于 6 月 28 日向该案的一审法院——深圳市中级人民法院申请强制执行上述民事调解书。深圳中院目前已经向国家工商总局商标局送达了将涉案“iPad”商标过户给苹果公司的裁定书和协助执行通知书。这意味着双方的“iPad”商标纠纷案结束。

二、“iPad”商标权诉讼进程

2000 年　唯冠台北公司在多个国家和地区分别注册了“iPad”商标

2001 年　唯冠科技(深圳)公司在内地注册了“iPad”商标
2006 年　苹果公司在英国起诉唯冠闲置“iPad”商标败诉
2009 年　唯冠台北公司将“iPad”商标转让给苹果旗下 IP 公司
2010 年 4 月　深圳市中级人民法院受理苹果公司诉唯冠商标权权属纠纷案
2011 年 2 月　苹果公司诉唯冠商标权权属纠纷案开庭
2011 年 12 月　苹果公司诉唯冠科技商标权案一审判决败诉
2011 年 12 月　唯冠在深圳福田、惠州起诉了苹果公司当地经销商
2012 年 1 月　苹果公司向广东省高级人民法院提起上诉
2012 年 1 月　唯冠向上海法院申请禁止令要求禁售“iPad”产品
2012 年 2 月　苹果公司诉唯冠科技商标权案二审未当庭宣判
2012 年 3 月　唯冠破产清算遭拒
2012 年 6 月　苹果公司诉唯冠商标权权属纠纷案达成民事调解协议

三、案例分析

苹果公司与唯冠公司产生纠纷，最主要的原因就是“iPad”这一商标的权属不明确。

首先，我们来明确一下台北唯冠和深圳唯冠的关系。根据我国《公司法》的规定，经核准注册成立的公司，独立经营，独立承担法律后果，具有独立的法律人格。深圳唯冠与台北唯冠均是唯冠国际的子公司，两者具有独立的法律人格，其财产、组织机构、营业场所等都是分离的，双方不存在依附关系。台北唯冠并不拥有中国大陆的“iPad”注册商标使用权。因此，台北唯冠与 IP 公司所签订的商标转让协议，在没有深圳唯冠追认的前提下，对深圳唯冠是没有任何约束力的。

其次，深圳唯冠是否是“iPad”商标在大陆的注册商标所有人？根据我国《商标法》的规定，我国采用申请在先原则，谁先提出商标注册申请，在满足商标授予条件的情况下，谁将被授予注册商标专有权。只有当两个或两个以上的申请人同时提出商标注册申请的，才考虑谁使用在先。深圳唯冠在 2001 年经中国工商行政管理总局商标局核准，已经获得“iPad”的注册商标专有权。而苹果公司“iPad”产品进入中国市场的时间远远晚于深圳唯冠获得“iPad”商标的时间。虽然“iPad”商标的知名度与苹果公司的杰出贡献不无关系，但这不能从法律角度改变“iPad”商标的归属。

再次，知识产权保护具有地域性的特点，商标作为知识产权的重要组成部分，也具有地域性。苹果公司虽然获得了原归属于台北唯冠的商标权，包括在其他地区的“iPad”商标权，但这并不意味着它取得了“iPad”商标在中国大陆的商标专有权。但是，由于知识产权的无形性，知识产权很可能在其他国家被使用，越来越多的知识产权领域的侵权行为带有“跨国”性质。世界各国有关知识产权的法律对各种知识产权在取得、行使、保护范

围和保护期限等方面做了不同的立法规定，这也是导致法律冲突产生的原因之一。苹果公司坚持台北唯冠转让的“iPad”商标包括中国大陆的部分，并且声称台北唯冠在和苹果公司签订转让协议时，深圳唯冠公司完全知情并且同意转让中国大陆地区的“iPad”商标权。而深圳唯冠则坚称自己不是台北唯冠的全资子公司，因此台北唯冠公司无权代表深圳唯冠公司将中国大陆的“iPad”商标转让给苹果公司。

四、深度思考

“资本和技术主宰一切的时代已经过去，创意的时代已经来临。”当今世界已步入知识经济时代，知识产权保护是创意产业得以繁荣发展的重要保证。商标权作为知识产权的重要组成部分，应该得到包括创意企业在内的所有企业的高度重视。

在我国，商标权一般是指“能够将不同的经营者所提供的商品或者服务区别开来，并可为视觉所感知的显著标记”。商标对于一个企业的重要性主要体现在商标的功能上：首先，商标具有来源标示功能，它可以使企业产品与其余的成千上万的同类产品区分开来；其次，商标具有品质保证功能，LV、Chanel、Prada 等这些国际品牌的商标就是高品质的“代名词”；再次是广告功能，现代的商业宣传往往以商标为中心，在各种广告的“狂轰滥炸”下，消费者自然借助商标选择商品。种种迹象表明，商标对于企业非常重要，因此，当前越来越多的企业开始重视商标潜在的价值。

图 5—11　唯冠 PK 苹果

根据我国《商标法》规定，有的标识是禁止作为商标注册的。根据《商标法》第 28 条、第 30 条规定，对将与他人在同一种商品或者类似商品上已经注册或者初步审定的商标相同或者相似的商标申请注册的，不予批准。另外，对于以不正当手段抢注他人已有一定影响的商标以及侵犯他人其他在先权利的标识都不予批准。

我国的商标注册实行申请在先原则，即两个或两个以上的申请人，在相同或相似的商品上以相同或相近似的商标申请注册时，商标权授予最先申请的人。因此，我国企业，尤其是创意企业，一定要在商标设计好之后，第一时间向商标局提交商标注册申请，以免出现后顾之忧。

商标权是一种无形资产，具有经济价值，可以用于抵债，即依法转让。根据我国《商标法》的规定，商标可以转让，转让注册商标时，转让人和受让人应当签订转让协议，并共同向商标局提出申请。

在商标权的使用、转让、续展过程中，出现了若干侵权行为。根据《商标法》规定，有下列行为之一的，均属于商标侵权行为。一是未经商标注册人的许可，在同一种商品或类似商品上使用与注册商标相同或近似的商标的行为，又称使用侵权。二是销售侵犯注册商标专用权的商品的行为，即属流通领域的商标侵权行为，又称销售侵权。三是伪造、擅自制造他人注册商标标识或者销售伪造、擅自制造的注册商标标识的行为，又称为商标标识侵权。四是未经商标注册人的同意，更换其注册商标并将该更换商标的商品又投入市场的行为，在国外称为反向假冒行为。五是给他人的注册商标专用权造成其他损害的行为。

侵权行为的出现促使我们寻求解决问题的途径。然而，对于包括商标权在内的所有知识产权的保护，都需要从国家政府到企业和个人的共同努力。以商标权为例，苹果公司与唯冠之间商标案的出现，很大程度上与我国的知识产权法律法规还不完善有关。虽然这场纠纷已经落下帷幕，但是留给我们的思考却没有停止。如果我们不尽快从立法、执法、司法等层面完善知识产权法律法规，那么，还会有其他的侵权案不断发生。

创意是创意企业的生命线，而知识产权保护是维持生命线的重要保障。只有真正重视知识产权保护，完善知识产权保护的各项法律法规，才能使中国在21世纪这个创意经济的时代，长期立于不败之地！

思考题

1. 分析知识产权对于创意经济发展的重要意义。
2. 分析版权归属的基本原则。
3. 分析一个文化传媒领域的知识产权纠纷案例。

第六章 创意城市

本章要点

1. 创意产业与城市发展
2. 创意城市发展的基本理论
3. 创意城市的发展与评估
4. 创意城市联盟
5. 案例：柏林——设计之都，创意之城

第一节 创意产业与城市发展

城市是人类社会生活的核心部分，是社会发展的缩影。它不仅是一个国家或地区的经济中心，更是文化的集中地和创新发展之地。20 世纪 80 年代以来，城市由于在经济全球化进程中扮演着越来越重要的角色，使得城市的竞争在全球竞争中的地位变得越来越重要，国家与国家之间的竞争往往演变为城市与城市之间的竞争。在全球化趋势不断加强、国际竞争日益激烈的今天，伴随着创意阶层的迅速兴起，城市的发展水平也越来越体现在高度依赖创造力的创意产业活动上。

创意经济的先驱、著名经济学家熊彼特早在 1912 年就明确指出，现代经济发展的根本动力不是资本和劳动力，而是创新，而创新的关键就是知识和信息的生产、传播、使用。著名经济学家罗默也曾撰文指出，新创意会衍生出无穷的新产品、新市场和财富创造的新机会，所以新创意才是推动一国经济成长的原动力。城市发展同创意产业活动的互生共荣关系也越发紧密：一方面，城市为创意产业的发展提供了坚实的物质基础和发展空间；另一方面，创意产业的发展不仅为城市综合实力的提升提供精神动力和智力支持，还在创造城市经济价值和提升城市形象等方面起到很大作用。

一、城市转型为创意产业的产生提供了机遇

城市的兴衰与经济发展水平紧密相关，而城市与经济发展关系的根源则在于城市产业结构的演变。第二次世界大战后，随着工业化时代的逝去，传统工业逐渐从城市中心向城郊转移，城市中富裕居民阶层开始转向居住环境条件好的郊区，娱乐业、商业网点、体育设施、文化建设与相关的大量投资逐步流向了郊区，这使得原本繁华的城市市区建设日益困难。城市空间结构的变化不仅加剧了城市人口结构的变化和城市产业的空心化现象，而且也严重削弱了经济中心城市的经济地位。到 20 世纪 80 年代，世界主要经济中心城市都先后遭遇城市衰退，具体表现为：工厂大量搬迁、失业人口剧增、就业机会减少、人口大量外迁，导致城市缺乏支柱产业而发展疲软。

城市产业结构的演变，决定了解决城市衰退的唯一出路是进行经济结构的调整。对于城市而言，发展传统工业，似乎面临着越来越多的问题：土地价格昂贵、水资源严重匮乏、治理环境污染的成本急剧上升、市内交通运输和公共设施不堪重负、劳动力成本连年提高，等等。这种种的问题都表明：依靠消耗资源和能源发展起来的传统工业城市已经无法适应当前时代的要求，城市必须寻求新的发展方向才能获得可持续的发展，才能增强城市的竞争力。城市转型的迫切需求为创意产业的发展提供了良好的机遇。创意产业作为高端的现代服务业，属于知识密集型产业，消耗的物质能源较少，而且具有高附加值、渗透性强、辐射力强等特点。在这种背景下，创意产业在城市转型中应运而生，并发挥了重要的作用。

[案例精选]

伦敦作为一个老工业化城市，在“二战”后，支撑经济的传统工业部门由于难以适应新型工业结构，在国民经济中的比重迅速降低，呈现一种不可挽救的衰退之势。在土地资源、环境资源等客观条件限制其低端制造业发展的形势下，创意产业获得了发展的机会。1997 年，英国政府将发展文化创意产业列入国家重要政策，并特别成立了文化媒体体育部，对于广告、建筑、设计、电影、游戏、互动软件等 13 种产业，以群聚的方式加以辅导，提供创业基金，并为创意工作者提供相互交流的平台。与此同时，2000 年由伦敦发展局牵头，15 个政府部门和 10 个民间协会共同合作，制定了《伦敦科学知识与创新战略规划》，在伦敦引发了一场科教创新的浪潮。根据《创意产业专题报告》，英国创意产业的产值已超过任何制造业对 GDP 的贡献度。单就伦敦而言，创意产业的贡献度则已经超越金融服务业。这使得创意产业不仅得到了发展的机遇，还帮助伦敦市成功实现了产业结构优化和城市的转型。

图 6—1　伦敦眼——伦敦的地标之一

图 6—2　位于泰晤士河南岸的泰特现代美术馆

二、城市中的旧工厂区是孕育创意产业的原生态土壤

随着经济的发展，城市化水平的进一步提高，那些在城市转型前发挥重要角色的旧工厂厂房、仓库，还有不少生产建筑面临着被淘汰的危险。然而，这些旧工厂区虽然无法发挥原有的生产作用，却能被一些创意人士所利用，将其改造成为充满艺术性和设计感的创意摇篮。

从创意产业的发展过程来看，创意产业集聚区的形成是创意城市发展的根基和支持。通过集聚区的集聚效应，不断培育创意市场，构建并完善创意产业链，从而形成新的产业发展群落，促使创意产业在城市的生根与强盛。城市中的旧工厂区即具备发展成为创意产业集聚区的条件：为了适应集约性工业生产需求而建造的厂房和仓库，具有聚焦和便于交流的特点，非常符合创意产业的需求。对于创意人士而言，他们所从事的艺术创作活动既具有独立性、自由性和灵活性，同时也需要群体的配合与协作。旧工厂区的组织构成恰好符合了艺术家的艺术创作需求，为创意产业的产生提供了适宜的空间和生存环境。

[案例精选]

上海市苏州河南岸半岛地段的莫干山路 50 号因为“M50 创意园”而被大众熟知，这个原是棉纺厂、毛纺厂、面粉厂等老厂房聚集的旧厂区如今已不再局限于园区空间的艺术铺陈，而是“满载着对整个创意产业链的向往，全身心地繁衍一个创意机构，一个创意品牌，一个创意产业”[①]。

莫干山路 50 号历史工业区位于苏州河南岸中段，从 1937 年筹建信和纱厂以来，先后改名为信和棉纺厂、羊毛纺织厂、上海第十二毛纺厂和上海春明粗纺厂。1999 年，春明

---

① http://www.m50.com.cn/About.html.

粗纺厂由于经济效益下滑停产歇业，面临着土地闲置与下岗工人安置的问题，当时的普陀区政府将整块地转租给了房地产开发商，做整体的开发改造。按原制定的城市规划，这些厂房都要拆除用来建造高层住宅楼，在一时还没有实施的时候，一些艺术家看中了这片位于苏州河边，保存了从20世纪30年代到90年代各个阶段建筑风格的老厂房，陆续来到这里租下厂房作为工作室使用。后来人越聚越多，开始经常在这里举行各种艺术交流活动。原来要拆迁厂房的计划，也由于艺术家们的不断请愿呼吁而停滞下来。

图6—3 M50文化创意产业园保存下来的厂房

图6—4 M50涂鸦墙

2004年在上海市的文化工作会议中，春明粗纺厂被命名为视觉艺术特色街区；2005年上海市经济委员会授牌为第一批创意产业聚集区。至此，莫干山路50号的工厂因为艺术家们的入驻促成了文化创意产业的集聚，春明粗纺厂也由最初的靠出租厂房来维持工人生计的旧厂房转变成为如今的M50文化创意产业园区。现如今，这里不仅聚集了许多国家和地区多个艺术家的画廊和平面设计、建筑师事务所、影视制作、动漫制作、环境艺术、服装艺术品设计等工作室，还自主打造了M50设计联盟、M50创意设计孵化器、吾灵网、M50吾灵艺术创意生活馆、M50创意产品交易平台等有助于推动产业发展的文化创意项目，对外承接各类设计、场地租赁、礼品定制、创意活动等业务。

三、城市为创意产业的发展提供保障和动力

纵观全球，凡是具有国际影响力的大城市，通常也是本国创意产业发展水平较高的地区。无论是美国的纽约、法国的巴黎，还是日本的东京，这些城市不仅经济发达、现代化水平较高，同时也是创意产业的集聚区，凭借独具特色的创意产业闻名世界。正是有这些城市的存在，才能为创意产业的发展提供坚实的物质基础和文化支撑，才能促进创意产业的长足发展。

（一）产业基础

创意产业的发展离不开传统制造工业的支持，创意自身价值的实现必须以相关的工

业产品作为基础，同时创意产业也凭借其高附加值在不断提升制造业的竞争力。一方面，对于城市中的传统工业而言，在经济转型的背景趋势下，面临着全面升级的需求，这一升级过程即是依靠创意产业来实现。通过与创意产业的结合，形成了工业设计、广告设计、软件设计、建筑设计、环境设计等为工业提升能级的创意设计；另一方面，伴随着制造业的升级，中产阶级消费市场对于产品的需求已经不仅仅局限在其功能价值，而是产生了对"品位个性与深厚文化内涵"的高附加值消费的巨大需求。消费需求的转变和升级可以为创意产业的崛起提供强大的拉动力。此外，经济中心城市往往产业门类齐全，生产制造和服务的配套能力强大，可以迅速实现创意产业化、创意产品市场化的需求。

(二)智力支持

城市是知识分子的聚集地，高等院校、科研机构和各类文化团体的存在为城市积累了丰厚的知识和技术人才，为创意经济提供了优秀的人力资源。这些优秀的人力资源，不仅包括创意产业的生产制造者，同时也包括创意产品的消费者。创意产业是文化与产品的结合，需要消费者具有一定的鉴赏能力才能真正领悟产品中的文化内涵。在教育程度较高的城市中，众多受过良好教育的市民是创意产业最需要的受众和客户基础。

根据理查德·佛罗里达在《创意阶层的崛起》中的观点，创意阶层偏好多元化，具有包容性。多元化象征着不同种族、不同年龄、不同性倾向以及各种外表打扮的人。多元化也代表"刺激"与"活力"。创意人喜欢各种影响力的融合，希望跟不同的人交朋友、交换不同的观点、争论各种议题。各种创意人混合，各种新观念共存，才能产生新的组合。城市是人才汇集、人才交流的中心，国际移民以及其他城市的移动人群构成了城市人口的重要组成部分，新移民具有多元的文化背景，多元文化之间的相互交流成为了创意产业兴起的文化基础。

[背景延伸]

理查德·佛罗里达在《创意阶层的崛起》一书中提到："像一个具有多样性的工作单位一样，一个具有多样性的社区也是一个地方对外开放的标志。正如内部员工福利可以表明，一个潜在的雇主是开放和宽容的，有开放的同性恋社区存在的地方也传达出了类似的信号。有些人说，他们特意寻找这样的地方去居住，尽管他们自己并不是同性恋。还有一些人积极寻

图 6—5　"光合作用"书店

找同性恋社区，是出于对他们的礼貌、活力、安全以及社区意识考虑的。”①

(三)文化氛围

按照佛罗里达的创意资本理论，创意阶层需要有刺激的新环境，同时因为久坐和工作时间的不确定性，所以需要多姿多彩的夜生活；需要能随时参与的街头文化，需要能够与他人互动交流的场所，需要方便的、能流汗的体育锻炼设施。所以，咖啡馆、酒吧、小剧场、小广场、住家附近的小径或公园、有特色的餐馆、书店等小规模的、有活力的、非正式的、街头形式的各种便利设施和各种艺术展等文化活动对创意人士具有更强的吸引力。显然，只有城市中心可以为创意阶层提供他们所需要的充满活力的文化和生活氛围。纵观国内的主要创意城市，无论北京还是上海，城市中各具特色的公园、广场的设置，大量书店、咖啡馆和酒吧的存在，都为创意人士提供了交流和创作的空间；而丰富多彩、种类繁多的文化生活，比如各类戏剧演出、音乐节、体育赛事等等，都是吸引创意阶层聚集的重要因素。

四、创意产业提升城市的综合竞争力

创新是提升竞争力的源泉和动力。21 世纪是城市竞争的世纪，这种竞争从一定意义上也可以说是城市文化生产力的竞争，核心是文化创意的较量。城市竞争力是推动城市发展的原动力，而文化创意已成为一个城市未来竞争的制胜法宝。目前，决定城市综合竞争力的主导因素正由资本、资源等经济优势转向人才、制度、环境、创新等文化创意优势。创意产业以其强大的创造性激发了城市的活力，并构成城市竞争力的主要来源。创意产业之所以能提升城市竞争力，是由其自身的特点决定的。

(一)创意产业促进城市产业结构的升级、优化，拉动城市就业

城市是人口的聚集地，也是产业的聚集地，城市的竞争和发展主要是通过产业来实现的。城市竞争力的提升必须具备有竞争力的产业支撑。创意产业作为未来城市在经济发展中的基础，同样也是城市产业竞争力的重要动力。随着 20 世纪中叶以后，发达国家从工业性功能向服务性功能的转变，第三产业的比重开始不断上升。创意产业是从高新技术产业中分离出来的高端现代服务业，具有附加值高、资源消耗少、知识密集的特点。同时，由于具有占地少和无污染等共性特点，所以发展创意产业可以大幅度提高传统制造业产品的文化和知识含量，提高产品附加值，有利于推动产业结构升级，优化第三产业本身的内部结构，焕发中心区活力，进而提升城市竞争力。

---

① 〔美〕理查德·佛罗里达：《创意阶层的崛起》，中信出版社 2010 年版，第 261 页。

创意产业在不断扩张的同时，通过融入相关产业价值链环节，可以显著改变传统产业的内容，带动一系列相关产业的发展。创意产业的越界性能使其与制造业、生产者服务业相互合作与渗透而形成多样化的产业结构，从而赋予城市巨大的竞争优势。它所引发的城市新机遇，吸引了越来越多的投资者，加快了城市人流、资金流、物流和信息的流动速度，大大提升了城市的集聚和扩散功能。同时，在创意产业的发展过程中，艺术家、经纪人、生产商、销售商等不同的参与者被联结起来，并最终出现了一条横跨不同产业和企业的协作链，而链条中的各个环节涵盖各种类型的具体产业，这对诱发相关产业的发展具有重要的作用。

由于创意产业的门类很广，加上其带动的关联产业（如展览设施经营、表演经纪、活动策划、出版行销等）的发展，创意产业通过其独特的方式为城市提供了大量的就业机会。根据伦敦政府经济委员会推出的《伦敦创意产业研究报告》显示，2000 年，创意产业以 52.5 万名雇员的就业量排名伦敦各产业的第三位，其中包括在创意产业部门直接就业的人员和在其他产业从事创意型工作的人员。创意产业是伦敦第二大就业高增长产业，每五个新增职位中就有一个来自创意产业部门。

[背景延伸]

约翰·霍金斯在其《创意经济》一书中披露：2004 年，七大工业国中半数以上的工作人员从事创意产业，而且其增长速度比传统服务业快 2 倍，比制造业快 4 倍。他预测，未来 20 年，城市创意产业的就业人口将占世界城市总就业人口的 25%，创意产业将成为一个最为重要的就业部门。①

（二）创意产业吸引创意人才，促进城市创新能力

创意产业是一个依靠个人才华、技能与天分的产业，培育大量具有各种创意思维与技能的创意型人才是发展创意产业的关键。理查德·佛罗里达在《创意阶层的崛起》一书中认为，一个城市的成功，取决于这个城市拥有的创意者阶层。城市发展创意产业，有利于吸引各类创意人才，为其提供发展空间和互动交流的平台，并进一步通过创意人才的努力，不仅在创意产业领域而且渗透在各个方面来全面提升城市的创新能力。比如，已故的著名视觉艺术大师陈逸飞就为推动上海的创意产业发展作出了重要的贡献，他曾将自己的创意开发成一系列的产业，如绘画艺术、服装设计、出版、时尚、电影等一系列门类的创意产业链。美国著名导演斯皮尔伯格执导的许多经典电影都曾作为美国年度出口产品的主要代表。还有许多设计师、创作人、艺术家等作为核心创意人才，大大推动了

---

① John Howkins. *The Creative Economy*: *How People Make Money from Ideas*, Penguin Global, 2004.

图 6—6 陈逸飞油画作品

城市创意产业的发展。

创意产业与其他产业最大的不同之处便在于其创新性，创新对城市竞争力的提升具有重要意义。随着国家之间和城市之间的竞争日趋激烈，根据熊彼特的创新理论，任何一种技术、工艺、商业模式的创新都可能在很短的时间内为竞争对手所知晓和模仿，只有创造力是无法模仿的。所以要想始终领先对手，唯一的办法是不断创新。创新可以成功造就一个产品、企业或城市、地区的品牌价值，成熟的品牌价值作为无形资产促进招商引资，使城市的货币资本得到增值；同时，创意产业的从业者本身也是一种智力资本。这样，创意产业的发展会促进一个城市货币资本、品牌资本、智力资本的共同增值，从而提升城市竞争力。创意以其强大的创造性激发了城市的活力，并直接构成城市竞争力的主要来源。基于创新的创意产业以其不同于传统产业的运作方式，创造着巨大的经济效益。创意产业既是一条产业价值链又是一条文化价值链，而这正是城市创新能力的体现，创意产业为构建城市创新能力提供了极为重要的新方式。

［背景延伸］

“创新”一词最早是由美国经济学家熊彼特于 1912 年出版的《经济发展理论》一书中提出的。熊彼特认为，所谓创新就是要“建立一种新的生产函数”①，就是要把一种从来没有的关于生产要素和生产条件的“新组合”引进生产体系中去，以实现对生产要素或生产条件的“新组合”。熊彼特的创新理论包括下列 5 种具体情况：

1. 开发新产品，或者改良原有产品；
2. 使用新的生产方法，比如改手工生产方式为机械生产方式；
3. 发现新的市场，比如从国内市场走向国际市场；
4. 发现新的原料或半成品，比如使用钛金属做眼镜的镜框；
5. 创建新的产业组织，比如新兴的培训公司。

（三）创意产业有助于提升城市的形象和文化品位

Ashworth 和 Voogt 认为，发展创意产业能够通过形象提升起到“地域营销”的作用。

① 〔美〕约瑟夫·熊彼特：《经济发展理论》，商务印书馆 1990 年版。

城市形象是人们对城市的看法、观念和印象的总和，有效的城市地域营销既可通过多元文化的融合达到提升城市整体形象的目的，同时也有利于输出城市文化和张扬城市个性，树立城市品牌优势在增强城市对消费人群的吸引力、提高城市空间的经济价值、打造文化特色和符号象征中有多重作用。与普通商品的消费不同，创意产品的消费往往带有文化体验的意义，在消费的同时也缩短了城市与消费者之间的文化距离，增强了城市的亲切感，并使城市品牌在无形中得到大范围的和深度的推广。所以，以文化为载体的创意产业在某种程度上实现了创意产品与城市地域的协同营销，进而使产品与城市的品牌价值得以达成互动增值的良性发展格局。①

创意产业因为其涵盖的行业类型大多以知识创造为基础，以文化为载体，以艺术与审美为形式提供产品，所以有时也会被当作文化创意产业来理解。文化创意产业不像传统产业那样注重产品标准化，它强调的是个性化。老牌创意城市如纽约、伦敦、巴黎、东京、巴塞罗那等，不一定是全球的经济中心城市，但一定是国际文化交流的中心城市，它们通过个性化的消费和创意化的生活展现城市的魅力和城市品位。香港、台北、北京、上海等也已新近进入了世界创意地区与城市的排行榜，这与它们把提升创意产业与塑造成熟文化品格作为城市发展战略取向来大力推进密切相关。文化在每个国家、地区和城市有着不同的特色，这正是创意可以发展多样性的原因。随着近几年来经济的发展和城市化进程的加快，城市间的同质化现象也越发严重了。每座城市展现出的都是以高楼大厦为主的现代化景观，却失去了专属于自己的“城市名片”。

图 6—7　巴黎夜景

① 《创意产业促进城市发展的内容与途径》，http://www.gzxz.gov.cn/Item/6924.aspx.

图6—8 台北"诚品书店"

一个城市的经济增长不仅取决于该城市的物质生产部门，在很大程度上也与该城市的文化传统、民俗风情、社会风气、地理环境、气候条件等因素密切相关。作为一种重要的文化资源，城市特色文化同具体产业的结合，往往能创造出巨大的经济效益。利用城市文化资源，尤其是特色文化，繁荣文化创意产业，是增强城市实力、活力、魅力的必然选择。将城市中的名人文化、环境文化、建筑文化、物产文化、民俗文化、学术文化、革命文化、宗教文化等无尽资源开采出来加以利用，重视文化建设，提高文化品位，以文化来塑造城市形象，展示城市品牌，将城市建设成为先进文化和时尚潮流的载体，是增强城市综合竞争力和城市现代化的迫切要求，也是城市发展长盛不衰的关键。

第二节 创意城市发展的基本理论

一、创意城市的概念及相关研究

"创意城市"是由英语"Creative City"翻译过来的，即基于创造力驱动发展的城市。创意与城市的搭配似乎很容易被人们接受，也很容易引起我们对城市无尽的联想和想象。创意形成创意产业，创意产业构筑创意城市，创意城市又萌生新的创意。如果人们要追根溯源最早的创意城市思想，可以追溯到维多利亚时期约翰·拉斯金和威廉·莫里斯所创立的文化经济学。而帕特里克·盖迪斯和刘易斯·芒福德则是首先将拉斯金和莫里斯的思想引入到创意城市研究中来的人。但对创意城市理论的真正研究则是随着最近创意经济时代的到来才开始的。在全球创意产业与创意经济持续发展的进程中，创意已经被认作是制造财富和就业机会、世界城市的持续发展、科技变革、商业革新和提升城市和国家竞争力的经济推动力。创意城市现已引起世界各国、各地政府与学术界的重视。

［背景延伸］

在迄今为止的创意城市理论研究中，创意城市的概念最早是由彼得·霍尔提出的。他在《城市的文明》一书中指出，创意城市自古就有。城市是人类文明的结晶、文化诞生的摇篮，几乎人类所有的创造性都与城市有关。他于2000年探讨了不同历史时期雅典、佛罗伦萨、伦敦、巴黎、维也纳、柏林六座创意城市的发展历史。根据这些国家城市的发展历程，他发现创意城市一般具有拥有财富聚焦人才和处于较为动荡的社会意识环境中等特点。经济地理学家安迪·普拉特也认为，一座拥有创意产业的城市并不能简单地等同于创意城市，是否成为创意城市的关键在于这座城市是否能够为创意产业提供长期可持续发展的土壤。

英国学者查尔斯·兰德利可以说是当代"创意城市"研究的代表性人物，作为英国创意城市研究机构 Comedia 的创始者，他在其代表作《创意城市：都市创新的工具书》的开头就清楚地指出其研究著作的诉求："本书描述一种新的都市规划策略方法，检视人们如何在城市中以创意的方式进行思考、计划与行动；探索我们如何可以透过驾驭人们的想象力与天分，使我们的城市更适合居住与更具活力。"[①]兰德利认为：城市要达到复兴，只有通过城市整体的创新，而其中的关键在于城市的创意基础、创意环境和文化因素。因此，任何城市都可以成为创意城市，或者在某一方面具有创意。

在国内创意城市理论研究文章中，被誉为"中国创意产业之父"的厉无畏在2009年《迈向创意城市》一文中指出："创意城市不是严格的学术概念，而是一种推动城市复兴和重生的模式。它强调消费引导经济，以科技创新和文化创意双轮驱动经济发展。在全球性竞争日趋激烈、资源环境的约束日渐增强的形势下，它使地方城市从主要依靠自然客体资源的发展转向着重开发人类主体资源，努力解放文化生产力，重塑城市形象，再获生机，实现持续发展的战略转型。"[②]

整体来看，国内关于创意城市的大多数文献，一方面是从创意城市的产业层面来展开研究，如北京大学城市与环境学院教授王缉慈从产业集群理论出发探讨了我国城市发展创意产业集群的背景条件。她认为，创意产业的发展并不仅是个人和单个企业的行为，而是需要集体的互动和企业的地理集聚，这就是集群的环境。中国人民大学文化创意产业研究所所长金元浦在《世界创意经济浪潮正在勃兴》一文中则主要论述了城市文化创意产业、创意资本的价值对一个国家和地区发展的重要意义，并深入地分析了创意产业发展的现实环境。

---

① Charles Landry, *The Creative City: A Toolkit for Urban Innovators*, Earthscan Publications Ltd., 1st edition.

② 厉无畏：《迈向创意城市》，《上海经济》2008年第11期。

另一方面则是对创意产业与城市发展关系的研究，各地区分别结合自身所处地域特点，提出当地创意产业发展的主要思路，其中尤以上海、北京、杭州等城市居多。比如，厉无畏、于雪梅从实证的角度，结合上海创意产业基地发展的现状，分析了我国创意产业集群的新特征及趋势，探讨了创意产业集群发展的集群优势效益问题，并在此基础上提出了促进创意产业发展的路径。刘丽、何有缘从营造创意产业集群的基础条件、创意产业环境的基本建设和创意产品品牌建设三个方面，分析了北京市建设创意产业品牌城市的路径。郭立伟、何树贵、饶宝红以杭州为例，通过对杭州 LOFT49 等五个创意产业园区企业的实地调查和访问，认为要从加强推动创意产业发展的制度建设、扶持中小型创意企业、加强园区建设、引进人才等方面推动杭州创意产业的发展。

二、创意城市的类型

霍斯珀尔(Hospers,2003)根据经济与城市发展的历史进程，总结出四种类型的创意城市。[①]

(一)技术创新型城市(Technological - Innovative Cities)

这类城市多为新技术得到发展或者是技术革命的发源地。一般是由一些具有创新精神的企业家，即熊彼特所谓的“新人(newmen)”，通过创造既相互合作又专门化分工并具有创新氛围的城市环境而引发城市的繁盛。这类创意城市大多把科技创新作为基本战略，通过优化创新环境，加大科技研发投入，加强科技创新基础设施建设，大幅度提高科技创新能力，形成日益强大的具有竞争优势的城市。通常可以使用发明专利数量、研发投入占 GDP 比重等指标来衡量一个城市的科技创新能力。早期以制造业、钢铁业为主要发展方向的工业城市多是属于技术创新型城市，而在当代则是指以硅谷为代表的、以高新科技为发展重点的新兴城市。

[案例精选]

底特律是美国密歇根州最大的城市，同时也是位于美国东北部的一座重要的港口城市和世界传统汽车中心。1896 年福特在此研制出他的第一辆汽车，1908 年福特再次开发出“流水线”作业法，1920 年底特律的汽车产量就雄踞全球之冠并延续至今，获得“汽车城”的美誉。1900 年到 1920 年，底特律的人口增加了 10 倍，制造业就业人数同期增长了 20 余倍，尤其“一战”后，美国南部黑人大规模向北部城市迁徙，为底特律带来了更多的廉价劳动力。到 1930 年代，底特律成为一个以制造业为主的大型城市，在中西部仅次于芝

① 汤培源、顾朝林：《创意城市综述》，《城市规划学刊》2007 年第 3 期。

加哥，制造业的产值超过全市总产值的70%，就业人口超过全市就业人口的75%。

图6—9　美国底特律车展

美国圣何塞市的硅谷是随着20世纪60年代中期以来微电子的高速发展而逐步形成的。其特点是以附近一些具有雄厚科研力量的美国一流大学（如斯坦福、加州大学伯克利分校等）为依托，以高科技的中小公司群为基础，并拥有思科、英特尔、惠普、苹果等大公司，融科学、技术、生产为一体。80年代后，随着生物、空间、海洋、通讯、能源材料等新兴技术的研究机构在该地区纷纷出现，硅谷客观上成为美国高新技术的摇篮。2006年硅谷总共有225300个高技术职位，每1000个在私营企业工作的人里有285.9人从事高科技行业。硅谷的GDP占美国总GDP的5%，而人口不到全国的1%，现在硅谷已成为世界各国高科技聚集区的代名词。

图6—10　美国硅谷英特尔博物馆

（二）文化智力型城市（Cultural - Intellectual Cities）

与技术创新型城市相反，这类城市偏重于“软”条件，例如文学和表演艺术，通常都是出现在现存的保守势力和一小群具有创新思维的激进分子相互对峙的紧张时期。主张改革的艺术家、哲学家、知识分子的创造性活动引起了文化艺术上的创新革命，随后形成了吸引外来者的连锁反应。古典时期的雅典、文艺复兴时期的佛罗伦萨、17世纪的伦敦和巴黎都属于文化智力型城市；而在当代则多指汇聚高等学府的文化名城，如德国的海德堡、爱尔兰的都柏林等。

［案例精选］

佛罗伦萨作为文艺复兴的发源地和最大中心，当时城市政府和七大行会已掌握文化领导权，教会对文化的控制大为削弱，在城市环境中成长起来的新的知识阶层热衷于世俗文化和市民文化的建设，尤其注重用古典文化来排斥、改造封建的教会神学文化。在教育普及、新人辈出的基础上，佛罗伦萨市民的整体素质大为提高，社会上形成了重视自由、善于创新、尊重人才、讲究效率的新风气，结果这个只有十万人口的城市在各行各业，在政法、文教、艺术、科技各界皆有出类拔萃的精英出现，为意大利各城市乃至欧洲各国

图 6—11 佛罗伦萨街道雕塑

图 6—12 德国海德堡大学

争相邀请聘用。14 世纪初，佛罗伦萨就培育了新文学和新艺术的两位开山祖师——诗人但丁和画家乔托。在但丁之后，有彼特拉克和薄伽丘继续高举人文主义和新文学的大旗；在乔托之后，则有整个佛罗伦萨画派绵延数百年、足可比肩于古典甚至超过古典的艺术繁荣。

海德堡是德国具有悠久历史的城市之一，在许多人的心目中，海德堡是浪漫德国的缩影。800 多年间，有许多诗人和艺术家来到海德堡，为海德堡深深心折过。19 世纪德国浪漫主义在海德堡的发源和发展，使海德堡成为了德国浪漫主义的象征地和精神圣地。有许多伟大诗人和艺术家的传记不能略过海德堡，没有一部世界文学史的著作可以略过海德堡。在海德堡，“城”即是大学，校舍星罗棋布于各个角落。16 世纪的下半叶，海德堡大学就成为欧洲科学文化的中心。海德堡大学是德国最古老的大学，也是中欧地区的第三所大学，历史仅次于捷克斯洛伐克的布拉格大学和奥地利的维也纳大学。海德堡大学的不少科系享誉世界，在 2000 年德国高校排名中，海德堡大学名列第 1 位。

(三)文化技术型城市(Cultural - Technological Cities)

这类创意城市兼有以上两类城市的特点，技术与文化携手并进，形成了所谓“文化产业”(cultural industries)。相应地，霍尔也曾提出“艺术与技术的联姻”(the marriage of art and technology)，认为这种类型的创意城市将是 21 世纪的发展趋势，将互联网、多媒体技术与文化睿智地结合在一起，文化技术型城市将会有一个黄金般美好的未来。新世纪是技术和文化共同发展的时代。以通信、电脑和网络为三大要素的信息化技术，和设计、演艺、娱乐、影视、报刊、出版等创意产业之间形成一种强大的融合趋势。电影艺术这种结合视听技术的综合艺术门类开始诞生，美国好莱坞和印度宝莱坞都是以电影产业作为主要的发展对象；此外，巴黎和米兰的时尚产业、上世纪 90 年代曼彻斯特的新摇滚乐，也都是这些城市发展成为文化技术型城市的重要内容。

［案例精选］

图 6—13 宝莱坞电影多为音乐片

孟买是印度电影的诞生地，1896 年 7 月 7 日在此拍摄印度第一部电影，最初是无声电影，后来在 20 世纪初加上了马拉地语对话，形成了印度最古老的电影配音。看电影几乎是印度人唯一的娱乐方式，孟买拥有 75 座多幕影院和 30 多座单幕影院，其中还包括亚洲最大的 IMAX 圆顶剧院，在这里唱主角的是宝莱坞、马拉地语和好莱坞电影。宝莱坞广义上是指“印地语电影”，狭义上即为孟买西北郊外的孟买电影城。虽然印度仍然有三分之一的人无法解决温饱，但每年出产的电影却有 1000 多部，其中四成出自孟买的宝莱坞，数量早在 40 年前就已经超过了好莱坞。印度政府在认识到本国电影业的潜力之后，于 2006 年正式将电影业列入国家重点扶持的支柱产业。

图 6—14 2013 年米兰时装周

2009 年，在由全球语言监测机构发布的最新年度顶级时尚城市评选中，米兰终结纽约长达五年对“全球最时尚城市”位置的占据，成功占领全球时尚阵地。孕育于厚重艺术积淀的时尚产业推动米兰由传统的工业经济中心转型成为全球瞩目的汇集时装、旅游、奢华、会展等众多功能的国际化大都市。曾经的米兰是意大利文艺复兴时期的艺术重镇，众多艺术家在此创造、工作，给这座城市留下了厚重的艺术文化积淀，不论是建筑古迹还是美术作品，都为米兰营造了最精彩的艺术氛围和设计空间。当今的米兰作为一座由 T 型台组合起来的时尚之都，拥有着蒙提拿破仑街为代表的购物天堂、世界知名的斯卡拉剧场等娱乐设施，米兰依托传统文化优势定位，全面打造时尚都市氛围。

（四）技术组织型城市（Technological－Organizational Cities）

技术组织型城市多是在政府主导下与当地商业团体公司合作，推动创意行为的开展。人口大规模聚居给城市生活带来了种种问题，比如城市生活用水的供给，基础设施、交通和住房的需求等，这些问题的原创性的解决方案造就了技术组织型的创意城市。比如恺撒时期以引水工程而闻名的罗马、19 世纪地铁系统比较发达的伦敦和巴黎，还有在当代因为港口区复兴而引起关注的鹿特丹。

［案例精选］

第一条伦敦地铁建于 1863 年 1 月 10 日，这也是世界上最古老的地铁系统，是为了解决当时伦敦的交通堵塞问题而建的。到了 1880 年，扩展后的大都市铁路每年运载 4000 万名乘客。与此同时，其他路线也迅速跟进。1884 年，内环线（现在的环线）竣工。作为世界上最古老的地下铁路网，伦敦地铁系统拥有 275 个车站、长达 250 多公里的运营线路，每天运送乘客 300 余万人次，高峰时期有 500 多辆列车同时投入运行。时至今日，伦敦地铁在总里程和车站数量上仍居世界之首，伦敦也因此被称为“建在地铁上的都市”。

图 6－15 UNDERGROUND——伦敦地铁标志

伦敦人做了很多随身版的地铁图。封面是一幅现代抽象派作家的作品：用各色牙膏状颜料绘出的仿地铁全图的画作，它的原作保存在伦敦现代艺术馆里。在每一座地铁站里，乘客都可以免费取一份比 B5 纸长一点的小地铁图。在旅游纪念品商店里，他们将伦敦地铁全图的图案印在杯子上、钥匙链上、T 恤上、雨伞上和书包上，甚至印在胸罩和内裤上，地铁图简直是随处可见。

图 6－16 伦敦地铁是世界上第一条地下铁道，总长超过 400 千米

第三节　创意城市的发展与评估

一、创意城市发展的核心要素

创意城市首先是植根于本地文化之中的，因此每个城市都有自己的专属魅力。我们会发现，世界各地的创意城市都富有独特的创意因子和鲜明的形象特征。城市的创意元素不是唯一的，但背后却都有着共同的必备条件和核心要素。兰德利(2000)、霍斯珀尔(2003)、佛罗里达(2003)、格雷瑟(2004)以及一些国内的研究者在对创意的特点与内涵进行描述的基础上，对影响创意城市形成的重要因素进行了论述，提出了"七要素"、"三要素"、"3T"、"3S"等理论。

表 6—1　关于创意城市构成要素的理论研究

代表人物	理论	主要内容
兰德利	七要素理论	创意城市是建立在人员品质、意志与领导素质、人力的多样性与各种人才的发展机会、组织文化、地方认同、都市空间与设施、网络动力关系七大要素的基础之上。通过这些要素，营造出所谓的创意环境。
霍斯珀尔	三要素理论	集中性(Concentration)：不仅仅体现在人口数量上，交互的密度更为重要； 多样性(Diversity)：不仅仅是城市居民的个体差异，还包括他们不同的知识、技能和行为方式，甚至扩展到城市不同的意象和建筑； 非稳定状态(Instability)：引发创意的不可或缺的基本因素。
佛罗里达	3T 理论	技术(Technology)是一个地区的创新和高科技的集中表现； 人才(Talent)则指那些获得学士学位以上的人，即创意阶层； 包容度(Tolerance)可以定义为对所有少数民族、种族和生活态度的开放、包容和多样性。
格雷瑟	3S 理论	技能(Skills)、阳光(Sun)、城市蔓延(Sprawl)

结合以上的理论和各国发展创意城市的现状，我们可以将创意城市发展所需的核心要素概括为以下三个方面：人才、硬件设施和政策支持。

(一)人才需求

佛罗里达在《创意阶层的崛起》一书中将创意产业所需的人才定义为创意阶层。创意阶层是城市中除了劳动阶层和服务阶层以外的新兴人群。属于创意阶层的人们从事各种不同的行业，但其中一个共同点就是他们经常会有创新的想法，发明新的技术，从事"创造性"的工作。佛罗里达将创意阶层分成"创造性的专门职业人员"和"具有特别创造力的核心人员”两个组成部分。[①] 前者包括高科技、金融、法律及其他各种知识密集型行业的专门职业人员；而后者则包括引导当代社会潮流的科学家、大学教授、诗人、小说家、艺术家、演员、设计师、建筑师、编辑、文化人士、咨询公司研究人员以及其他对社会舆论具有影响力的各行各业人士。

有人才才有创意，有创意才有创意产业。创意产业作为一门新兴产业，其发展的决定力量在于创意人才。一个城市创意的成功与否主要取决于这个城市拥有的创意人才数量和源源不断的创意人才储备。建设创意城市，必须要以创意人才的开发为突破口，增加创意人才的投资，培养富有创新能力的高端人才，扩大智力型人才在人口总量中的比例。

[背景延伸]

美国的创意产业中心——纽约，集中了全国约 8.3%的创意产业部门，截至 2002 年，纽约市创意产业部门就业总人数约为 30.9 万，约占纽约下属五个行政区总就业人口的 8.1%。英国同样是一个富有创意的国度，在创意之都伦敦，广播与电视产业的雇员约占全国的一半，人数高达 25000 多人；同时还拥有全英国 85%以上的时尚设计师、36%的出版产业产值，以及英国电影产业中三分之二以上的全职工作，并包揽了全国 73%的电影后期制作工作。

实践表明，创意人才的大量集聚是使纽约和伦敦率先在全球成为创意城市的决定因素。因此，建设创意城市的关键在于创意人才的数量和质量，尤其是那些受过良好教育和具有创新合作能力的高素质人才；而要使创意人才数量增加、质量提高，关键则是加大对创意人才的培养和开发力度。创意人才的大量涌现和集聚是创意城市建设过程中一道亮丽的风景。

(二)硬件设施

在当今开放的全球化市场中，人才与资本的流动性都大大增强，如何吸引并留住具有创意才能的人，是各个城市日渐关注的议题。佛罗里达提到，多数专家和学者还未开始根据创意社区来思考。相反，他们趋向于仿效硅谷模式。但是，如今的硅谷被认为是冷漠、无趣的地方，由于其缺乏愉悦的生活方式和宜人的生活环境，正在阻碍着创意阶层前往该地。

硬件设施策略，就是根据创意人才的需求，加强基础设施和便利设施的建设，为创意

---

① 〔美〕理查德·佛罗里达：《创意阶层的崛起》，中信出版社 2010 年版。

人才提供舒适、安全、生态的人居环境，丰富的文化设施和城市公共生活，富有特色而又精致的城市建筑和空间，以及便捷的信息网络，等等。这里的硬件设施主要包括三个方面：基础设施、娱乐休闲场所和科学技术水平，三者缺一不可。交通、医疗、教育等基础设施是保障城市发展的最重要的条件，同样也是保证创意人才在城市中生存的必备条件；娱乐休闲场所，比如咖啡店、剧场、酒吧则是根据创意阶层的特点而为其打造的轻松、开放的交流场所，是营造创意生活圈和文化氛围的重要手段；科学技术在这里多指众多的科研单位以及对技术的大规模投资。佛罗里达认为技术是创意城市的首要因素，只有技术资本积累到一定程度，创意城市才具备发展的基础。

图 6－17　美国茱丽亚音乐学院

图 6－18　纽约大学

纽约市创意基础设施的关键元素之一是大量顶级的、高度专业化的教育培训机构。全球艺术名校——茱丽亚音乐学院为舞蹈演员、音乐家和演员提供了世界上最好的专业训练。视觉艺术人士可向全美最优秀的美术学院之一——纽约大学蒂什文科学院，以及视觉艺术学院和派特学院寻求帮助。倘若你是满怀抱负的舞者，美国芭蕾舞学院是最好的。时尚设计师可以选择著名的纽约时装技术学院和帕森斯设计学院，建筑师可以选择如建筑联盟、纽约市艺术协会和纽约市建筑中心这样的高水准机构。

与此同时，教育基础设施是新入行创意雇员接受培训之地，是新艺术形式和新产品的试验场所。学校为来自各行业或老或新的艺术家提供画廊、剧院、演讲厅、视觉艺术工作室等充裕的表演场地。重要的是，与非营利机构类似，有关艺术和创意领域的高等教育项目，对创意产业来说类似于非正式的研发工具，是新兴企业和创业人士的缔造者。

(三)文化产业政策支持

作为一门新兴的产业，无论对于国家还是具体的城市，文化创意产业的快速发展都离不开政府的合理规划、扶植和引导。除了在意识形态范畴的重要把握和引导之外，一方面，通过产业政策的调节和扶持可以优化文化创意产业的发展环境，规范市场秩序；另一方面，可以促进文化创意资源的有效保护与合理开发。

纵观国外文化创意产业较为成熟的地区，以及我国国内文化创意产业发展较快的几个城市，政府都制定了相关的文化创意产业的发展战略和扶植引导政策，这些政策对于促进当地文化创意产业的发展具有重要的作用：充分依靠地区政府，发挥社会和市场力量，尊重市场培育发展规律，顺势而为，引导支持有积极性、有能力的地区、企业和社会中介参与产业带建设。通过降低创意企业的准入门槛，扩大创意产业的发展规模和数量；通过减免税、贴息以及鼓励银行对创意产业实施投资倾斜等政策，对创意产业予以资金方面的支持；重点培养和扶持一批骨干创意企业来带动整个创意经济的发展。

［背景延伸］

近几年，北京市的政策成为了文化创意产业发展的助推剂。2007 年 11 月 15 日，北京市率先公布了《北京市“十一五”时期文化创意产业发展规划》，将文化创意产业列为首都经济的重要支柱，并制定到 2010 年实现产业增加值占全市 GDP12%以上的发展目标，从而为北京文化创意产业的快速发展定了基调。2008 年，《北京市“十一五”时期历史文化名城保护规划》、《北京市“十一五”时期旅游业及会展业发展规划》、《北京市出版（版权）业“十一五”时期发展规划》等一系列政策的相继出台，对各细分行业进行了详尽的发展规划，为进一步落实《北京市“十一五”时期文化创意产业发展规划》奠定了坚实的基础。这些政策措施的相继出台，涉及文化体制改革、知识产权保护、投融资制度创新等诸多方面，为文化创意产业发展创造了宽松的环境。

二、创意城市的演进发展

创意城市理念认为，激发城市内部个体和机构的创新活力是城市发展的动力。在此基础上，兰德利(2000)将创意城市的发展划分为停滞、萌芽、起飞到最终形成自我更新的完整创意系统等十个等级。在等级的递进中，创意对公共、私有部门的重要性递增，各个城市行动者的自我意识增强，城市对人才的吸引力增强，促进创意的基础设施逐渐完善，创新与创意的实现，扩散机制从刻意强调与推行向自主发展、自我循环的演变，以及城市竞争力的增强。

(一)创意城市演进的 10 个阶梯①

第一级创意城市：创意尚未被视为与城市发展相关或重要的事务，也未被看作是属

① 〔英〕查尔斯·兰德利：《创意城市：如何打造都市创意生活圈》，杨幼兰译，清华大学出版社 2009 年版，第 316—318 页。

于发展循环周期的某个特定阶段，如观念的建立或营销等；存在非常简单的创意活动；城市决策者对于创意发展议题只有极为微弱的意识，在城市中没有公开讨论创意或革新议题，即使有，其活动也往往是比较隐匿的，不受管理部门的鼓励。

第二级或第三级创意城市：决策者自己本身开始意识到革新议题很重要，有一些是来自管理部门的鼓舞，例如庆祝地方性的成果。民间部门则有一些偶发的创新活动，但没有全盘发展策略，仍只是获得媒体最低限度的承认。一些地方企业经常是以层级不高的接触方式去帮助创意者，城市仍然没有意识到需要培养创意，城市的组织和管理仍需要因循传统的方式，城市留不住创意人才的现象仍然非常明显。

第四级创意城市：决策者和管理部门面临越来越多的压力，承认革新议题的重要性。地方上的大学开始鼓励一些前瞻性研究，这样的城市可能出现另类文化，开始去创造有关城市的“杂音”；但实际上很少被真正实现。城市管理部门面临重新思考组织伦理的压力，一些创意行动者具备自己地方以外的门路或支持者。

第五级或第六级创意城市：商业公司、教育部门和非政府组织都开始重视创意行动，个别创作者开始能够在其所处的环境中实践他们的抱负。城市具备促进创意的基础设施，如研究所或另类文化表演舞台、成熟的财务网络、政府与企业的伙伴关系以及部门间共生共享的平台、稳固可信的地区及国际间的交往环境。在这样的城市中，技术可以在商业、教育和公共领域中自由转移或交换，城市的很多平台像磁铁般吸引着创意人群，尤其在技术领域，创意人才开始回流。

第七级或第八级创意城市：无论是城市管理部门，还是民间团体，都承认革新动力的重要性。城市已经能够培养创意者，让他们大多能在其所处的环境中实现其理想和抱负。很多创新活动从观念建立到生产、物流、传递机制和扩散，城市或是城市某一个地区已有能力与国外建立稳固可信的联系。创意工作者在这个地区生活与工作，其所创造的价值大多数回馈到本地区。研究和反思能力已在大学中建立起来，创意的周期循环得以维系而且不断更新，本地区政治结构安定平和，广纳新观念，吸引创意人才，但是仍然缺乏一些高级的资源能够让它发挥终极潜力。

第九级创意城市：城市已经成为国际知名的创意中心。它自身的优势足以吸引创意人才以及专业人士，其所拥有的设施几乎是自给自足，重要研究机构总部或创新公司在此设立，是以文化生命力与活力著称的地方，能吸引来自世界各地有想象力的人前来，城市已经能够为自身提供大多数的附加价值服务。

第十级创意城市：城市具有非常有效的自我更新机制，有自我批判和反思的创意等发展循环周期，是一个吸引创意人才的地方，并且能为自己不断增强创造附加价值；拥有高水准的设施与国际旗舰店，以及所有类型的必要专业服务设施；是一个众多部门的战略决策中心，并且提供最好的活动场所，有能力在国际上跟任何城市展开平等竞争。

(二)创意城市的良性循环

创意城市的发展一旦走向良性循环,能够获得生生不息的延续。兰德利认为,城市的创意发展循环由下列五个阶段所构成:

1. 帮助人们建立观念与计划;
2. 将观念转化为实体;
3. 为观念与计划建立网络、增加流通与进行营销;
4. 建立促进机制,如便宜的出租空间、孵化机构或展览与展示机会等;
5. 在城市中推广成果,建立市场与客户群,以及进行讨论形成新的观念。

三、创意城市评估

目前,世界各地对创意产业的评估主要是从三个方面来考虑:一是城市的创意能力,佛罗里达(2002)指出,经济增长的关键不仅在于吸引创意阶层的能力,还有将潜在的优势转化为以新观点、高新科技商业为形式的创意经济的产出和区域增长,这些能力可以称之为创意能力;二是城市的创意环境,霍斯珀尔(2003)认为,创意不仅仅是一项人工的产品,而且环绕于巧合而不可预料的环境当中,创意需要创意环境培养;三是创意活力,兰德利(2000)在《创意城市》中提出城市活力与生命力两个重要的概念。根据这三个方面,国内外具体的评价标准如下:

(一)兰德利的创意活力与生命力

创意活力和生命力的概念由兰德利提出。他认为:城市活力是城市天然的力量和源泉,创意是活力的催化剂,活力是创意过程的重心;生命力指的是长期的自足、永续性、适应能力和自我再生。但对一座城市而言,城市活力需要加以集中,以形成生命力。创意活力包括经济、社会、环境和文化四个方面:

1. 经济活力,包括人群集中地区的就业、收入与生活水平等状况,每年旅游人数,零售业的情况,地价的高低。
2. 社会活力,测量内容是社会互动与活动的程度以及社会关系的性质。
3. 环境活力,包含两个层面,一是生态的可续性方面,二是城市设计方面。
4. 文化活力,与城市和其居民的维护、尊重和庆祝有关。

创意城市的活力与生命力,可以通过 9 项指标来进行评估,即:关键大众(Critical Mass)、多样性(Diversity)、可达性(Accessibility)、安全和保障(Safe and Security)、认同和个性(Identity and Distinctiveness)、革新(Innovativeness)、联系和协同(Linkage and Synergy)、竞争力(Competitiveness)、组织能力(Organizational Capacity)。

(二)佛罗里达的创意指数(详细内容参见第八章)

为了对城市的创意能力进行衡量,佛罗里达(2002)提出了创意指数(Creativity Index)的概念,由四个同等权重因子组成:

1. 创意人才指数(Talent Index),即从事创意产业的人员占全体劳动力的比例。

2. 创新能力指数(Innovation Index),按人均专利权数统计。

3. 高科技指数(High-tech Index),包含两部分:一是份额指标,城市高科技产出量占全国高科技产出量的比例;另一个是区位商指标,城市高科技经济占全区经济的比例与全国高科技经济占全国经济的比例。

4. 多样性指数(Composite Diversity),有时以同性恋指数(Gay Index)作参考数,以衡量一个地区对于各种人和思想的开放度。

佛罗里达认为:由于这一综合指标体系反映了创意阶层的集中度和创新经济的状况,能够比单一的创意人才指标更好地评估一个城市潜在的创意能力,可作为城市创意能力评价的指标体系。佛罗里达应用创意指数,对50万人口以上的81个大都市和50个州进行了创意城市评价,最后得出结论:旧金山的综合创意指数最高。澳大利亚地方政府和英国"新经济基金会"也分别运用这一指数体系对城市经济和产业集群发展情况进行了评价。

(三)欧洲创意指数(详细内容参见第八章)

欧洲创意指数是查理·佛罗里达和艾琳·泰内格莉在《创意时代的欧洲》报告中所采用的。它由三方面指标构成:

1. 欧洲人才指数(Euro-Talent Index)。包括三个方面:(1)创意阶层指数,即创意从业人数占整个从业人数的百分比;(2)人力资本指数,即25—64岁人群中拥有学士或以上学位的人数比例;(3)科技人才指数,即每千名工人所拥有的从事研究性工作的科学家与工程师的数量。

2. 欧洲技术指数(Euro-Technology Index)。主要包括:(1)研发指数,即研发支出占GDP比重;(2)创新指数,即每百万人拥有的专利申请量;(3)高科技创新指数,即每百万人拥有的在生物技术、信息技术、制药以及航空等高科技领域的专利数。

3. 欧洲包容性指数(Euro-Tolerance Index)。主要包括:(1)态度指数,即主动或被动宽容的人数占总人数比例;(2)价值指数,即一个国家将传统视为反现代的或世俗价值观的程度;(3)自我体现指数,代表一个民族对待个人权利和自我体现的重视程度。

该指标从人才、技术、宽容性三个方面以综合角度比较了15个欧洲国家和美国的创意关系。作为一项开创性的工程,欧洲创意指数无疑对研究创意生产力、经济增长和国家竞争力之间的动态关系贡献巨大，对全球创意比较研究也有着重要的指导作用和深远意义。

另外，其他地方也推出了自己的创意指数，详细内容请参见第八章相关分析。

第四节 创意城市联盟

联合国"创意城市联盟"成立于2004年10月，是一个旨在把世界范围内以创意和文化作为经济发展主要元素的各个城市联结起来，借此推动并提升城市社会、经济和文化发展的国际城市网络联盟，是继开展世界文化与遗产保护、非物质文化遗产保护后，联合国教科文组织在推进全球文化多样性发展方面推出的又一项重要举措。网络中的城市分为"文学之都"、"电影之都"、"工艺与民间艺术之都"、"音乐之都"、"设计之都"、"传媒艺术之都"和"美食之都"七种主题，截至目前，已有德、英、法、美、日等19个国家的31座城市加入该网络。①

其中，上海、深圳都入选了"设计之都"，成都入选了"美食之都"，哈尔滨入选了"音乐之都"，而于今年成功入选"工艺与民间艺术之都"的杭州和入选"设计之都"的北京是最新加入的中国城市。至此，中国已有6座城市进入了创意城市联盟。

一、申请创意城市网络

为了给申请参加创意城市网络的城市提供一种规范性的指导意见，联合国教科文组织从两个方面提出了创意城市网络的申请步骤：

(一)创意城市网络申请材料的撰写要求

1. 突出申请城市的文化资产在创意城市网络平台上的位置。
2. 提出申请城市在地区经济和社会发展方面的核心创意因素。
3. 向世界各地的文化产业界人士提供共享的城市创意智慧。
4. 介绍申请城市在培训当地文化工作者的专业能力和地方性能力方面的情况。
5. 推荐申请城市通过知识、经验和技术方面的交流来培养创意人才的经验。
6. 列举申请城市在国内和国际市场上促进文化产品多样化的事例。

(二)创意城市网络的基本申请程序

1. 向联合国教科文组织递交由申请城市的市长签名同意的正式信函，并规定，申请

① 参阅联合国教科文组织创意城市网络官方网站：http://www.unesco.org/new/en/culture/themes/creativity/creative-industries/creative-cities-network/.

材料原则上应由一个申办管理委员会提出，该委员会最好由公共部门、私人部门以及市民社会的专家组成，同时，申请城市的市长需要委任官方人员担任联合国教科文组织的指定联络人员。

2. 联合国教科文组织将提出申请的城市通报给该城市所在国家的教科文组织全国委员会。如果该全国委员会不准予申办，那么该候选城市的申请就会被拒绝。

3. 由专门从事该申请城市领域的非政府组织组成一个外部专家小组，审查候选城市的申请。

4. 在与专家小组商议之后，联合国教科文组织总干事将决定是否接受该城市为创意城市网络的成员。

二、主要创意城市

(一)文学之都：爱丁堡

2004 年 10 月，苏格兰的爱丁堡成为第一个加入这个创意城市联盟的城市，它被命名为“文学之都”。这个命名，是因为爱丁堡提供了丰富的文学活动，并吸引了新企业参与进来，比如，为表彰苏格兰文学而设立的布克奖就被曼氏企业冠名。如今，这个城市正在寻求建造属于她自己的荣耀，并希望为苏格兰文学提供实际的利益，比如在文学和出版业方面。

要提文化资本最雄厚的城市，则非爱丁堡莫属了，它既有雄厚的文化资本，又有雄厚的艺术资本。“爱丁堡”这个名字源于苏格兰语，意思是“斜坡上的城堡”，随着后来英语化变成了现在的发音“Edinburgh”。爱丁堡曾是苏格兰面向欧洲大陆的商贸港口，也受惠于北海油田的兴盛，但它没有走工业城市的发展道路，作为苏格兰的政治、文化中心，爱丁堡始终用文化营造一个最优雅的城市形象。爱丁堡的文化资本在原始积累时期就打下了雄厚的基础，它的文化资本哪一件都堪称杰作，价值连城。从《大不列颠百科全书》在此地诞生到《福尔摩斯探案集》，从《艾凡赫》到《金银岛》，从《谜》到《哈利·波特》，从诗人彭斯到古典经济学家亚当·斯密，可以说件件都是艺术瑰宝，完全不能用金钱来衡量。从艺术资本上讲，爱丁堡的艺术节更是精彩纷呈、不同凡响。艺术节自 1947 年创办以来，已经走过了 50 多个年头，现在

图 6—19　一年一度的爱丁堡国际艺术节

已经成了世界性的艺术盛会了。爱丁堡国际艺术节、爱丁堡边缘艺术节、爱丁堡军乐节、爱丁堡国际图书节、爱丁堡电影节、爱丁堡国际爵士乐节和爱丁堡多元文化节，几乎把世界艺术形式来了一个一网打尽。一个城市如此钟爱文学，钟爱艺术，这在世界上恐怕只有爱丁堡了。因此，爱丁堡得到了联合国"世界文学城市"的命名。爱丁堡向联合国教科文组织申请这一命名时是这样说的："爱丁堡是一座建立在文学上的城市。"我们认为还应该加上一句：爱丁堡还是建立在艺术上的一座城市。

（二）电影之都：布拉德福德

布拉德福德是英国十大城市之一，位于伦敦以北200英里处，拥有人口约50万。它是英国早期的文化中心之一，也是公路、铁路及航空运输的交通枢纽之一。英国最大的摄影、电影与电视博物馆位于布拉德福德大学主校区附近。它拥有一个52英尺高、64英尺宽的立体电影屏幕，其设有永久性展厅以供人们回顾电影和电视的发展历程，并定期举办各种类型的展览，现已成为布拉德福德市的标志性现代建筑之一。每年3月举办的布拉德福德电影节是英国北部地区最盛大的电影节。

图6—20　布拉德福德城市公园夜景

联合国教科文组织于2009年6月8日宣布布拉德福德加入文化创意城市网络组织。布拉德福德是罕见的以电影为媒介打造其文化身份和完整性的城市之一。电影在这个城市中是一种保持当地居民社区关系、保持文化创意和经济发展平衡的文化工具，在整个城市的发展和重建规划中占有核心地位。其电影院一直在努力保护、提高、丰富电影文化遗产，并努力发展社会和媒体之间的建设性的联系。布拉德福德的电影具有多样性，且与亚洲电影有较强的联系，因此这个城市也因其电影方面的多元文化中心的形象而被欣赏。

(三)音乐之都:塞维利亚

塞维利亚是西班牙安达鲁西亚自治区和塞维利亚省的首府，都市人口约 130 万，是西班牙第四大都市。2006 年 3 月 30 日，联合国教科文组织授予塞维利亚“音乐之都”称号。

塞维利亚是一个令人去了还想再去的地方，虽然它没有英伦的那份典雅矜持，没有法国巴黎那般浪漫华贵，没有奥地利维也纳的那种悠然恬淡，但它有山一般的强悍、火一样的热情。歌剧《卡门》中那个放荡不羁的塞维利亚女郎和英俊倜傥的沙场勇士深深留在人们的印象中，而火辣辣的斗牛士舞曲，一再让人激动不已。塞维利亚至今仍保留着古城风貌，这里有罗马式、哥特式、巴洛克式及文艺复兴式的建筑和花园，享有“花园城市”的称号。这里有优美的吉卜赛音乐、热情奔放的弗拉明戈舞和盛大的民间传统节日。

图 6－21　驰名全球的塞维利亚舞蹈家

欧洲文学戏剧中的很多故事和人物都是出自塞维利亚。如英国诗人拜伦及奥地利作曲家莫扎特的歌剧《唐璜》中的人物唐璜；法国剧作家博马舍的作品、经意大利作曲家罗西尼改编的著名歌剧《塞维利亚的理发师》及奥地利音乐家莫扎特改编的歌剧《费加罗的婚礼》；法国作曲家比才描写西班牙吉卜赛姑娘卡门的爱情故事的歌剧《卡门》。西班牙大作家塞万提斯的作品中经常提到塞维利亚的街道和房屋的名字，他在这里度过青年时代，不朽的《堂·吉诃德》就是在塞维利亚的监狱中完成的，作家最后也长眠于此。

每年2月及3月有爵士乐节，在拉马斯特隆萨剧院有团体演出。每年3月的古音乐节，在一些旧城区的教堂举行；新西班牙音乐节，由塞维利亚大学在宝利特齐克尼学校会议厅举行。每年6月的春会，在拉马斯特隆萨会议厅举办演奏会。6月至8月的夏会，在拉马斯特隆萨剧院有国际性表演。每年9月举办的露天歌剧节，在拉卡多岛大礼堂有表演。

(四)民间艺术之都:圣达菲

图6—22 2010年，圣达菲博览会在圣达菲会议中心举行

2005年7月13日，联合国教科文组织授予圣达菲"手工艺与民间艺术之都"称号。音乐和舞蹈、出名的艺术博物馆和画廊、壁画和雕塑，将人们从四面八方吸引到圣达菲。在圣达菲的经济收益中，艺术和文化产业占到40%。在该市举行民间艺术交易会期间，位于博物馆山的米尔纳广场上，聚集了来自世界各地的艺术家、工匠，汇集着各种艺术品和艺术表演。"圣达菲风格"已经成为全球公认的艺术、工艺标准，一些独特的印第安文化元素在设计中的运用已经有超过400年的历史。在圣达菲，国际民间文化博物馆、圣达菲国际民间文化交易会等不仅为这座城市带来游客，同时也带来大量的收入。"圣达菲设计周"、"绿色设计圣达菲"、"国际民间艺术家训练营造市场"都是该市每年必定举办的主要创意文化活动。圣达菲成为全美第一个受邀加入"联合国全球创意城市联盟"的城市。根据新墨西哥大学贸易与经济研究院的数据，整个圣达菲有7万个团体从事文化事业，比美国其他任何一个城市都要多。这些团体每年为圣达菲带来11亿美元的收入。

(五)设计之都:柏林

2005年9月2日，联合国教科文组织授予柏林"设计之都"称号。柏林墙倒塌以后的柏林,一个新与旧、激进与传统、自由与统一的土地似乎一切百废待兴。用文化与艺术的无形创意为柏林添加有形的城市财富,不再沉闷的柏林被联合国教科文组织授予“设计之都”的称号。联合国官员表示“设计之都”的称号将“在全世界提高柏林作为文化多样性中心的声望”。

图 6—23　设计之都:德国柏林

无形的创意无疑是一个国家的巨大财富。作为德国首批“创意之城”的杰出代表,柏林的种种细节栩栩如生地描绘了今天的德国人在如何创意地生活着。在柏林,有 1.04 万人专职从事设计方面的工作,此外还有数不清的自由职业者以设计为生;柏林有 600 多家设计公司,每年的营业收入高达 14 亿欧元。柏林有 4 所大学开设设计课程,当地设计界的特点是跨学科工作,不同行当的设计彼此互补。年轻人能够找到尝试新想法的自由空间,年轻的创意者一直被视为柏林重要的推动力之一。在这个拥有“调和艺术家和工业化世界”的包豪斯传统的城市里,众多的政府资助项目使那些年轻的创意者们走上了独立的生活道路。柏林艺术大学校长洛塔尔·罗迈因说,对年轻的设计师们来说,最重要的是,这个活跃的城市依然提供着租金低廉的商用及民用房,价格低于全德国平均水平的 20%以上,使这里成为进行非商业性项目和创造灵感的理想之地。

(六)媒体艺术之都:里昂

2008 年 7 月 2 日,法国里昂获得联合国教科文组织命名的“媒体艺术之都”称号。里昂是第一个获得这一称号的城市,也是法国第一个被联合国教科文组织“富有创造力的城市网络”接纳的城市。

里昂位于法国的东南部,是一座历史悠久的古老城市,特别是 1998 年被联合国教科文组织列为世界人文遗产城市之后,它的地位就更加显著了。里昂旧城的中心布满了中世纪的建筑和教堂,这就使它获得了“拥有一颗粉红的心脏”之城的美称。

近年来,里昂在工商、交通和科教等方面都有很大的发展,包括郊区在内,人口已达 126 万,成为法国仅次于巴黎的第二大都市和经济文化中心,在国际上也享有越来越重要的地位。里昂是文化与艺术之都,拥有众多博物馆,到处都充满了艺术氛围。里昂早已向全世界展现了它是一座能创造奇迹的城市,那规模不凡的当代艺术博物馆仅用了 18 个月的时间就出现在了人们的眼前。凭借每年 12 月初举办的灯光节,里昂

图 6—24 法国里昂灯光节

成为有名的灯城。里昂的丝绸也是享誉欧洲的，早在 1531 年就成为欧洲主要的丝绸中心之一。

联合国教科文组织表示，里昂市将文化部门 20%的资金用于发展媒体艺术，它在将数码技术应用于文化领域方面积累了丰富的经验，拥有许多在电子游戏方面颇具创新精神的公司。里昂与联合国教科文组织“富有创造力的城市网络”中其他城市之间也有着积极的合作。

(七)美食之都:波帕扬

波帕扬是位于哥伦比亚西南部的一座城市，考卡省首府，咖啡产区的商业中心，因每年在此举办的美食节而闻名。2005 年 8 月 11 日，联合国教科文组织授予波帕扬“美食之都”的称号。这个城市在烹饪方面的表现对于整个创意网络都有很大益处。

图 6—25 波帕扬美食节

波帕扬始建于 1536 年，名称来源于当地印第安人，意为“两个茅草屋”。该市培养出了多位哥伦比亚总统，更产生了许多艺术家，是哥伦比亚政治和文化中心城市之一。波帕扬当地丰富精美的器皿和材料，使得这座城市在美食领域有着与众不同的天赋和能力。从 2003 年起，波帕扬美食节就激起了全世界的兴趣和关注。波帕扬的烹饪协会与城市合作，促进了烹饪行业的发展，努力提高城市在美食领域的知名度；同时，这个城市的每个人都投入其中，集合全社会的智力和财力，把城市的烹饪水准保持在世界一流水平。

第五节 案例:柏林——设计之都,创意之城

一、设计之都

2005年9月2日,联合国教科文组织正式授予柏林"设计之都"的称号。这一认定使柏林成为欧洲第一个获得联合国全球创意城市联盟的"设计之都"称号的城市。"柏林以它的实力证明了自己在设计领域的成就。"联合国教科文组织文化产业处处长米拉格罗·德·高拉尔在柏林时说,"站在不同背景和历史的十字路口,柏林的设计传统和当代创意影响了整个国家和国际相关领域的运作。"①

图6—26 柏林艺术大学

图6—27 柏林犹太博物馆

柏林位于德国东北部,是德国的首都,也是德国最大的城市,现有居民约340万。柏林市被列为德国十六个联邦之一,因而也称柏林邦。"柏林原本是一座非常传统的城市,但现在已经越来越国际化了。这样的变化与创意设计分不开。"德国 Lindgrun Gmbh 设计公司CEO瑞吉娜·汉克在代表柏林参加创意大会时谈到。柏林融合了多重文化,形成独特的城市风格,特别是设计领域的跨越发展。柏林现有四所著名大学:柏林艺术大学、洪堡大学、柏林技术大学、柏林自由大学。目前,柏林的大学和众多私人赞助的机构进行着各种设计教育,并与世界各地的相关组织之间创立了交流项目,建立起良好的国际合作关系。5000多名攻读设计专业的学生毕业以后大多留在柏林,致力于柏林市的设计业。柏林市大约有600多家设计公司,有1.04万人专职从事时尚、产品及家居设计、建筑、摄像以及视觉艺术等领域的工作,此外还有数不清的自由职业者以设计为生,每年的营业收入高达14亿欧元。文化与艺术是柏林人共同的骄傲,柏林的活动最多时每天可同时举办1400项,每年有1500多

---

① 墨宁:《联合国教科文组织设计之城》,《建筑与文化》2007年第11期,第16—19页。

万人参观柏林和波茨坦的博物馆、宫殿与园林，350 多万人观看柏林剧院的演出，来自世界各地的设计师、艺术家、建筑师在 2300 个文化设施中可以找到情趣相投的关系网络及高水准的新生力量。

二、历史沿革

以设计闻名的柏林现有的艺术氛围是建立在过去 100 年的历史之上的。19 世纪末，在威廉大帝二世的统治下，柏林成长为一个出色的工业城市和国际大都会，达到了科学技术发展的黄金时期。但同时也因为威廉二世对新艺术风格的排斥，而没有产生新的艺术流派。在脱离了审查制度和威廉二世的统治之后，柏林的文化生活开始繁荣起来，成为了欧洲最大的工业城市，同时以文化和娱乐活动的活跃享誉全球。第一次世界大战后，统领德国逾千年的帝国制被推翻，新成立的民主共和国宪法虽然在幽静的文化小城魏玛出台，但随着 1920 年《大柏林法》的颁布和政府采取的一系列开明措施，共和国首都柏林迅速扩展，成为欧洲大陆最大的工业城市，并继伦敦和纽约后成为全球第三大都市，在艺术、科学和文化上突飞猛进。由于达达主义和新客观主义的活跃，“一战”和“二战”期间的二十年，被称作“金色的黄金二十年”。

图 6－28　1989 年 11 月 9 日，柏林墙倒塌

然而，上世纪 30 年代末，世界性经济危机和纳粹党执政终止了这一高峰，艺术家们开始大批撤离，绝大多数曾迁移过来的天才科学家和艺术家们永远地离开了这座城市。后来对犹太人的排挤和屠杀更是为这座城市留下了无法弥补的缝隙。上世纪 40 年代的柏林几乎毁于战火，随着 1961 年 8 月 13 日一夜之间高耸而起的“柏林墙”，这座昔日繁华的欧洲都市逐渐荒芜，成为冷战时期东西两大阵营的对峙前沿。与此同时，波恩取代柏林成为西德的“临时首都”。直至 1989 年 11 月城墙被推翻，两德人民再次合二为一，柏林随着 1990 年《统一条约》的签署被重新赋予全德首都的地位。1999 年，中央政府大迁移，柏林再次成为德国首都。但经历了长达半个世纪的磨难，柏林的经济在德国几个主要城市中排名倒数第一。

三、城市重建

柏林墙被拆除之后，既留下了一条宽阔的空白地带横贯新柏林市中心，也带来了难得的机遇。东西德统一后，种种迹象表明，柏林并不打算通过发展传统工业来振兴经济，从政府官员到普通民众一致接受的“处方”是：以高起点的设计规划实现城市重建，以大规模的创意文化推动经济发展，重新使市中心区发出活力。在新城区的功能定位上，创意产业是个非常重要的决定因素。

始于1991年的波茨坦广场建设项目就是个很好的例子。波茨坦广场是150年前最热闹的商业中心，战争将其夷为平地。柏林墙由此经过后，这里成为无人问津的荒凉地带。21世纪初，这里相继建成新波茨坦广场和索尼中心等高大的全玻璃建筑群，集电影院、展览馆、餐馆和购物中心于一身，已成为柏林新的市中心的标志。而每年在这里举办的以柏林电影节为代表的众多的文化盛宴，使波茨坦广场成为新柏林最有魅力的场所。

其次，柏林对古旧建筑进行了修缮。最近十多年来，政府在前柏林墙周围的无人禁区积极发展文化项目，例如位于施普雷河与青铜护城河之间的博物馆岛，已成为最吸引人的游览区域之一。即便是柏林墙本身，尽管记录着分裂的痛苦，但柏林人也小心保留下来总长1350米的几截残墙，使之成为有物质载体的文化记忆。在另一处柏林墙旧址附近，一条繁华大街于上世纪90年代建成，大街两侧商业高楼鳞次栉比。柏林由于战争和分裂等原因，形成了大量老旧房屋和空房。政府投入大量资金将这些房屋资源进行修缮整合，以低廉的租金提供给设计师和与创意产业相关的使用者，如工作室、陈列室、小型展览馆、画廊等。如今柏林各种设计展览和陈列馆星罗棋布，仅建筑设计作品展览馆和陈列室就超过300个。

图6－29　德国波茨坦广场

柏林在大规模城市重建的同时仍然很注意对文化遗产的保护，位于布莱特谢德广场的莱茵晚期浪漫主义风格的威廉皇帝纪念教堂，建成于1895年，“二战”期间被炸，多处基座已成废墟，政府原计划重新翻盖，但遭市民一致反对。最后请著名设计师设计，在对原建筑残部略作修补的同时，在其两侧各建了一高一矮两栋建筑，高的为钟楼，矮的为教堂，新老建筑相映成趣，成为柏林著名地标。

此外，柏林对技术性基础设施进行改造，装备有最先进的20万公里长的光缆数据网，为文化创意产业，特别是信息、电子出版物、影视制作、传媒业的发

图6－30　威廉皇帝纪念教堂

展打下了良好的技术物质基础。柏林是欧洲唯一融合了东西欧经验、历史和知识的大都会。在柏林，了解东欧国家及其性格和语言的人数远远多于德国其他任何地方，因而柏林被看作是西欧企业进军中东欧市场的开拓者，也是东欧通往西欧的大门。近几年来，越来越多的国际商业集团迁入柏林，其中不乏文化创意产业界的巨头，客观上带动了柏林文化创意产业的发展。仅以音乐业为例，就有行业巨头索尼音乐和环球音乐集团先后进驻柏林，BMG 和 EMI 百代两大唱片公司也在柏林开设了办事处。2004 年 5 月，音乐电视台 MTV 总部在柏林东港正式启用。

四、成功经验

在发展创意产业政策的导向下，大量的创意企业和设计师陆续回归柏林或以柏林为基地。至 2006 年，柏林的创意企业数量已达 22933 个，5%的柏林市民供职于创意企业，创意产业成为全市第二大支柱产业，占 GDP 的 13%。柏林深厚的文化积淀、浓郁的文化氛围，吸引着世界各地的文化创意人才纷至沓来，柏林日渐成为一个文化创意产业的国际大都会。柏林拥有博物馆和艺术馆 170 多家，420 多个画廊，大型歌剧院 3 个，剧场 160 多个，室内外演出场地、文学咖啡馆等更是数不胜数，音乐、戏剧、舞蹈、电影、设计、绘画、时装、游戏等方面文化盛事贯穿全年。

根据音乐新闻 2011 年 11 月出版的 *BerlinBoxx* 显示，人口不足 350 万的柏林，拥有 3 万家文化创意产业企业，在影视、音乐、艺术、设计、广告、图书与新闻、游戏与 IT、建筑和设计艺术等行业的从业人员达到 22 万人，超过制造业就业人数，年均创造产值 200 亿欧元，成为名副其实的“创意火车头”。柏林现有出版社 500 多家，从业人员 3.8 万人，产值 50 亿欧元，年产 9000 本新书，在全世界名列前茅；电影业的企业也有 2200 家，年产值近 25 亿欧元；广告、时装、建筑等设计方面的子行业的年产值高达 16 亿欧元。柏林的凤凰、UFA 等著名电影公司每年制作影片 300 部，使柏林成为德国和欧洲的影业龙头；Frogster、Bigpoint 等业内旗舰携柏林 130 多家游戏公司大规模出击，引领德国电游产业；柏林重点从事手机游戏开发的企业就有 50 多家；数字化广播频道有 40 个，另有 100 多个广播频道可以直接在线收听。18 家全国性或国际性广播电视台的总部设在柏林；柏林是世界音乐之都，目前有相关企业 2200 家，从业人员 1.6 万人。

创意和创新，最能体现一个国家、一座城市的形象和活力。近年来，文化创意产业已经成为德国的经济增长要素和创新发动机。柏林建设创意城市的经验，有以下几点值得我们借鉴：

（一）政府支持

柏林政府对创意产业的支持主要表现在资金支持和服务支持两方面。资金支持的一个大项目是“未来号项目——信息社会中的柏林”。1997年,来自经济界、科学界、市政部门、协会和社会团体的150名代表共同倡议发起了这一未来号项目,其目标为将柏林发展成一个信息社会的典范城市。柏林市政府作出了支持这一跨部门、跨党派活动的决定,进一步强调了柏林变革城市结构的意愿。该项目的工作重点在于筛选确定项目,施行可行性研究及组织各种活动。行业同仁通过因特网、博览会、媒体和专家论坛等方式获得全面信息,并参与其中。1997年至2001年间,未来号项目在其创新资助规划中将约3900万欧元的资金(其中2630万欧元来自欧盟)拨给了263家企业和项目,创造和保障了约800个就业岗位。资金中的80%被拨给了中小型企业。目前,未来号项目已发展成了首都柏林最大的交流和资助网,600多家机构、组织和个人积极加入这个由柏林市经济、劳动和妇女部负责的交流和资助网络。除此之外,提供资金支持的还有联邦政府的GA项目,它旨在促进区域经济发展,其服务业的资助重点为数据处理、会展、出版、广告、影视音像、信息和通讯等。另外,从欧盟的有关社会发展和文化促进的项目中也可以为柏林的文化创意产业争取到资金。

在政策支持方面,第一,柏林制定了全德最低的工商税,力求为企业的生存发展提供优惠的条件。第二,柏林市政府出资委托社会企业促进协会对企业进行咨询服务。该项目被称为“年轻企业培训”,服务对象为成立5年以内、雇员不超过20人的年轻的小企业,旨在帮助它们克服创业期的艰难、实现经济增长并成功地应对危机,所有的咨询服务都是免费的。由于柏林的文化创意产业大部分由中小企业组成,“一人公司”占到了整个行业的50%,因此该项目对文化创意产业的促进极大。第三,2003年,柏林经济、劳动与妇女部成立“企业启动与协调办事处”,致力于为企业的成立与12个区以及其他行政管理部门进行协调,以避免官僚主义,加快企业审批的步骤,使投资者的创业计划得以迅速实现。此外,在文化创意产业的具体层面,柏林市政府的资助手段也多种多样,如为电影业做担保人,使一些需要先投资、再分红的影视项目得以实施。由于行业内的企业大都比较年轻,规模也小,一般不具备打入国际市场的能力,因此柏林市政府出面出资,通过参展等方式为柏林的文化创意产业进行宣传,帮助它们打入国际市场。

(二)加强人文城市的建设,优化民众生活环境

作为文化名城,柏林虽然经历了无数历史变幻与磨难,但仍不失为欧洲的一个重要文化中心。两德统一后,由于柏林市政府先期投资东德地区房地产的失策,造成财政收入紧缺。然而,面对众多的重建项目,市政府依然采取了多项积极措施,一方面对原有的东西柏林文化资源进行重新整合,另一方面另辟蹊径,积极通过民间集资,创建新型的一流文化机制。目前,柏林不仅有与法国戛纳及意大利威尼斯电影节媲美的柏林电影节,还有两年一度的柏林艺术展、每年一度的文化狂欢节及5月戏剧年会、夏季森林公园音

乐会、11月柏林爵士节等名目各异的文化节活动，吸引着来自世界各地的艺术爱好者。同时，位于东柏林菩提树下的德国国家歌剧院、喜剧歌剧院，位于西柏林的德意志歌剧院以及其他近150家剧院、300个画廊、130家电影院、400家露天剧场及柏林爱乐乐团等交响乐团，也使得柏林的文艺舞台异彩纷呈、多姿多彩。

图6—31 《金陵十三钗》剧组主创亮相2012年柏林电影节

此外，柏林市政府高度重视博物馆事业的发展，将艺术和科技的展示与教育相结合，通过各种引人入胜的方式，创造出一种令人身临其境的气氛，使之成为柏林人吸取知识、丰富业余文化生活、陶冶情操的一个重要途径。目前，全市博物馆逾170座，包罗万象，名目之多，可谓全德屈指可数，如德意志民族学博物馆、古埃及博物馆、东亚艺术博物馆、国家美术博物馆、历史博物馆、技术博物馆等。为了保证市民能享受到丰富多彩的文化生活，柏林市政府投入大量财力，无论是对公立图书馆、戏剧院等的使用还是动物园等的参观方面，政府都给予了财政补贴，并定期举行博物馆免费开放日和博物馆之夜等活动，积极促进文化都市的建设和都市民众人文综合素质的提高。

（三）对艺术家的支持

柏林当代艺术生态的精华与核心是居住在这里的艺术家们，他们让这座城市成为世界最重要的当代艺术产地之一。过去的几年里，很多国际知名的年轻艺术家搬来柏林，在这个拥有"调和艺术家和工业化世界"的包豪斯传统的城市里，众多的政府资助项目使那些年轻的创意者们走上独立的生活道路。对于很多知名艺术家来说，柏林是个适合居住的地方；对于年轻艺术家来说，最重要的则是这个活跃的城市仍然提供着租金低廉的商用及民用房，价格低于全德国平均水平的20%以上，这使柏林成为进行非商业性项目和创造灵感的理想之地。

根据一家专门做艺术家保险的公司统计，柏林大概有9400名自由艺术家。柏林上议院的文化经济报告显示，2006年柏林的"自我雇佣性质的视觉艺术家"名单上有629家公司以及1654个个人。可以想见，这份名单上的部分艺术家除了艺术创作之外也会做其他工作。艺术市场的法则就是——只有少数人能站在最高处。在"赢者赢天下"的法则下，成功艺术家占有更多的展览和销售资源。柏林的画廊代理了大约5000名艺术家，其中2500位艺术家生活在柏林。但被画廊代理并不意味着经济上完全有保障，只有很少一部分艺术家靠画廊就能得到足够的收入。因此，那些没有奖学金、艺术基金或家庭、老主顾支持的艺术家们，精神压力是相当大的，其中一些人还需要社会福利的救济。这就让很多人选择了第二职业，理想的状况是和艺术有关的工作，比如文化教育、艺术教育或在博物馆、画廊、展览中心供职，还有人从事艺术设计，大的博物馆和知名艺术家的工作室也可以提供比较稳定的职位。但总的来说，有固定工作的艺术家非常少。柏林的低消费是它的一大优势："在柏林，任何事在经济上都是可行的。纽约的艺术家需要三四份工作来支持生活，而在柏林一份就够了。"一个刚刚在柏林艺术学院拿到学位的女艺术家说。

从另一方面说，由于柏林相对薄弱的经济环境，获得高收入的兼职工作也很难。柏林艺术创作的基础设施非常好，韦丁区的雕塑工作室和贝桑尼区的印刷工作室提供了非常好的硬件设施。两个机构由柏林艺术家专业联盟(BBK)支持。柏林文化上议院的"工作室项目"同样由 BBK 管理，为艺术家提供低租金的工作室，现在已有 700 多间工作室出租给了艺术家。同时还有很多艺术社区、非营利机构甚至投资人也为艺术家提供工作室。1963 年由福特基金创办的柏林艺术家驻留项目 DAAD，几十年来一直不断地邀请国际知名艺术家来到柏林，驻留并展览。而创建于 1975 年的"贝桑尼艺术之家"(Kunstlerhaus Bethanien)，更有多个国家如加拿大、澳大利亚、荷兰以及东欧国家的政府和基金租用工作室提供给各自国家的艺术家在柏林生活创作使用。

(四)重视科教基地的建设

柏林的崛起首先归功于科教。2010 年柏林不仅迎来了洪堡大学建校 200 周年大庆、德国社会科学院 350 年创建大典，同时柏林勃兰登堡社会科学院、马普所也分别迎来了 100 年大庆。目前，柏林拥有四所大学、七所应用科技高校、三所艺术学院和一所国际商学院及 70 多个国家资助的科研机构。尽管统一后由于经费的匮缺，柏林洪堡大学、柏林自由大学、柏林工业大学及柏林艺术大学多次面临院系合并、高校裁员和暂停招聘新人员等艰难时期，但各校从大局出发，凭借自己的力量，既合作适应，又努力创新，并积极参与欧洲高校一体化进程，加强学校的国际化发展，努力培养新型人才，开辟科研新天地，柏林洪堡大学和柏林自由大学由此也携手组建成了欧洲最大的医学院系。

2002 年以来，柏林市政府与四大高校定期签订《高校合作协议》，明确财政、权限与任务之分，各尽其力，各尽其职，为打造文教科技都市携手努力。目前在柏林高校就读的 14 万名学生中，有 3/4 分布在柏林综合性大学学习，其中外国留学生占 15%。1810 年由洪堡兄弟命名创建的柏林大学迄今依然在德国高校中享有极高声誉，而 1948 年从洪堡大学派生而成、位于西林达雷姆的柏林自由大学更是后来者居上，在秉承洪堡"教研结合"、"教学结合"和"教学自由"理念的同时，积极倡导"真实、公平、自由"，结合社会实际需要来探索求新之路，在第二轮德国高校"卓越计划"竞赛中脱颖而出，跻身于全国九大"精英

图 6—32 柏林自由大学哲学系图书馆

大学”的行列。柏林工业大学和应用科技高校更是结合都市拥有的先进电子工业、机器制造业、化工、食品加工业、纺织业、印刷业基地等独特资源和市场，重视“学与用”、“科研与开发”的结合，积极培养综合性和应用性自然及工程科学人才。此外，位于原东柏林的欧洲科技管理学院在 25 个大型企事业的鼎力支持下，独树一帜，集科技与管理于一体，凭借自己独特的教学和管理模式以及良好的学生来源，探寻民间办学之路，也逐渐在国内外赢得声誉。

(五)积极开展国际合作与交流

柏林历来擅长博采各国之长，集各国精英和文化于一体。东西德统一后的柏林积极探寻着自己独特的国际化发展之路，与欧盟成员国首都联合建立合作协会，加入联合国全球城市契约，并与 17 个世界都市建立了友好城市关系等。早在 1950 年，民主德国首都东柏林便与北京建立了友好关系；1988 年西柏林也与北京市结为姐妹城。两德统一后，新柏林于 1994 年开始积极展开与北京的合作交流，不仅就繁华商业街项目与北京的王府井大街等建立合作关系，还在柏林建造了欧洲占地面积最大的中国园林“得月园”。此外，两市还就公共交通、供水、城市建设、市政管理，医疗卫生以及体育、文化、经贸等领域积极开展合作。上世纪末，中国大使馆从波恩搬迁至柏林后，使馆每逢重大节日举行的庆祝活动也使之成为中德人士汇聚交流的重要场所。而柏林多年来“中德经济协会”每月定期举办的报告会、柏林市政府每两年举办的“亚太周”活动，也为德国民众了解中国最新的发展形势提供了重要机会。

图 6—33 欧洲最大的中国园林——得月园

同时，一些大型的国际化活动，在为柏林搭建交流平台的同时，也进一步提升了城市的吸引力。柏林开放的创意氛围为国际性的设计活动提供了土壤。有些好的设计活动已经持续了十多年，比如，每年 6 月举行的 DMY 国际设计节、设计大会和柏林时尚周等。这些活动，每一季都能吸引 17 万以上的专业买家，并同时起着设计交流和贸易的功能。当然，这一切都离不开政府的支持。据称，柏林政府相关部门每年都会投入大量的资金扶持相关设计项目，除了设计节和设计大会等活动，政府还会进行各种各样的设计培训，投入资金举办工作坊。

［延伸阅读］ **DMY 国际设计节简介**

一年一度的国际设计节 DMY 是德国为当代产品设计举办的最重要盛典。在过去的几年内，DMY 继承了著名的“设计五月”（Designmai），壮大发展为位于柏林的创新聚合点、最前沿的时尚风向标以及设计理念的试验场。设计节每年都会更换场地，有来自 30 多个国家的超过 550 位创新能手展示最新的研究成果、流行动向、跨学科项目，还有艺术批评方面的研究。从 2010 年 6 月 9 日到 13 日，2010 年艺术节的举办场地设在位于柏林中区 Koepenicker 街废弃的热电厂 tresor，这是个令人印象深刻的舞台。在此次艺术节上，颇有威望的设计商 Allstar 和冉冉升起的新星 Youngster 再次在一个中心场地上联合，组成两大备受瞩目的节日板块。除此以外，柏林设计工作室、画廊、博物馆和常驻大使馆还在整个柏林城区添设了众多的特别展览作为补充。

图 6－34 2013 年的 DMY 国际设计节海报

此外，一些专门的国际交流与合作平台也开始运作，如创意柏林网络、DMY 网络、柏林国际设计中心等。这些面向本土和国际的机构，时刻准备着与外界进行交流，并为柏林的设计师和设计机构提供咨询、培训和商业合作服务。由于这些机构运作和多项活动的开展，使得柏林的国际化程度越来越高，并吸引越来越多的人来到这里。在柏林，创意已经成为提高城市吸引力的核心力量。

思考题

1. 创意产业对城市发展及城市形象的提升意义。
2. 分析创意城市发展的核心因素。

第七章　创意阶层

本章要点

1. 创意人才的含义与特征
2. 创意人才分类
3. 创意人才的生成环境
4. 案例：扎克伯格和他的 Facebook 帝国

第一节　创意人才的含义与特征

一、创意人才的含义

在《创意阶层的崛起》一书中，佛罗里达首次提出了“创意阶层”的概念。所谓创意阶层，是指所有从事需要创意的职业的人，包括科学家和工程师、诗人、艺术家、设计师、卫生和法律从业者、高科技和知识密集型行业的从业者。佛罗里达对创意阶层的定义涵盖了创意生产、创意策划、创意经营管理方面的人才。我们将这三类人才统称为“创意人才”，指那些掌握较高水平的知识和创新能力，能够运用自己的创作技能和手段，把特有的表达内容和信息转换为新的创意产品或服务，能够推动该产品或服务的生产、流通和经营的人。

［延伸阅读］

你是个有创意的人吗？

【测试题目】你的创意能力有多强？

1. 你总是特别在意别人对你的评价，并为此耿耿于怀？
2. 当你认真去做某件事情的时候，经常会忘记时间的存在？

3.你从来都不屑于去做那种自寻烦恼的事情？

4.在你看来，依靠经验、循规蹈矩并非是最为有效的解决办法？

5.你在评价某篇文章时，最在意的不是它本身的内容，而是它的来历？

6.即便面临巨大的困境和挫折，你也从未对自己的事业产生过怀疑和动摇？

7.对于那些没有报酬的事情，你会从内心感到无比的厌烦和抵触？

8.在遇到问题时，你总是善于从多方面去考虑，从不拘泥于一条思路？

9.解决问题时，你会重点关心“是什么”，而非“可能是什么”？

10.即便是非常熟悉的东西，你也经常会用陌生的眼光去审视和探究？

11.你总觉得企图把事情做到完美是种很不明智的表现？

12.你觉得最愉快的事情就是深入研究某个问题？

13.你从来都不善于从别人失败的结局中发现问题，并吸取经验和教训？

14.你的好奇心很强，总对周围的事物产生兴趣，而且一旦深入就很难放弃？

15.生活中，你是一个标准的独行侠，从来不愿跟别人搅在一起做事？

16.在你看来，提出更好的新建议，要比说服对方接受目前的建议更重要？

17.在与朋友产生争执时，你总会因为不想使对方难堪而放弃自己的观点？

18.你热衷于做各种事情，每当事情完成后，你便会产生很大的成就感与兴奋感？

19.你从来都不认为灵感可以帮助你获得更多成功？

20.你总是觉得自身有无尽的潜能可挖掘？

【计分方法】

共20个测试题。每题2分，共40分。凡在单号题1、3、5……19答“是”的得0分，答“否”的得2分；凡在双号题2、4、6……20答“是”的得2分，答“否”的得0分。

【测试结果】

28－40分：你有很强的创造力。从测试情况来看，你具备很多与众不同的个性心理特征，不仅能够灵活深刻、有条不紊地思考问题，还能将思考的结果实现出来，这是一项很大的优势。如果目前你已经有所成就，就需要戒骄戒躁；如果你仍旧在奋斗期的话，也不用过于焦虑，努力保持这种状态，很快便会脱颖而出。

16－26分：你的创造力一般。你总习惯性地采用现有的方法和思路去考虑和处理问题。这种做法虽然比较稳妥，却难有大的突破和发展。要知道，思维的灵活程度决定着创造能力的强弱，所以，不妨给自己安排一些能够训练思维灵活度的项目，这样才更有利于提升创造能力。

14分以下：你的创造能力较弱。生活中，你是个比较缺乏趣味和魅力的人，解决工作上的问题时，思维也不够灵活。不过不用沮丧，在比较熟悉的工作中有意锻炼自己的思维能力，也会有不小的收获。

二、创意人才的特征

我们常说“某某很有创意”，也常说“某某很没有创意”，到底怎么样的人才是有创意的人？有什么特殊的人格特质使人比较有创意吗？根据多项学术研究表明，在所谓“有创意的人”身上容易见到某些特定的人格特质，如做事有弹性、对不明确的状况有容忍力、愿意冒风险、有幽默感、有想象力、爱问问题、自信、好奇心重、知识丰富、有特殊嗜好，等等。在这么多特质里，又有几人拥有全部的特质呢？也正因为所谓“创意的特质”有很多，每个人多少都拥有一些，那是不是每个人解决问题的不同风格让某些人看上去比较有创意？有测验显示，所有的风格都可能带来好的创意结果。每个人都拥有“不同”的创意风格、“不同”的创意偏好，只是不同，没有所谓的好坏。

《简明大不列颠百科全书》中写道：“与常人相比，他们有时显得很幼稚，有时则很文雅；有时有破坏性，有时则很有建设性；有时更疯狂，有时更理智。”下面我们将具体描述创意人才的特征。

（一）鲜明的个性特征

1. 富于想象

想象力丰富是创意人才的特点之一。创意能力是多种能力的综合，主要包括感知力、记忆力、思考力和想象力四种能力。所谓想象，在心理学上是指人们在头脑中改造记忆的表象而创造新形象的过程。想象能力即指将这种形象再现出来的能力。想象力以原有的知识和经验为基础，通过新的加工和组合产生新的知识、经验。没有想象力，就没有创造力。想象力是人们从事科学创造、艺术创造必不可少的基本素质。

[案例精选] 《阿凡达》——震撼世界的想象力

《阿凡达》是迄今为止全球最卖座的电影，这部电影的成功离不开导演卡梅隆天马行空的想象力。《阿凡达》讲述了在遥远的未来，人类为了抢夺潘多拉星球的稀有矿物质而进行“阿凡达计划”，让阿凡达潜伏到纳威人中当卧底。当人类决定彻底摧毁潘多拉星球时，阿凡达挺身而出保护了纳威人。电影中充满了各种稀奇古怪的发

图 7—1 《阿凡达》

明创造：夜间发光的森林、一触碰就变小的似含羞草的粉红植物、旋转飞行的“蜥蜴”、有数层楼高的“皇虹鸟”、空气中游动的泛着荧光的树种……卡梅隆不仅创造了一个潘多拉星球，还构建了一整套外星球的生态系统、纳威人语言体系以及人和动植物的“触角”交流方式等。卡梅隆在接受采访时谈到想象力的重要性，他说：“好奇心很重要，这是你拥有的最强大的事物。想象力是一种可以真正改变现实的力量。”卡梅隆从小就喜欢看科幻小说，并且会幻想小说中各种星球上的场景，把它们画成漫画。而电影，就是卡梅隆把小时候的奇思妙想和影像结合的方法。《魔鬼终结者》、《异形 2》、《无底洞》、《泰坦尼克号》等都是卡梅隆想象力的展现。观众可以期待这位不断刷新电影史的导演带来下一次想象力盛宴。

2. 勇于创新

每个人在生活和工作中都有灵感乍现、创意迸发的时候，但是，对于创意人才来说，创新并不是一瞬间的活动，也不是一次性的尝试，而是生活和工作本身。尽管创意人才分布在不同的行业，从事不同的工作，但相同的是，他们经常会有创新的想法，发明新技术。他们的工作是具有创造性的，需要充分发挥个人的创造，进行新的尝试。他们视创新为乐趣，始终保持强烈的好奇心和求知欲，敢于探索、冒险，善于发掘新鲜事物，创造新的联系。

［案例精选］　陈士骏——永远站在无聊的对立面

2005 年，陈士骏和同伴一起在车库创建了视频分享网站 YouTube；2006 年，Google 以 16.5 亿美元收购了 YouTube。一夜之间，陈士骏拥有了亿万身家。从加盟 PayPal，成为百万富翁，到加盟 eBay，再到开创 YouTube，然后将 YouTube 卖给 Google 成为超级富豪，陈士骏成为华人中又一位互联网风云人物。但是，这位年轻的超级富翁并没有停下自己奔跑的脚步。2009 年，他离开 Google，离开给自己带来无限荣耀的 YouTube，创立了 AVOS。当被问及“你已经很有钱了，为什么还在不停地创业”时，陈士骏说：“创业者的激情无论在哪里都一样。不管他们是住在带泳池的大房子里，还是睡在公司的地板上；不管是在加州的草坪上凝神思考，还是在中关村拥挤的餐厅里排着长队，心里却对代码念念不忘。他们会永远站在无聊的对立面，永远那么折腾，绝不让自己虚度光阴。就是永远站在无聊的对立面（的理念），支撑着我从 PayPal，到 You-

图 7—2　陈士骏

Tube，再到现在的 AVOS。”①

(二)年轻

创意产业正处于起步上升阶段，因为充满活力和生机而吸引了越来越多的年轻人；同时，年轻人具备较强的创造力和创意激情，更富于想象力和创新力，更敢于冒险，也更适合创意产业的发展。特别是当前的创意工作越来越依赖数字技术和信息技术，创意设计师更加频繁地借助计算机、扫描仪、数码影像类产品等辅助工具。而 20—30 岁之间的年轻人在学校读书或者工作期间就有机会接触到最新的数字化工具和互联网络。他们充满活力和干劲，对新生事物的接受和理解能力都极为突出。

[案例精选] 设计创意以年轻人群为主

2010 年，艾瑞咨询针对中国设计创意产业人群展开的在线调研显示：在参与调研的有效人群中，人数最多的是 18－24 岁人群，有 1899 名，超过半数，占全部人数的 54.4%；其次是 25－30 岁人群，有 1112 名，占 31.8%；其后依次是 31－35 岁、36－40 岁、40 岁以上和 18 岁以下，分别有 293 名、105 名、67 名和 18 名。青少年(18－30 岁)人群占调研人群的比例超过了 85%，这无疑是因为此类人群无论是其具备的设计创意灵感(能力)，还是其对设计创意的兴趣(意愿)，都要优于其他年龄的人群。他们善于接受新事物，能较快地学习和掌握创意设计相关的工具，例如计算机等数码电子类产品。有很多年轻人，特别是男性对此行业充满兴趣和热情，也极大地推动了行业的发展，是设计创意产业的主力军。②

(三)价值观独特

创意人才具有独特的价值观，比如，尊重个性、不因循守旧、喜欢开放和自由等。佛罗里达在《创意阶层的崛起》一书中写道：“在发达国家，人们对经济成长的关心已逐渐被对生活方式以及自我价值实现等其他关心所取代。这些价值观释放了人的创造性，成为后工业时期资本主义经济成长的新的推动力。”按照马斯洛的需求层次理论，创造利润不是创意人才的终结目标，自我价值的实现才是他们最看重的选择。

[案例精选] 乔布斯——不要重复其他人的生活

IT 业拿破仑、创新教父、理想战士……这些都是贴在乔布斯身上的标签。观其一生，

---

① 侯继勇：《对话 YouTube 创始人陈士骏：创新向中国迁移》，《21 世纪经济报道》2011 年 11 月 14 日。

② 艾瑞咨询：《设计创意年轻人群为主 网站是最重要渠道》，http://www.iresearch.com.cn/View/138584.html.

图 7—3　斯蒂芬·乔布斯

乔布斯从不随波逐流，思维另类，蔑视教条。2005 年，乔布斯曾在斯坦福大学毕业典礼上发表了演讲，透露了决定他每一个行动、每一个决策、每一项创造的秘密："你们的时间很有限，所以不要浪费在重复其他人的生活上。不要被教条束缚，那意味着你和其他人思考的结果一起生活。不要被其他人喧嚣的观点掩盖你真正的内心的声音。还有最重要的是，你要有勇气去听从你直觉和心灵的指示。"乔布斯近乎偏执地坚持他的价值观，当微软和英特尔联手进军 PC 市场时，苹果却坚持走封闭路线；当互联网免费下载就要为音乐产业书写挽歌时，苹果 iTunes 将设备、软件、在线商店完美结合，打造了全新的商业模式，为音乐产业带来了曙光。iPod、iPhone、iPad，每一样产品都以乔布斯不随波逐流的姿态缔造了数字时代的产品奇迹。

（四）流动性强

创意人才流动性较强。首先，创意产业各门类间相互交融，增加了创意人才选择工作的范围，创意人才的缺乏又加剧了一些行业对于创意人才的争夺。其次，创意人才的年轻化因素使得创意人员一般不会固守在某个工作岗位上，而是经常去寻求更大的发展空间。再次，由于许多创意行业的生产组织形式表现为松散的个体劳动和简单的集体协作，因此创意人才多属于自由职业者，而不从属于某个固定的经济体。

［背景延伸］　中国游戏、广电产业从业者流动性强

《2010 年中国游戏产业报告》显示，中国自主研发网络游戏行业的人员流动率高，且不是以个体流动，而是以几个人组成的团队或设计室为主。2010 年《广电从业者生态调查报告》发现，广电从业者职业变动频率较高，近四成从业者换过单位。其中，在 2－3 家工作过的占 34%，4－5 家的占 4%，5 家以上的占 1%，只在一家单位工作过的从业者占 61%。与报业相比，广电从业者更换单位频率相对较低，其中只在一家单位工作过的人员比例比报业高出 18 个百分点。[①]

第二节　创意人才分类

一个创意从产生到形成产品、进入市场、进行后续开发，形成了一条完整的创意产业

---

① 陆高峰：《广电从业者生态调查报告》，《传媒》2010 年第 7 期，第 37—40 页。

价值链。根据创意价值链的不同环节，可将创意人才分为三类，即创意生产者、创意策划者和创意产品的经营管理者。

一、创意生产者

创意生产者指从事创意生产工作的原创人员，包括艺术家（画家、作家、编剧、词曲作者、乐队指挥、演员、演奏及摄影、摄像、动画、魔术等艺术创作人员）、设计师（服装、建筑、装潢、动漫、游戏、广告等），以及民间艺术家和民间手工艺人。

创意大师詹姆斯·韦伯·杨曾将创意过程总结为“五部曲”：（1）往头脑里塞情报；（2）消化资料；（3）暂时不想，做点别的什么；（4）灵感突然出现；（5）最后形成并发展此创意，使之能够实际应用。

在韦伯·杨的创意观中，灵感激发创意只是创意过程的一个阶段，人的心智能够经过训练，把握规律和法则，形成敏锐、迅速地产生相关性的能力。因此，创意并非只是创意人才独有的天赋，尤其是在数字时代，数码设备和互联网的发展为每一个人提供了施展创意和才华的机会。无论是博客、播客、闪客、维客、魅客、沃客、拼客，还是换客、秀客、测客、极客、掘客、淘客、粉客……只要有创意，就可以在网上找到属于自己的拥趸。而专业的创意生产者，也能应用数字技术为创意找到更适合、更完美的展现方式。

创意生产者改变了过去通过资本创造价值的实体经济模式，他们用个人的创意、技巧和才能生产价值，为创意产业提供文化内容。创意不同于创新，它作用于人的情感，不仅为消费者带来使用价值，而且为消费者创造意义。正如美国《圣何塞信使报》在比较苹果和微软的产品时所说：“乔布斯的公司生产简单、优雅的东西，让每一个人喜欢，但是相对用的人少；盖茨公司创造的软件，几乎所有人都用，却不见得喜欢。”苹果创造的是意义，而微软创造的是使用价值。由于创意产品的独特性，创意的生产者在某种程度上来说已经成为了稀缺资源，而且创意生产者位于创意产业价值链顶端，其工作成果将直接影响到创意产业价值链的延伸空间。可以预见，未来创意行业内，创意生产者的竞争将会越来越激烈。

二、创意策划者

创意策划者指那些致力于把创意以最完美和最恰当的形式展现出来，是创意生产的管理者和组织者，包括：导演、策划人（广告活动策划、项目策划）、策展人等。创意产品要进入市场，形成产业，就需要创意策划者对产品的设计和生产过程进行组织和管理，整合人力、物力、财力资源，将资源利用效率最大化。创意策划可谓无处不在，图书、电影、广告、展览，小到微观的活动流程、媒体宣传，大到宏观的品牌策划、市场发展。

创意策划人不仅要懂策划，把握市场需求，还要有一定的艺术鉴赏能力，能够敏锐地捕捉创意产品的价值。以策展人为例，随着全球交流的日渐频繁，策展人对当代艺术发展的作用日益凸显。策展人即那些组织策划艺术展览的人，他们利用专业优势，通过学术眼光的引导，把优秀的作品推向市场。他们不仅是受过艺术训练的学者，能够写文章，还具有筹集资金以及完成公关、推广工作的能力。一个优秀的策展人，集策划、采访、写作、艺术评论能力于一身，为艺术家和公众建立沟通的桥梁，为艺术品走向市场开拓渠道。

创意策划者的工作强调构思的创新性。让人耳目一新的创意策划或凭借内容和形式创新，或凭借运作模式创新，是对传统、惯性、僵化思维模式的突破。著名的策划大师科维宣称："我要做有意义的冒险，我要梦想，我要创造，我要失败，我也要成功……我不想效仿竞争者，我要改变整个游戏规则。"创造性的思维，是策划活动创造性的基础，是策划生命力的体现。

创意策划者要借助外部资源，在更大范围内支配运用资源，形成优势互补，实现双赢乃至多赢的目标。以营销策划为例，创意策划者要重视对各种营销工具和手段的系统结合，整合运用各种传播媒介和手段，如广告、促销、展会、体验营销、电子营销等等。

［案例精选］　赖声川的"集体即兴创作"

被誉为"台北剧场最闪亮的一颗星"、"亚洲剧场导演之翘楚"的赖声川，涉足话剧、电影、电视等多种艺术创作，他创造性地使用了西方前卫剧场"集体即兴创作"的方式，成功地创作了《那一夜，我们说相声》等相声剧系列、《暗恋桃花源》等经典的舞台剧系列，以及《绝不付账》等改编剧系列。他的赖式"集体即兴创作"充分调动了演员的个体生命情感与日常生活经验，在开放、互动、碰撞、融合的集体创造中，把个人与社会、历史与现实、精英与大众等进行了完美的熔铸，形成了自己独树一帜的创作风格。如果要解析他成功的奥秘，显然首推具标志性的两大法宝："即兴"和"创意"。

图 7—4　赖声川

集体即兴创作是赖声川话剧创作的主要方式。集体即兴创作是与传统话剧表演将所有部门——编、导、演、灯光、舞台设计、服装、音效、技术等拆开，先进行剧本创作，再根据剧本这个起点把以上工作拼成完整的"冒险"程序的完全相反的过程。集体即兴创作是一个自己出题，然后大家一起作答的，一个在不断碰撞、调整、吸纳中有机生成的集体创作过程。[①]

① 胡薇：《赖声川的"即兴"与"创意"创作法》，http://www.chinadaily.com.cn/hqpl/zggc/2012－03－06/content_5330455.html.

赖声川的创作首先是确立一个创作的动机，即他所谓的“精华”，那个“精华”是整个作品的主要精神，通常是一个深刻的感受、情感，或者是指引方向的强烈意念。在还没有明确角色及剧情之前，一群人——赖声川和演员——就在一起，共同从那无形的精华出发，朝向有形的演出推进。所有的剧本、角色、舞台设计等，都变成这个过程的必然产物，永远是一体的成长，不会是由部分单独成长。

图 7—5 《暗恋桃花源》

这个导演与演员相互碰撞、共同创作、一起成长的过程分成两个基本步骤：第一步，设定角色。比如在《暗恋桃花源》中，江滨柳这个角色是演员金士杰在即兴表演的过程中所创作出来的，而他的创作是赖声川和他坐着商量了好几天的结果。[①] 赖声川说：“根据我在开始时对整个戏的概念，我们一步一步地建立起‘身份资料’：籍贯——东北；东北哪里？访问了许多人，找了许多抗战资料之后，我们决定是吉林。……年龄？慢慢推算：如果他 1948 年在上海和云之凡谈恋爱，又在 1939 年离开东北，那么他就应当是 1925 年左右生的。从这里，我们便替这个角色编出一个生命的架构，一份自传的草图，由金士杰一天一天地填上这个草图的细节。我的工作是架起这个角色的轮廓。这个角色后来的内心发展，或许演员知道的比我还清楚，因为是他在做这一件事情。在创作过程中，演员一直增进他角色的深度。他同时知道我随时注意着，有任何违背戏本身的个性都会被我修正。”第二步，设定状况。“当所有人都知道自己是‘谁’之后，我所出的‘状况’就变成所有人的活动环境。……被限定很清楚的角色被放在一个被限定很清楚的状况内，然后他是自由的，而在这自由中，他的反应取决于内心的反应，必须全身心投入角色及状况，真实的反应，那么会有意想不到的对话、动作、情绪出现。”在这个过程中，导演是一个“刺激者”的角色，他提供整个创作的方向，并对所有即兴表演时的对话、故事等原料进行修剪、延伸和组合，进一步刺激这个整体有机物的成长，直到共同完成一个圆融完美的作品。

而对于“创意”的张扬与实践，不仅开启了赖声川艺术创作和其他工作的新境界，更是使他将原来属于小众文化的戏剧演出扩大到大众文化的范围并得以将作品“产业化”的一大法宝——他不但在自己的戏剧创作中加以运用，而且在一些大型活动中一试身手。如在

① 牛鸿英：《开放的舞台创作观念——浅析赖声川的“集体即兴创作”》，《艺苑》2009 年第 4 期，第 11—16 页。

北京国家大剧院亮相的2011版《新暗恋桃花源》中，赖声川推陈出新，携手杭州越剧院、杭州话剧团，将话剧与越剧混搭，把“桃花源”的部分以越剧的形式重新进行了编写和排演。在这场“创意”实验中，赖声川通过赋予合适的载体，不仅令传统戏剧的魅力重新焕发了出来，还引发了观众对于这出“老戏”的新鲜感。如果分析全剧的越剧部分之所以在整部戏中显得光彩照人，那也正是因其富于创意的整体创作思路起了决定性的作用。

三、创意经营管理者

创意产品的经营管理者是指通过创意产品的经营实现创意产品价值的人才，他们既通晓创意产业内容又擅长经营管理，包括：公司经理、项目经理、拍卖师、评估师、经纪人、中介人、制片人、画廊经理、书商等。

创意产品是意义和价值的生产，源于个人的创意灵感，具有突发性和随意性特点，因此在设计和消费过程中蕴藏着巨大的不确定性。许多才华横溢的创意人才由于远离市场，其作品虽然具有较高的艺术性，却缺乏商业性，难以走向大众，实现经济价值。此时，需要经营管理人才对创意产品进行专业的商业运作，评估创意，控制和降低不确定性带来的风险。创意产品的生产者喜欢自由，不受拘束，工作时间、地点灵活，其工作特点决定了他们很难兼顾创意生产和产品的经营管理。因此，经营管理者需要针对创意人才的性格、生活、工作特点，采取有效的激励措施，为创意生产者创造一个轻松、愉悦的工作氛围，激发他们的创意灵感，形成有利于创意、创新的宽松环境。

和其他行业的管理者相同，创意产品的经营管理者具有计划、组织、领导和控制职能，能够合理有效地对企业内部的人、财、物进行分配，通过统筹、规划和运作实现组织目标。由于创意产业的特殊性，其经营管理者除了具备上述能力，还要具备创意精神，了解文化创意的特殊性，掌握知识产权保护的相关法律，在创意企业中能承担起创意激发、创意发现、创意价值转换的工作。

[案例精选]　Google的创新管理

Google拥有魔幻般的技术资本和创新能力，但是，仅仅依靠出色的技术并不能使其成为世界级的公司。Google的创新管理吸引了一流的技术人才，Google的自由氛围孵化了源源不断的创意。

Google号称全球最“腐败”的IT公司。在Google总部，办公室并不是刻板的办公场所，而更像是休闲场所。这里摆放着色彩多样的玩具和各种各样的游戏机。Google的员工不少都骑着电动滑板车或者Green Machine车（一种适合11岁儿童的玩具车）来往于办公室之间，有的Google员工穿着短裤和汗衫在走廊上来回溜达。办公室里有的员工还带着自己的小孩，此外还有可以安置小狗的位置，小狗就在那里玩耍。办公区里健身球和 M&M's 巧克力随处可见。每过个转角，就会看到食物。这里有 20 个零食间，24 小时供应各种糖果、饼干，还有纯果汁。而这一切，都是免费的。办公楼里设有洗衣间；在健身房和游泳池里，员工可以享受免费的按摩，可以打乒乓球、游泳，可以在"冰淇淋吧"里小憩。餐厅布置得温馨雅致，还有硅谷里最出名的五星级"免费吃到饱"餐厅，提供85%都是用有机原料做成的有机饮食，为数千名员工提供免费餐点。在公司的诊所里，有驻诊牙医与家庭医师在看诊。请育婴假的员工可照领 75% 的薪水；婴儿出生后两周内，公司每天补贴 50 美元当作员工坐月子的津贴。

20%的"员工自由时间"是 Google 管理制度中最为人称道的一部分。员工可以把这20%的时间用于任何形式的户外活动。Google 的管理者们相信，每个员工偶尔都会有偷懒的想法，或者说当他们反复面对同一项事物的时候，他们很容易产生厌烦的心理。Google 的聪明就在于，它充分理解员工的这种心态，它知道即使不给员工自由时间，员工也会想办法偷懒，与其偷偷摸摸，弄得两边都不高兴，何不让员工自由公开地支配一小段时间呢？更重要的是，员工的感受会变得完全不同，有了 20%的自由时间而不会被看成是在偷懒，他们会感到自己受到了尊重，感觉自己在真正地为兴趣而工作。在 Google 工作的人，感觉不像是在一家公司上班，更像是在一个大学或研究机构做有趣的研究。而Google 则可以从这些自由员工的大脑中，源源不断地提取新的创意和新的商业计划。

第三节　创意人才的生存环境

一、创意人才的培养

根据创意人才在产业链上不同的分工和职能，创意人才的培养也要根据他们工作的不同特点采用不同的培训内容。一条完整的创意产业链包括原始创意、创意产品、创意商品化及衍生品开发四个环节。针对不同环节的创意人才要进行具有针对性的培养，以创意人才的培养和培育达到完善产业链的目的。

培养创意的生产者，首先要加强各个创意产业门类扎实的专业基础，如设计、绘画、写作能力等，此外还需要促进他们开拓性的思维，训练他们在生活和工作中不断激发创意的能力。美国励志大师鲍威尔·莫特夫在《如何激发创意》一书中提出了激发创意的十大法则，可以作为一类创意人才培养的参考方法。作为一名创意人士，首先要学会开放自己，接受可能的际遇，因为在任何场合遇到的人，都可能成为自己的创意老师，要保持开放的心胸，愿意接纳各种不同的看法。其次要养成随时捕捉灵感的习惯，例如随身携带记录灵感的笔记本，将脑中的想法一一记录下来，预防灵感流失。再次是要挑战非习惯性领域，脱离固定的格局，尝试学习财经、文学、艺术、体育、计算机、史地等各种相关的知识，训练自己多元化的思考，以丰富的外界刺激激发创意。最后还要善用现成的创意，想想原有的创意有哪些部分能替代，扩大或缩小后会有什么效果，将创意反过来想，又会变成什么样。善用别人新奇、有趣的点子，也可以变成自己的创意。

对于创意生产的引导者，要培养他们的市场意识和对文化产品的敏感性。只有具备与文化创意产品相关的坚实理论和系统的专业知识，把握产品的艺术创作规律，了解领域内国内外产业发展前沿，拥有较强的市场意识和综合分析能力，熟悉产业运营规律，创意生产者才能够承担起创意产品的推广、衍生产业的发展、品牌的建立、价值的挖掘等工作。以我国动漫产业为例，动漫人才需求缺口有15万人左右，严重缺乏高端创意与产业开发人才。产业开发人才是指熟悉动漫产业链条各个环节和动漫产业运营规律，具有市场开发能力，并能够承担动漫产业重大项目的策划型、营销型人才。由于高端产业开发人才匮乏，动漫产品的版权价值得不到有效开发，导致国产原创动漫作品在市场运作模式和市场推广过程中失利。再加上高端创意人才缺乏导致我国动漫产业原创精品奇缺，以致动漫产业利润空间狭小，至今难以摆脱依靠外包加工的盈利方式。

创意产品的经营者在创意产品的商品化过程中扮演着至关重要的角色。培养创意产品的经营者，就是要培养既精通经营之道，又通晓创意产业内容的专门人才。以传媒产业为例，时至今日，在全球经济一体化的国际背景下，各行各业都急需高素质的经营管理人才，传媒尤为如此。随着传媒市场化程度的不断加快和国内外传媒竞争的日益加剧，传媒经营管理型人才逐渐受到重视。传媒业的经营者又被称为“传媒职业经理人”，包括电影、电视、广播节目制片人，报业传播业务项目经理，出版界项目负责人等。这类人才与记者、编辑、主持人等一类创意人才以及从事策划、发行、广告等工作的二类创意人才的最大区别在于其综合性，突出的职业特征是能够融媒体传播与经营管理的知识和能力为一体，是高层次的复合型人才。培养传媒经营人才，就是要培养一批懂得企业管理基本原理，懂得管理学、经济学、市场营销学、财务学等基本经管知识的人才。但仅仅这些是不够的，他们还必须掌握采编等基本新闻业务知识，懂得传媒产业宣传的规律性，建立有关媒体的系统知识体系，并且能够把商业管理的一般知识同传媒产业宣传的规律性要求，同传媒产业经营活动的规律性要求科学地结合起来。

［背景延伸］　创意思路引导师——创新思考催化剂[①]

创意思考法在国外已有几年的研究历史，创意思路引导师（Creativity Facilitator）所扮演的角色，则是企业创新思考的催化剂。在国外，创意思路引导师是一种专业人士，自成一个行业，还可分为一般会议、系统工程、未来预测等不同功能的思路引导师，与顾问

---

① 吴佳音：《“创意无限公司”催生者，创意思路引导师》，http：//tw. news. yahoo. com/060706/249/3bnwg. html.

(Consultant)同等地位。两者的差异在于,创意思路引导师会带领企业从A点走到B点,但是不提供答案,也不提供资源,而顾问提供的是解答。

在团队中,创意思路引导师最能发挥其作用,实现创意的价值转化。创意思路引导师运用本身清楚的思维逻辑与流程,带领团队成员理清并讨论议题,在脑力激荡的过程中,灵活运用各种激发创意的手法,让成员得以产生多样、独特且具价值的想法,最后再经由讨论,取得共识,有系统地将这些点子变成企业实际运作时可以具体实行、有效达成的行动方案。

一个成功的创意思路引导师,是掌握团队思考流程的专家,带领团队进行动脑会议的过程,称之为CPS(Creative Problem Solving)思考流程,也就是运用团队创意来解决某项特定议题。

团队的创意思考或是动脑会议的导引过程,首先要确认三种角色:思路引导师(Facilitator)、议题负责人(Client)、资源团队(Resource Group)。思路引导师在整场会议中担任"思考的交通警察"。只要有引导师在,会议中不分职位高低,每个人都有同等的发言权利,即使有主管在场,也是由引导师领导会议流程。这就避免了员工因为顾及主管而不敢畅所欲言的问题。议题负责人是会议讨论事项的负责人,必须负责执行讨论后的决议。资源团队指的是与会人士,他们会从不同角度提供给议题负责人创新的点子。

一个完整的创意思路引导过程包括六个步骤:1.理清目标;2.搜集相关资讯;3.罗列达到目标可能遭遇的问题;4.点子发散;5.评估及强化解决方案;6.拟定行动方案。

创意思路引导师所使用的创意思考工具可划分为两类:发散思考工具和收敛思考工具,根据不同情况而使用不同方法。在引导团队思考的每个步骤中,都包含发散与收敛的程序。

发散思考指的是让团队不断产出大量点子,越疯狂越好,也鼓励成员从别人的点子中引发新的联想。在发散阶段,对于任何人提出的点子都不能急着下评论,必须让成员畅所欲言,抛出真正的想法。等到点子被肆无忌惮地提出以后,再进行收敛思考。在发散过程中被记录下来的天马行空的点子,必须有方法地被收敛至一定范围,归结成共识,转换为实际的行动方案,被议题负责人所接受并执行。

二、创意人才的生成环境

(一)宽松的社会氛围

宽容社会是一个宽松、包容,允许多样化的文化存在与发展的社会。宽容的社会拥抱和接纳来自不同地方、拥有不同背景、怀有不同信仰的人才,鼓励并为他们创造条件施展才华,不断创新。在宽松、有序、多元的社会氛围中,各种文化、思想相互碰撞,激发出无限的创造热情。

如何衡量一个社会的宽容度？佛罗里达在定义推动经济发展的“3T”要素（技术、人才、宽容度）时，提到宽容吸引人才，人才创造技术。佛罗里达用移民比例、同性恋指数以及波西米亚指数来衡量一个社会的宽容度。20 世纪 90 年代见证了美国历史上最大规模的移民浪潮，对全世界范围内富有创意精神个体的开放性，构成了美国的显著标志。

宽容的社会环境吸引、包容不同类型的人才，创意人才的到来又为社会注入新鲜血液，成为经济增长、文化繁荣的动力。外国移民往往具有与本国人不同的思维方式和处理问题的方法，能在学习和工作中发挥互补的才能。在一项对硅谷的实证研究中发现，硅谷有近 1/4 的新企业是由中国人或印度人创办的，硅谷地区 1/3 左右的科学家和工程师来自美国以外的国家和地区。佛罗里达认为，在某种程度上，同性恋是测量社会宽容度的一个有效指标。因为作为社会的一个群体，同性恋者受到相当程度的歧视，想要融入主流社会的努力常遭到强烈的反对。如果一个社会、一个地区能接纳同性恋者，则也会对其他各类人群持比较开放的态度。同性恋集中度越高的城市，其社会多样化和开放度越高，越能吸引和发展高科技产业。佛罗里达还建立了“波西米亚人指数”指标，以作家、设计师、音乐家、演员、导演、画家、雕塑家和舞蹈家的人数比例来衡量社会开放度。通过计算多个地区的波西米亚指数，佛罗里达总结出有着繁荣艺术与文化环境的地区能够吸引创意人才，诞生创意经济成果。

［案例精选］　加拿大的马赛克文化①

在加拿大这个多民族组成的移民国家里，拥有一百多个民族，包含八十种以上不同的文化形态。不同种族和文化的人们生活在其中，但保有各自的行为特征、生活方式和传统，这种文化的多重性被社会历史学家约翰·波特形象地描述为“马赛克”文化。

宽容性是加拿大多元文化的特点之一。加拿大联邦政府早在 1972 年就设立了多元文化部，1988 年又通过《多元文化法》，保护各民族文化共存和文化平等。在日常生活中，加拿大各地的电视台不仅使用官方语言英语和法语，还使用其他语言，比如，一个温哥华的电视台就用六种语言播出节目。加拿大还以宽松的移民政策著称，移民占全国人口的 99%（相对于“原住民”来讲）。联邦政府的移民局，以及相应的省级机构都设立了一些服务项目，专门帮助初来这个国家的人。在法庭上可使用母语的权利也被写入宪法。世界各地的移民为加拿大带来了丰富多彩的文化气息，形成了多元文化环境。不同民族文化背景的社区、团体为保持和发展民族文化而举办的活动，不仅会受到社会的尊重，而且还会得到政府的支持。例如，华人区的中文补习班可以得到政府文化基金的补贴。在这种

---

① 王克婴：《多元文化视角的加拿大创意城市的形成及发展》，《北京城市学院学报》2011 年第 2 期，第 40—45 页。

环境中，不同文化相互影响，带来了加拿大文化事业的兴旺蓬勃。

加拿大民族、种族成分的多样化带来了文化的丰富多样性，不同民族、种族、文化和睦共处的多元化特色成为加拿大与其他移民国家最显著的区别性标志。这种被加拿大政府和人民引以为荣的特殊文化环境，也成为加拿大吸引世界各地创意人才的重要因素。在多伦多，创意阶层占劳动力的比例是36%、蒙特利尔是35%、温哥华是35%、渥太华是45%。总体而言，创意阶层在加拿大占劳动力的1/4，为加拿大经济、文化的发展带来了勃勃生机。

(二)城市的吸引力

在创意经济时代，知识和创意成为财富创造和经济增长的主要源泉。一个城市的竞争优势来自于对创意人才的吸引力。城市如同人一样，具有不同的秉性。文化、历史、建筑、生态以及经济发展等因素共同决定了一座城市的特质。传统的工作者寻找工作，而创意人才寻找工作所在的城市。能够吸引创意人才的城市具有一些共同的特质，包括创意产业的发展、便利的公共服务设施以及城市的文化魅力。

1.创意产业的发展

高科技、艺术、文化、娱乐、计算机、软件、体育等创意产业对创意人才具有巨大的吸引力，名列前茅的国际大城市无不具有发达的创意产业。号称“时尚之都”的巴黎聚集了法国55%的设计公司，提供全国76%的创意设计工作岗位，涵盖领域包括产品设计、服装设计、时尚设计、包装设计等等。而作为英国“创意之都”的伦敦，创意产业的艺术基础设施占了全国的40%，广播与电视产业一半以上的雇员在伦敦工作，人数达25000多；伦敦还拥有全英国85%以上的时尚设计师。城市拥有蓬勃发展的创意产业不仅能为创意人才提供充足的就业机会，吸引创意人才的到来，而且随着创意产业的发展，人们的文化水平将大大提高，新的观念产生，新的创意涌动，使各行各业都有无数的创新出现，从而推进城市经济增长。

2.便利的公共服务设施

哈佛大学的城市经济学家爱德华·格里则强调了四种城市便利性：(1)充实的商品市场及服务；(2)由优美的建筑和城市规划等形成的良好城市外观；(3)低犯罪率，良好的学校等公共服务的完备；(4)便捷的交通及通讯基础设施。创意人才对生活和工作环境具有较高的要求。城市基础设施低下的区域不能满足创意人才多姿多彩的生活方式。一个公共服务设施完善、文化娱乐生活丰富、交通便利的城市，才能吸引创意人才集聚。

3.文化魅力

创意城市根植于本地文化，而文化都是有地方特色的。不难发现，世界各地的创意城市都富有个性，具有鲜明的形象特征。文化魅力可以来源于历史的积淀，如北京厚重的历史所塑造的文化氛围是吸引众多年轻人北上的动因之一；文化魅力也可源于现代文明的体现，正如已成为旧金山象征的“硅谷精神”就代表了这座城市的创新文化，成为无数企业家、创业者的梦想之地。文化魅力还与一个城市的教育环境息息相关。佛罗里达曾按照创造性大小对人口 100 万以上的美国大城市圈进行排名：旧金山、奥斯丁、波士顿位居创造性城市的前三名，纽约、洛杉矶、芝加哥分别在第 10、第 13 和第 16 位。这些创意型城市集中了一批著名的大学。例如，波士顿拥有哈佛大学和麻省理工大学，纽约拥有哥伦比亚大学和纽约大学，芝加哥拥有芝加哥大学和伊利诺伊大学，洛杉矶拥有加州大学洛杉矶分校和南加州大学，等等。大学是思想最具活力、文化碰撞最激烈、科技创新最活跃的地方，是城市创意人才的孵化器。

[案例精选]　纽约的吸引力①

从风格各异的街头涂鸦到切尔西画廊，从百老汇剧院到出售“咖啡体验”的星巴克，从以广告闻名的麦迪逊大街到创造了“艺术家＋旧厂房”模式的 SOHO 区……这个创意无所不在的城市，就是纽约。

2012 年，英国《经济学人》杂志发布了“全球最具竞争力城市指数”报告。这个根据经济竞争力、有形资本、金融成熟度、体制效用、社会和文化特色、人力资本、环境和自然灾害、全球吸引力等 8 项指标进行评估，排列了最有竞争力的世界城市排行榜，纽约从 120 个主要城市中脱颖而出，成为最具竞争力的城市。

纽约市市长彭博在接受采访时说：“全美刚毕业的大学生都涌到纽约，是因为纽约有世界上最激动人心的事物，包括音乐、艺术、设计、美食、商店、技术、环保等等。”最具有创意的人才，总希望居住在能让其创意尽展的城市，包括保护个人自由、鼓励多元文化、培育崭新理念的地方，能为他们提供最好的工作机会，也提供最强的文化吸引力和最高的生活品质。因此，纽约一直以来以文化吸引人才，以人才吸引资金，再凭借人才加资金创造竞争力，再以竞争力塑造更多的文化产业，吸引更多的人才，形成了创意城市发展的良性循环。

《创意城市：百年纽约的时尚、艺术和精神》一书中，作者总结了纽约创意力量的来源。其一是人的力量。创意人的智慧、技能和天赋是重要组成因素，这些创意天才们形成了纽约独特的社交圈子，他们在特定的场所聚会，觥筹交错间快速萌发创意，在天亮后大量生产，并迅速推向世界。他们运用各种因素引爆了文化商品化的潮流，推动了创意产业的崛起和创意经济时代的到来。其二是环境的力量，即创意只产生在具有包容力和多元文化的地方。虽然纽约的金融和其他服务业还维持着高度的重要性，但是文化创意

---

① 欣远：《创意的力量——评〈创意城市：百年纽约的时尚、艺术和音乐〉》，《设计》2011 年第 4 期。

产业却带着它那不怕金融海啸、不怕能源危机的姿态一路高歌猛进，展现了一种主宰未来的全新竞争力。政府在政策上的扶植更加有利于纽约文化环境上的多样性，增强城市的生机与张力，吸引世界各地的艺术家们前来投奔。

(三)生活质量

创意人才年轻、有活力，价值观独特，他们追求自由，喜欢刺激、多样、充满活力的生活，更看重才能的发挥和个性的张扬。对于创意人才来说，生活质量不仅意味着能够享受宜居的环境、便利的城市基础设施，还要体验丰富多彩的精神生活。

创意人才热爱工作，醉心事业，但是对于他们来说，工作不仅仅是一种生活手段，而是生活本身。工作和生活合二为一，快乐工作才是创意人才追求的生活态度。相比传统的将经济收入和政治权利视为社会地位的象征，创意人才更看重自己的心理需求，在意是否能在喜欢的工作上一显身手。工作的意义、工作的灵活性、所从事的工作带来的价值认同，成为创意人才工作的驱动力。为了满足创意人才快乐工作的需要，许多公司已经开始在工作环境的设计上作出改变，为员工创造更轻松的环境，激发员工的创造力。互联网公司Google，可以说是创意工作环境设计的典范：员工工作累了，可以在“隔音太空舱”里休息，这个类似太空舱的休息设施不但可以隔音，而且能阻挡任何光线进入；每层办公楼之间都安装了一个滑梯，既能提供娱乐，又能起到火灾时紧急撤离的作用；在很多办公区域，还设有台球、视频游戏等娱乐设施；身心疲倦之时，还可以到按摩室享受专业按摩。

创意人才既是创意工作者，也是创意生活家，在生活中寻觅创意、拥有创意、实现创意。创意人才青睐体验式生活。有调查显示，高收入创意工作者用于文化、休闲方面的费用支出几乎与购买商品和服务的费用持平，这个比例还在不断升高，新华出版社2009年版。佛罗里达在研究美国创意人才集聚特点时发现，无论种族、国别、性取向，创意人才都不约而同地聚集到旧金山SOMA、西雅图先锋广场、纽约SOHO等地，因为这些地方提供了相似的生活方式和环境：便利的商店、公园和公共交通，还有咖啡店、剧场等等。因为这些场所有利于人与人之间展开交流，激发创意。此外，比起像棒球、篮球等观赏性的体育运动，创意人才更喜欢具有自主性、参与性的体育运动，比如像自行车、攀岩、潜水、滑雪等运动。

[案例精选] 李欣频——创意是一种生活态度

李欣频，21岁进入广告圈，为诚品书店、中兴百货、Acer数字艺术中心、统一企业等品牌“倾情”书写，创造出独特的“欣频体”文案风格；28岁出版第一本广告文案作品集《诚品副作用》，至今已有27本著作，成为两岸畅销书作家和知名创意人；35岁完成35个国家的旅行，并且开始在大学演讲和教书，给学生展示她描绘多年的“创意地图”……

除了广为人知的"台湾广告文案天后"称号外，李欣频更是糅合了作家、旅行家、美食家、收藏家和教师等多重身份。正如中国广告协会学术委员会主任陈培爱所说，对于李欣频，"广告不是全部，而只是创意的一格"。

图 7—6　李欣频

作为一个知名的创意人，李欣频常常被人问起创意从何而来。在畅销两岸的《十四堂人生创意课》一书中，李欣频以生命与危机意识、电影、旅行、观察、阅读、情报、演练、想象、梦、自信，架构出一部横跨书写、影像、广告、设计，丰盛且庞大的个人创意系统。"一天读一本书，一年看两百部电影，每年至少去一个国家旅行。"她仿佛一个女超人，精力充沛，丰富庞杂，无所不至。她的创意密码，也由此而来。

在李欣频看来，"创意"不是一种技巧，或是工作，而是一种生活态度：可以在与自己独处时，享受完全的自得其乐；与别人相处时，也能创造出很有趣的氛围，能与每个不同的人，创造出各异其趣的相处版本——创意若有目的，就是把每一天活得独特且精彩，如此而已。对她而言，没有"工作"的概念，只有"生活"的概念，把每一天活得无懈可击，创造每天非凡的生命经验。

（四）政策法规

创意产业作为一门新兴产业，离不开政府的扶植和引导。同样，在打造创意人才的生长环境过程中，政策法规的角色也至关重要。纵观英、美、日等创意产业强国，政府的政策支持在产业环境的塑造过程中扮演着重要角色。具体而言，政策法规主要在人才培育、知识产权保护、财政税收支持三方面发挥作用。

创意人才是创意产业持久发展的动力。创意产业是人才密集型产业，对创意型人才要求较高。创意人才匮乏、创意人才培养与需求错位都会对创意产业的发展产生不利影响。为此，如何为年轻一代创造接受创意教育的机会，向学生传授创意工作所需的技能，为从业人员开展技能培训，为年轻的创意者提供就业机会，都是创意人才培育中需要应对的问题。在纽约，众多的高等艺术学府和职业培训机构成为创意人才培养的摇篮。另外，纽约还有一系列的不同研究方向的艺术服务组织、创意工作者贸易协会等，大量的非营利创意产业教育机构，共同参与到发展培养创意人才的行列中来。

知识产权是创意产业创造经济价值的基础。创意产业是基于个人创造力的经济部门。被称为"创意产业之父"的经济学家霍金斯在《创意经济》一书中将创意产业界定为

"其产品都在知识产权保护范围内的经济部门"。知识产权保护涉及增强产权意识、完善产权保护制度、加大产权保护执法力度等,从创意产业的创作、生产、流通、消费的全过程着眼,加强版权保护。日本政府早在2001年就制定了知识产权立国战略,后又相继制定了《知识财产战略大纲》、《知识财产基本法》和《知识财产推进计划》,推动创意产业成为日本的支柱产业。

资本是创意产业发展的血液。由于创意产业的从业者里,中小企业和个人居多,他们往往缺少资金,融资渠道不畅,因此在市场化过程中,需要财政税收政策的支持。财政政策包括财政资金的支持以及设立专项产业基金等,促进投资主体和渠道的多元化,带动银行、金融机构、社会资本参与创意产业发展。税收政策主要是指对创意产业实施优惠税率,或者减税、免税,使中小企业能够从中获得实惠。韩国政府在发展创意产业的战略过程中就设立了"文化产业基金",提供新创文化企业贷款,使得中小企业也能贷到资金,进行文化创意产业的研发。

[案例精选] 英国政策法规经验

注重培养创意产业人才。正如英国关于创意产业的概念中所强调的,"个体的创意、技能和天分"是创意产业的源头和基础,没有大批具有创意能力的人才,创意产业就会成为"无源之水"和"无本之木"。一是注重在高等教育中努力培养创意产业人才。比如谢菲尔德哈勒姆大学就专门开设了一门由"文化政策研究"和"创意产业管理"等科目所组成的文化政策与管理课程,授课人员不仅有相关领域的著名学者,也有创意产业的业界精英,理论学习和考察实习密切结合,为创意产业输送了很多优秀人才。二是注重培养英国公民的创意素质与创意能力。英国政府制定政策和采取措施,实施了遗产开放日和国有博物馆、美术馆的免费参观等一系列方案,创造条件,努力营造英国社会的创意氛围,培养全体公民的创意素质与创意能力。三是注重设立关于创意产业的对话平台。英国政府倡议设立了创意产业高等教育论坛,努力促进产、学、研间的对话与合作。①

保护知识产权。在英国,申请专利和商标、设计注册十分方便。专利局的网站对所有人开放,各种申请程序、表格以及收费标准都可以查到。专利局还出版专利申请和商标、设计注册的指南,以及各种有关知识产权的年报、季报等,以方便客户查询。音乐剧《歌剧魅影》和《猫》的作者韦伯是版权受益者的典型例子。《歌剧魅影》至少有三个剧团在英国、美国常年演出,另有一个剧团在全世界巡演。仅在美国一场演出的版税就足以使韦伯成为百万富翁。②

建立广泛的融资渠道。英国金融监管部门注重行业自律机构作用的发挥,通过宏观

---

① 何言宏:《英国创意产业发展的基本经验》,《群众》2012年第1期,第79—80页。

② 张润:《英国:知识产权保护是创新基础》,http://www.uk-trademark.com/about.aspx? id=8&tid=3.

政策进行必要引导，为创意产业融资创造一个较为宽松的经济与法律环境。政府对符合一定要求的创意企业提供“天使投资”，并且让这些企业享受税收优惠。此外，政府通过直接拨款、政府担保等方式，支持企业的发展。

第四节 案例：扎克伯格和他的 Facebook 帝国

一、Facebook 简介

Facebook 2004 年成立于美国加利福尼亚州的帕拉阿图市，创始人马克·扎克伯格。Facebook 的名字来源于美国大学的学生名册。Facebook 的用户规模已超过 9 亿，是迄今为止世界上用户最多、分布国家最广、最成功的社交网站。

二、Facebook——兴趣里诞生的创意

1984 年，扎克伯格出生在美国纽约州一个富有的医生家庭。童年时期，父母就尽可能地给他最好的教育条件。10 岁那年他得到自己的第一台电脑。扎克伯格小时候，父亲就教他写代码，当时扎克伯格的电脑天赋便开始显露。他写了一个原始的即时通讯工具，让父亲牙科诊所里的人可以通过电脑相互沟通。

图 7—7 Facebook

中学时，扎克伯格与一个朋友合作编写了一个软件 Synapse，可以根据用户喜好的音乐类型为他推荐同类歌曲。那时，微软就与扎克伯格商谈过购买这个软件。2002 年，扎克伯格成为了哈佛大学计算机系的一名学生，他花费大量时间编写软件，不是在宿舍的两米多长的白板上写写画画，就是沉浸在电脑屏幕前的演算符号中。

2003 年，还是大二学生的扎克伯格完成了 12 个编程小项目，一个帮助哈佛黑人女子协会创建的网站，和大四学生一起建立的约会交友网站“哈佛联谊会”，以及后来为 Facebook 的建立产生直接启发的“课程搭配”(Course Match)和 Facemash 程序。“课程搭配”可以帮助学生参照别人的选择来决定自己的课程表。学生在“课程搭配”里点击名字，便可查看某位同学所选的课程，也可以点击某个课程名，了解有谁选修这门课。“课程搭配”受到哈佛学生的欢迎，也激励扎克伯格着手新的项目——Facemash。Facemash 将两张哈佛同学的照片放在一起，邀请用户选择自己认为人气高的那一位，再和下一张照片比较，这样一轮一轮地比较，最终选出校园内最炙手可热的人物。尽管 Facemash 最终因为扎克伯

图 7—8 扎克伯格

格获取照片的不正当方式而被迫关闭，但它激起了哈佛学生建立统一电子花名册的要求，直接促成了扎克伯格建立 Facebook 网站。

直到做了 Facebook 的首席执行官，扎克伯格对于技术的热忱依然不减。他将自己的注意力集中在产品开发上，如何让 Facebook 不断地提供互动产品，改善用户的体验，才是扎克伯格最关注的事。例如，Facebook 开创了以人名标记照片的功能。在此之前，互联网上的照片服务允许用户做标记，但通常用户会用某个主题、地点等来做标签，如自行车、聚会、游乐场等。而 Facebook 的用户只能用图片中人物的名字做标记，并且只能标记那些已经被证实了是你朋友的人。此外，Facebook 图片项目组还开发了另外一个功能，用户只需要点击照片的任意一处，就可以浏览前一张或是后一张照片，而不需要点击专门的“下一张”图标，这个简单的操作使用户对新的照片功能更加着迷。

Facebook 不是扎克伯格一时的灵感乍现，而是兴趣引导和经验积累的产物。如果没有对技术、编程的兴趣，没有过去 20 年参与项目成功与失败的经验和教训，扎克伯格也不会在脑中孕育出创建 Facebook 的想法。也正是因为这些源于兴趣的动力，影响了扎克伯格面对 Facebook 未来的发展时，能够坚持把产品与用户放在首位，而不是屈从于金钱与利益的诱惑。

三、扎克伯格面面观

Facebook 为社交网站创造了一个个“标准产品”：动态新闻、照片标记、开放平台、定制式广告……而作为 Facebook 的领袖，这位年轻的创始人兼 CEO 究竟具有哪些特质，能带领一家公司在互联网的激烈竞争中不断开拓创新呢？

（一）腼腆、冷静又直率的 CEO

扎克伯格长着一张娃娃脸，腼腆羞涩，创建 Facebook 的时候年仅 19 岁，还是哈佛大学大二的学生。他爱好古典文化，喜欢说话时引用不合时宜的电影对白。他在办公室舞剑，想象自己成为希腊战士，也在办公室滑滑板、玩电脑游戏。

人们在被扎克伯格“仅仅是个大男孩”的外表所蒙蔽时，却不得不惊讶于他在工作中表现出来的沉着与冷静。他不易动感情，很少显露出情绪。他表示倾听的典型方式是，毫无热情、面无表情地盯着对方看，却很难看出他是否在聆听。即使在公司最忙乱的时候，在他压力巨大之时，他也保持着特有的冷静，从来不发脾气。

扎克伯格也是直率的，他不太会在乎别人的感受。在公司会议上，面对20岁到40岁的员工，扎克伯格不会顾及“大龄”员工的想法，而是直接表达自己欣赏年轻人，喜欢和他们一起工作。他强调年轻对于技术的重要性，甚至会举例说为什么大部分国际象棋大师不到30岁呢？

(二)不做循规蹈矩的人

扎克伯格对权威常常不屑一顾。为了获取照片，他会变身成网络黑客，进入各个宿舍楼的内部网络，“偷取”一张张花名册上的照片传到Facemash上。哈佛大学的日报发表文章指责扎克伯格，将这种手法称为“野蛮编程”。学校管理委员会关闭了Facemash，还宣布对扎克伯格留校察看。

2004年，扎克伯格和同学、创业伙伴莫斯科维茨在加州的帕拉阿图——Facebook办公室度过了一个暑假。但是，在假期结束前几周，扎克伯格和莫斯科维茨做了辍学的决定。他们想把握增加Facebook入网学校的时机。中途退学、自学成才的扎克伯格把辍学视为一种美德，用在了Facebook对应聘者的要求上。他会问来应聘的毕业生：“当你可以参与其中的时候，为什么要浪费时间去研究它？”他也会向公司的实习生保证，如果愿意退学来为Facebook工作，以后要想再去读书，公司将会为其支付学费；甚至在遇到暑期实习生的优秀应聘者时，Facebook的招聘人员也会以公司只招聘全职员工为理由，逼迫应聘者退学。

如果扎克伯格认为一件事值得去做，应该去做，他便会按他自己的想法坚持做下去。即使身边的人误解他，他也懒得去解释。2005年，Facebook已经成为了硅谷炙手可热的公司，许多商业巨头(包括MTV音乐电视、国家广播公司、雅虎、微软、美国在线等)都想与扎克伯格见面，讨论合作事宜。扎克伯格频繁地与这些公司的高层会谈，引起了公司内部诸多的抱怨和猜测。员工们怀疑扎克伯格是否准备卖掉公司？Facebook会不会变成维亚康姆或新闻集团的一部分？Facebook的奇迹是否会终结？是否应该换一位新的CEO？但是，抱怨再多，扎克伯格也认为没有必要去解释自己的想法，尽管他根本没想卖掉公司，只是把这些会议看作一个学习的过程。因为扎克伯格的“一意孤行”和“懒得解释”，公司的管理团队几乎准备要替换掉这位年轻的CEO。直到负责招聘的高管与扎克伯格真诚地反映了公司内部的抱怨声后，扎克伯格才以幻灯片的方式向“反对派”解释了自己不会卖掉Facebook的想法。

(三)需要多一些思考

扎克伯格喜欢思考，思考让他能更加敏锐地发现问题，抓住机遇，制定策略。这些思考影响了Facebook的创立以至后来的每一步重要发展。

2004 年 2 月 4 日，Facebook 正式建立。促成扎克伯格这一行为的诱因是一次同学聚餐时的讨论话题。学期末，选修同一门课的同学一起出去吃晚饭，席间谈到哈佛学生建立“通用肖像影集”的需求，于是，扎克伯格假期回家就创立了 Facebook 网站。而校报上对 Facemash 的报道让扎克伯格脑海中形成了怎样建立 Facebook 的想法。不能再以黑客的身份去获取照片，而校报的报道提醒了扎克伯格：“只有在网站对自愿上传个人相片的学生进行限制时，许多围绕着 Facemash 出现的麻烦才能消失。”因此，用户以真实身份注册的想法成为了 Facebook 早期成功的核心理念。

Facebook 从哈佛大学起步，当拓展开始时，应该如何走好每一步呢？扎克伯格选择的第一批学校是哥伦比亚大学、斯坦福大学和耶鲁大学。尽管这三所大学已经拥有了自己的社交网络，Facebook 要想征服这三个新的领地，必然面对更加激烈的竞争。但是，“假如 Facebook 在这些学校还能获得成功，并且取代已有的网站，那么我就确定它在其他所有学校都能所向披靡。”扎克伯格如是说。Facebook 在这三所学校的蹿红速度证明了扎克伯格决策的正确性，进而向其他常春藤盟校扩张。

面对后来与 Facebook 抢夺校园用户的竞争对手，扎克伯格制定出了“包围策略”。如果一个社交网站开始在某个学校发展，Facebook 就不光对这个学校开放，还尽可能地将其周围的学校囊括其中。这种包夹策略渐渐起到作用，又一次显示了扎克伯格成熟的思考。

（四）决心和毅力

2006 年 9 月，Facebook“动态新闻”功能上线，这个新功能使用户能了解到朋友的每一个新动态：更新了一张照片、添加了一位好友……也会向朋友发送你的动态信息。扎克伯格对这个新功能寄予厚望、信心满满，但是得到的第一个用户回应却是“把这个垃圾关掉！”接下来，Facebook 经历了成立以来最严重的危机，所有有关动态新闻的消息中，只有 1%是正面评价。Facebook 上出现了反动态新闻小组，报纸在头版头条报道学生称 Facebook 为偷窥者。面对各种不满，扎克伯格没有顺从用户的声音，关掉动态新闻，而是写了一篇博文，理性地分析了这个功能开发的初衷和他坚持的原则：对任何之前就看不到你信息的人来说，他们也不会知道你的情况发生了改变。随后 Facebook 通过增添新的隐私控制功能，平息了抗议声。扎克伯格在这次风波中表现出来的决心和毅力使他作为一个领袖的声望扶摇直上，许多员工开始带着敬畏的眼光来看他。

（五）真正的驱动力是背后的价值观

1. 让网站有趣比让它赚钱更重要

2010 年 Facebook 公布的数据显示，每天都有超过 50%的活跃用户会登录 Facebook，每个星期超过 50 亿个内容被分享，Facebook 上有 70 种语言的翻译。2012 年年初，数字营销公司 iCrossing 预测：Facebook 的用户数将在 2012 年 8 月突破 10 亿。对于任何一家公司来说，拥有如此庞大的用户基础，似乎就意味着源源不断的收益。但在《Facebook 效应》一书中，作者说："让网站有趣比让它赚钱更重要，这样的声明在 Facebook 不长的历史中一直掷地有声。"

Facebook 的用户数量持续上升，庞大的用户基础意味着 Facebook 有能力从广告商那里获得丰厚的收益。但是，扎克伯格始终坚持的一点是：如果广告有损用户体验，那宁可不要。所以，即使像高盛这样的大咨询公司，也因为广告的商业内容不符合大学生的幽默风格而被拒之门外。2006 年，雪碧饮料换新包装后上市，其广告代理商提出支付 100 万美元在 Facebook 上做一个广告，要求在某一天把 Facebook 的整个主页变成绿色。这个广告马上被扎克伯格拒绝了。而那些在 Facebook 上发布条幅广告的公司，也不得不忍受扎克伯格对广告尺寸、字体大小的苛刻要求。

扎克伯格对用户体验的执著，以及对广告的挑剔，最终一步一步找到了最适合的 Facebook 广告形式。早期的成功广告是由苹果公司以赞助的形式开展的。苹果公司不仅对 Facebook 上其产品的爱好者组成的一个群进行赞助，并且每增加一个新用户，苹果公司就每月支付 1 美元，一个月的最低限度是 5 万美元。事实证明，这个群大受欢迎，最低限额很快就突破了。扎克伯格要求"广告要变成内容"，公司的其他高层希望将 Facebook 的用户资源转变为货币财富，两者的矛盾促成广告团队找到了最适合 Facebook 的广告形式：定制式广告。这种广告形式强调广告主和用户之间的联系，例如一个公司可以邀请用户参与评论赢取新产品，也可以通过赠送优惠券的方式吸引粉丝和关注。最终，定制式广告成为了 Facebook 最主要的广告形式。

Facebook 的成功不仅吸引了广告商，也吸引了硅谷的投资者。但是扎克伯格依旧对"钱"毫无兴趣。投资过苹果、雅虎、YouTube 等商业巨子的风险投资公司——红杉资本希望注资 Facebook，这家以严谨著称的公司与扎克伯格见面当天，扎克伯格却故意迟到，并故意弄糟这次会面。2006 年，雅虎表达了以 10 亿美元收购 Facebook 的愿望。当时的董事会分成了两个阵营：大多数较为年长的员工认为这是一个大赚一笔的机会，于是支持雅虎的收购；但是年轻的员工不希望 Facebook 就此变为雅虎的一部分，Facebook 对于他们来说，不仅是一家公司，还是他们参与创造的一段历史。幸运的是，这些怀有梦想的年轻人有一位坚定的领袖，扎克伯格一直坚信只有自己的团队才能带领 Facebook 朝对的方向发展。所以，即使面对董事会的强大压力，扎克伯格依然没有动摇最初的信念。

图 7—9　扎克伯格

扎克伯格不把盈利放在首位而注重产品的开发，还体现在Facebook向平台转变这一关键改变上。当许多软件公司凭借自己的创新能力不断研发出新产品时，Facebook却反其道而行之。扎克伯格希望在Facebook上搭建一个平台，其他的软件开发者都可以在这个平台上开发程序。这样，Facebook就成为了各个软件开发者和用户之间的结合点。但是，扎克伯格却并不打算向这些开发者收取费用，而是完全免费地把Facebook的“地盘”供他们使用，甚至允许开发者在自己的程序里添加广告。公司内部又出现了不满与抱怨，但是扎克伯格仍旧不为所动。他在乎的是平台开放能巩固Facebook的市场地位，会让用户产生更多的互动。2007年5月，Facebook在旧金山举办了名为“F8开发者大会”的平台启动活动，在业界获得了巨大的反响，被评价为“启发思维”，和苹果Iphone上市一同成为当年IT界的热门话题。F8之后的6个月内，Facebook上就注册了250000名开发者，运行着25000个应用程序。扎克伯格再一次用成功证明了自己执拗的坚持是正确的。

直到2012年提交上市申请，扎克伯格也不忘在自己的办公桌上贴上巨大的“保持专注、继续前行”(Stay Focused & Keep Shipping)标语来激励自己不要满足眼前的成就，而要继续坚持践行自己的创业信念：让这个世界更加开放。

2. 真实的力量

Facebook以真实为核心理念，最初的用户没有哈佛大学的邮箱地址则不能注册，登录者也必须使用真实姓名。保证用户资料的真实性也就保护了用户的隐私安全。Facebook用户可以凭借个人资料来确保好友都是现实生活中认识的人。

扎克伯格认为，Facebook将结束人们以多种面孔示人的时代，因为Facebook上的真实信息会让你无法将工作、生活的不同面孔截然分开，你在互联网上留下的任何信息都有可能将你暴露于众，用户最终只会拥有一个身份。马克伯格对真实的执著追求反映了他的道德观：对于一个人来说，双重身份是不诚实的表现，而公开承认自己是谁并在所有朋友面前表里如一，会有助于创造一个更健康的社会。正是这种对“真实”的追求促使他以实际行动来贯彻自己的理念，所以才会有“动态新闻”功能上线(这个功能将用户在Facebook上的信息及时播报给朋友)。同样，在Facebook的照片功能里也体现出了“透明”、“真实”这些扎克伯格常用的字眼。用户可以不发布与自己有关的照片，但却不能阻止他人发布标记了自己名字的照片，这使用户的信息不可避免地暴露于众。

3. 开放透明的世界

“我们会改变世界”；“我认为我们能让世界成为更加开放的空间”；“让我们共同建立持久的文化价值，并且为了从前人手中接管这个世界而全力以赴”……面对同事、面对记者，在办公室、在会议室，这样的话常常被扎克伯格提起。

开放不仅是扎克伯格所坚信的未来世界的走向，也是他将 Facebook 推向国际化的战略。2009 年，Facebook 上使用的语言已达 70 多种，涵盖了 98%的世界人口所使用的语言。但是，如此浩大的翻译工程却不是由 Facebook 完成的，而是动员了全世界 Facebook 用户的力量。每开发一个新的语言版本，Facebook 的软件会向用户提供一个待翻译的词语。每个人都可以翻译不同语言的多个词语。每个词语被翻译多遍之后，这个软件就会询问该语言的母语者，以投票的形式选出最恰当的翻译。Facebook 也向众多软件开发者开放，为他们提供一个自行编写程序、直接面向用户的平台。"你根本不需要关照任何事情，就能有人创造出与公司理念如此契合的产品。"开放的战略把社会网络变成了社会工厂，产生了无穷的创造力，也助推 Facebook 的国际化扩张。

扎克伯格曾经宣称，他保持着将 Facebook 打造成一个对互联网和社会都是良性动力的深切愿望。"你必须得善良，才能得到人们的信任。"扎克伯格的目标不仅仅是创造一家公司。他希望 Facebook 能成为一个良好的生态系统的一部分，在这里，所有的广告公司、软件开发商、用户及其他伙伴都能生存。

2009 年，尼尔森发布报告：全世界的互联网用户在社交网络上花费的时间第一次超过了使用邮件的时间，这种新型的沟通方式已经变成了主流。扎克伯格的目标是赋予每一个个体以权利，为全世界创造出一个交流工具，使每个人都能有效地获取信息。扎克伯格坚信："在一个越发公开和透明的社会里，人们将会为他们的行动后果负责，社会也将变得更美好。"事实也证明，Facebook 为不同地区、不同国家的人们建立了一个交流的平台，为企业与消费者、政府与民众之间建立了一个有效的沟通渠道。扎克伯格"建造开放透明世界"的梦想正在一步步实现。

4. 馈赠型经济

"我拿出一些成果分享给大家，出于感激和表达慷慨之情，人们会回馈给我一些东西。整个文化就建立在这种彼此馈赠的框架下。"扎克伯格这样解释馈赠型经济，他视每个人在 Facebook 上的表达为对另一个人的馈赠。用户自愿在 Facebook 上发布一条新闻，添加一张照片，建立一个链接，用户的朋友收到这种"馈赠"，于是开始"回馈"，Facebook 上就拥有了越来越多的分享。在相互的贡献和交流中，人与人之间得到更多的关心，企业开始重视与消费者的互动，民众能对政治事件产生更多的影响。馈赠性经济的分享内涵推动 Facebook 朝更加开放透明的方向发展。

四、不能忽略的时代机遇和成长环境

扎克伯格创造了一个用户数超过 8 亿的 Facebook 帝国。如上所述，Facebook——这个充满创造能力，并且不断开拓创新的公司，离不开这位年轻的创始人自身拥有的独特品质。但是，仅仅把 Facebook 的成功归结于扎克伯格个人的成就并不合适。正如扎克伯格的室友，也是 Facebook 的元老之一——莫斯科维茨在谈到扎克伯格时说，"只有天赋和雄心并不一定能够成功，真正重要的是要有运气，马克够幸运，三者兼备。"扎克伯格的成功，除了与他自身的才能和性格有关，还离不开时代背景所创造的机遇。

在 Facebook 之前，已经有一批社交网站做了开拓性的尝试，比如 1997 年在纽约成立的六度空间网站，它通过已有用户的邀请邮件发展新用户，而这一方式被后来多数的社交网站沿用。但是，由于网站自身发展定位、硬件设备不足等问题，以及 2000 年互联网泡沫破灭，这些早期的开拓者最终只是在社交网站的发展历史上昙花一现。2004 年，Facebook 成立时，沿用了一些前人的成果，并且赶上了美国宽带网络高速发展、数码相机进入大众生活的好时候，前者意味着更快的上网速度，后者意味着人们可以以更方便的形式拍照并储存、上传。

扎克伯格的核心价值观，那些推动 Facebook 一步一步成长的理念也是思想上的"美国制造"。扎克伯格信奉真实的力量，是因为他相信现代社会在不可避免地朝公开、透明的方向发展，而一个越公开、越透明的世界也将变得越美好。这种信念离不开美国社会崇尚的平等、自由、民主等价值观的影响。在美国，人们觉得一定程度的透明度和言论自由是理所当然的，但并非其他的社会都接受这样的价值观。可以试想，如果扎克伯格成长在阿拉伯世界，还会是一个不循规蹈矩的扎克伯格，还会创造一个 Facebook 帝国吗？

扎克伯格对于电脑编程的天赋与兴趣也离不开家庭的影响。出生在富裕的医生家庭已经决定了扎克伯格会比很多同龄人享有更多无忧无虑的时光，可以尽情发展自己的兴趣爱好。而且，这位医生父亲自己又懂编程，在扎克伯格小时候就亲自教导他写即时通讯代码。因为家庭提供的优越环境与父亲的影响，扎克伯格对编程的喜爱也就顺理成章了。

由此可见，创意人才的培养离不开社会大环境与家庭小环境的共同作用，创意的成功也离不开时代创造的条件。因此，我们不能仅仅看到一个成功的创意人士所具有的闪光品质，就以此作为标准去评判他人，而应该全面地分析家庭和社会对于创意人才的影响，进而为创意人才的成长、成功创造更好的环境。

思考题

1. 创意人才有哪些特征？

2. 创意经济人才可以分为哪些类型？其角色定位是什么？

3. 中国创意经济人才的崛起需要具备哪些环境条件？

4. 从扎克伯格的故事中，你对"创意"有什么理解？

5. 分享你所了解的创意人才的故事。

第八章　创意经济发展指数

■ **本章要点**

1. 美国创意指数
2. 欧洲创意指数
3. 中国香港创意指数

2004 年 12 月 15 日美国竞争力委员会发布《创新美国：在竞争与变化的世界中繁荣》(*Innovate America*：*Thriving in a World of Challenge and Change*)，报告中提出："21 世纪是创造力的世纪。创新和创意是美国的灵魂，是确保其在 21 世纪领导地位的非常重要的手段。"我们正在步入创意经济时代，创造力不仅在经济发展中发挥重要作用，也成为创造经济的重要驱动力。伴随着经济全球化席卷整个世界，创意经济在全球迅速崛起并形成浪潮。进入创意经济时代，创意已经成为一个国家、城市发展的核心灵魂。

我们经常会说一个人有创意，那么对于一个国家、一个地区或者一个城市，怎么样才算是有创意呢？是创意人才多、创意产业发达，还是创意经济发展良好？对于一个地区城市的创意经济发展状况，经常用创意指数(Creativity Index)作为衡量指标，这是本章讨论的重点。

第一节　美国创意指数

美国是当今世界经济文化最发达的国家，那是不是也同样是最有创意的国家呢？在美国如此众多的城市中又是哪个城市最有创意呢？是金融中心纽约、"天使之城"洛杉矶，还是不为我们所熟知的小镇？

当我们对创意指数有全面的了解时，就能顺利地解答上述问题。

一、创意指数的含义

创意指数是衡量创意产业及其创新性和竞争力的一种指数，用以衡量和评价一个国家、地区、城市创意产业的发展状况，分析其产业增长的各种影响因素，评价其产业竞争力。美国卡内基梅隆大学教授、区域经济发展研究专家理查德·佛罗里达认为，经济增长的关键不仅在于吸引创意阶层的能力，而且在于如何以“新理念、新高科技企业和地区增长”的形式将这种重要优势转化为创意经济成果的能力。为了更好地衡量这种能力，佛罗里达开发了“创意指数”(Creativity Index)的度量方法。

佛罗里达的创意指数由4个同等权重的因素构成：

1. 创意阶层占劳动力总人口的比例；

2. 创新(以人均专利数来衡量)；

3. 高科技产业，采用米尔肯研究所开发的广为业界接受的科技极化指数(Tech Pole Index，佛罗里达称其为“高科技指数”)；

4. 多样性，以同性恋指数来衡量，能够合理地反映某地区对不同人群和观念的开放程度。

佛罗里达认为，与单一以创意阶层占总人口的比例进行衡量的方法相比，该综合性指标能够更好地衡量一个地区基本的创意能力(因其反映了密集度以及创意经济成果的关联效应)。因此，创意指数也是他开发的反映某个地区创意经济总体排名的基本指标，佛罗里达将它作为体现一个地区长期经济发展潜力的“晴雨表”，而那些创意指数较高的地区，被称作“创意中心”。

此外，佛罗里达还认为：一方面，创意指数反映出创意经济与社会、经济、文化等环境因素的关联度；另一方面，创意指数也从侧面反映了区域内集群企业竞争优势的来源。经济增长的关键不仅仅在于吸引创意阶层的能力，还有将其潜在的优势转化为以新观点、高新科技商业为形式的创意经济的产出和区域增长。

二、佛罗里达的3T理论

佛罗里达为了分析新的地理分布及其对经济成果的影响，提出了推动经济发展的“3T”要素，即技术(Technology)、人才(Talent)和宽容度(Tolerance)。这三项中的每项要素对于吸引人才、激励创新和促进增长都是必要的，对于一个创意中心或者创意城市来说，这三个要素必须同时具备、缺一不可，并且共同发挥协同作用。在佛罗里达看来，“创意性活动总是在那些能提供广阔的人才生态体系的地区繁荣发展，因为在这样的环境中，创造力可以得到培植和支持，并转化成创新成果、新建企业、经济增长以及人们生活水平的提高”。

(一)技术

技术可以定义为创新和高科技的集中表现,是世界经济发展的最大推动力,也一直被看作导致广泛的社会变革的驱动力量。历史的经验也表明,每一项重大科学技术的出现都会对人们的生活方式、思维习惯乃至社会制度产生巨大的变革作用。技术在国家的发展中一直是竞争优势的来源,高新科技产业发达的国家或者地区在新产品、新服务、新财富和新职业的创造上占有巨大的优势,而这一优势又继续推动经济的发展。在创意经济时代,高新技术的运用对于文化产业的提升也具有不可估量的价值和诱人的发展前景。

技术总是与创新联系在一起的,天然地与创意经济有着紧密关联,创意产业的发展与技术的进步也是息息相关。首先,技术创新是创意产业发展的巨大推动力。例如,信息技术为创意文化产业提供了新的平台,人类传播史上几次重要的变革都来自于重大的技术革命,从信息技术对于文化创意产业发展的巨大推动就可以反映出现代技术对于创意经济的重要影响。其次,技术的进步为创意产业创造新的经济增长点。一方面,技术创新改变了经济领域中各类要素的相对价格,使人们的偏好结构发生了变化,这从根本上为头脑风暴式的文化创意大规模产出提供了制度条件;另一方面,技术创新推动了信息成本的持续降低,这为文化创意对经济领域的全面渗透提供了社会基础,如互联网对文化创意的传播。[①] 最后,信息技术的普及使得很多创意能够成为产业并实现产业结构的调整。现代技术的发展使得创意的运用更加广泛,创意已经不再是传统意义上的艺术家所独有,而是开始鼓励个人创造力和促进创意产业的飞速发展。以网络媒介为代表的新媒体技术促进了文化产业与相关产业的整合,如与广告业、咨询业、教育业等第三产业的整合,与电脑制造业和通信业等第二产业的整合,进而形成新的经济形式——网络经济,未来的文化产业在 GDP 中所占比重将会越来越大,在社会生活中的作用将会更加突出。[②]

以信息技术为例,信息技术已经广泛渗透到创意经济的各个领域,我们可以看到,现在创意产业中迅猛发展的广告、动漫、游戏等一系列产业无不与技术密切相关:凭借新的内容和卖点进入以网络为主的科技产业市场,诞生了信息文化产业;凭借新的产品和服务进入旅游市场,形成了旅游文化产业;将游戏与娱乐注入教育中,改变旧的知识传播方式,创造了新型的教育娱乐产业;加大体育健身的娱乐开发力度,实现体育娱乐产业质变;以文化品位、设计、策划进入城市规划、建筑、装潢、广告、环卫环保、标志制作、汽车美容、美容美发、形体塑造、大众摄影、工业设计等为主的形象领域,甚至餐饮、花卉等服务

---

① 胡晓鹏:《技术创新与文化创意:发展中国家经济崛起的思考》,《科学学研究》2006 年 2 月第 24 卷第 1 期。

② 赵志立:《网络媒体与文化产业发展》,《当代传播》2005 年第 6 期。

业，完成文化与物质的互动。①

从另一层面来说，创意也不断刺激着科技的进步。针对人才与技术的关联，以及创意人才、创新与高技术产业密集度之间的关联，佛罗里达采用了四个区域性指标进行实证研究，它们分别是：(1)创意阶层在某个地域的相对密集度；(2)上述密集度的"人才指数"；(3)上述密集度的"创新指数"；(4)上述密集度的"高科技指数"(基于米尔肯研究院科技极化指数，用来衡量某个区域在软件开发、电子、生物制药、工程服务等增长型行业的经济规模和密集度的指标)。在对49个人口超过百万的大型区域和200多个中小型区域进行指标间关联分析后，佛罗里达指出，无论创新还是高科技产业，它们都与创意阶层和创意人才聚集地密切相关。城市中不断建立创意产业集聚园区就是最好的证明。当创意成为一种气候，技术的研发、交流也成为自觉的行为，创意企业也由此获得了显著的科技"溢出"效应。美国的硅谷是20世纪60年代中期以来，随着微电子技术高速发展而逐步形成的，是以科技为核心的创意产业园区，如今硅谷也吸引了大量从事文化创意活动的企业，由于业务层面存在很大竞争，企业就必须不断创新，产生竞争优势，以确保自身技术上的领先地位。这样的竞争，既使企业立于不败之地，又使园区获得了源源不断的动力。

(二)人才

20世纪60年代，美国经济学家舒尔茨和贝克尔创立了人力资本理论，该理论的基本观点就是"人是区域经济增长的推动力量"。人力资本的核心是提高人口质量，教育投资是人力投资的主要部分。

在创意的时代，知识和创意成为财富创造和经济增长的主要源泉，而人才成为主要生产要素。在佛罗里达看来，区域经济增长是由创意人士驱动的，创意人士就是拥有创意资本的人。美国的新兴科技产业、日本的动画产业、韩国的设计产业的兴起，以及英国、德国、法国等老牌工业国的成功转型，均是从"以人为本"的角度出发，从国家、都市、社区等多个层次，形成一个符合自身特点的创意激励制度体系和运作机制。

创意终归是人的精神产物。创意产业的发展离不开好的创意，好的创意自然离不开创意人才。如今，不仅仅在文化艺术领域需要艺术创新，其他各个行业对于创意的重视也与日俱增，各领域创意工作的内容不断增加，而个人也开始重视创意，因为创意可以带来自我实现的满足感，而在工作中取得的成绩又带来了工作满意度。

佛罗里达在《创意阶层的崛起》中就为我们揭示了伴随创意经济和创意产业的发展，美国的阶层构成也在不断发生变化——创意阶层的崛起。何谓"创意阶层"？佛罗里达

---

① 向勇、周城雄：《中国创意城市：创意城市发展研究(上)》，新世界出版社2008年11月版。

认为就是那些擅长创新的人，他们运用知识和信息，创造新的形式、新的设计，当然，新形式和新设计要“易于传播并可广泛使用”。佛罗里达将创意阶层分为两种类型：一种是“超级创意核心”群体，包括科学家与工程师、大学教授、诗人与小说家、艺术家、演员、设计师与建筑师；另一种群体是现代社会的思想先锋，比如非小说作家、编辑、文化人士、智囊机构成员、分析家以及其他“舆论制造者”。除了这类核心群体，创意阶层还包括“创意专家”，他们广泛分布在知识密集型行业，如高科技行业、金融服务业、法律与卫生保健业以及工商管理领域。创意阶层还具有如下特征：

(1)创意阶层具有创意与创造力。

(2)创意阶层具有一些共同的价值观和能力。

(3)创意阶层对城市生活的便利条件需求较高。

(4)创意阶层独特的生活方式以及价值取向会左右未来城市和社会的发展方向。

(5)创意阶层的培育与社会的宽容度紧密相关。

创意阶层的精神气质表现于他们生活的各个方面，他们偏爱能提供多种选择、富有活力的城市和社区。那些在“技术、人才和宽容”的程度上排在前列的城市将吸引大批创意阶层的成员，形成自我促进的良性循环。反过来，“创意阶层”也培植了艺术、音乐、夜生活，创建了新的名胜，比如纽约的“硅港”、伦敦的切尔西(伦敦的自治城市，文艺界人士聚居地)，那里的房屋租金自 1996 年开始增长了很多倍。①

说到创意人才，就无法忽略大学的重要性。创意产业是建立在教育的高度发展基础之上的，创意产业的发展依托于国民素质的普遍提高和国民创造力的激励发扬。美国的众多创意城市，如波士顿、纽约、洛杉矶、芝加哥等，都是全球著名甚至是世界一流大学的集中地。如波士顿拥有哈佛大学和麻省理工学院，纽约有哥伦比亚大学和纽约大学，芝加哥有芝加哥大学和伊利诺伊大学，洛杉矶有加州大学洛杉矶分校和南加州大学，这些大学都在为美国以及世界源源不断地培养和输出人才。佛罗里达在《创意阶层的崛起》中认为大学正在成为创意中心，因为大学发挥了技术、人才和宽容度这三种相互关联的职能：

技术——大学是从软件到生物科技的各个领域的尖端科研中心，也是新技术和新公司的重要来源。

人才——大学是吸引人才的磁石，在吸纳人才方面具有得天独厚的优势。通过吸引杰出的和知名的科研人员，大学还可以吸引更多的研究生，并利用科研成果创建新型公司，鼓励其他公司靠近大学，借助大学的力量实现自我强化增长。

宽容度——大学还能够创造进步的、开放的、包容的人文环境，吸引和保留创意阶层成员。

---

① 《波西米亚族：一个创意阶层的崛起》，http://opinion.china.com.cn/opinion_60_48960.html.

可见，在创意经济中，拥有高水平的大学也正在成为一项巨大的优势。

(三)宽容度

国际上还有很多著名的大都市都是创意产业最集中和创意经济发达的城市，比如纽约、伦敦、巴黎，它们风格各异却又极具特色，让人印象深刻。在众多创意城市的不同风格中，我们不难发现它们背后的共性——文化的多元性和包容性。

现实中我们往往会发现最成功的地方总是欢迎各种不同类型的人，并且提供给他们不同的生活选择。佛罗里达开发了一系列反映创意人才生态环境体系的指标，其专著中提到的创意人才生态环境就是指对新人和新观念持开放态度的地区。在这样的地方，人们可以轻松结交成网络，另类的观点不仅不会受到压制，还会得到扶持，形成新项目、新公司以及经济增长的来源。拥有了这种人才生态体系的地区和国家就非常易于成功地开发大多数人的各种创意才能，进而赢得竞争优势。如今高度流动的创意人才正在从传统的企业社区流向日益崛起的创意中心。佛罗里达认为，创意中心并不是由于传统的经济原因而发展起来的，很大程度上是因为创意人士想在那里居住，之后公司接踵而至——在很多情况下，也可能是创意人士建立的。创意中心提供完整的经济体系或者经济栖息地，在那里所有形式的创意，包括文化艺术、经济和科技，都能够生根发芽，蓬勃发展。

佛罗里达认为，美国之所以建构了世界上最强大和最富有活力的经济体，很大程度上是依靠建构“创意实力”来实现的，包括不断促进新产业的诞生、保持自由和开放的社会环境、在创造力开发上投入巨资，而最重要的一点就是从世界各地吸引有活力和智慧的人才。阿克斯特尔从佛罗里达的创意资本理论出发，建立了一个分析城市如何形成的模型，该模型基于以下三点关键原则：

(1)创意主体总是簇拥在其他创意主体周围，互相促进生产率提高。

(2)由于第一点，创意主体会进行集聚，从而形成较大规模的经济单元或者公司。

(3)由于第二点，这些公司会聚集在其成长和发展的城市，创意主体和公司的成长发展会不断地推动城市经济增长和发展。

阿克斯特尔的模型进一步强化了创意资本理论的基础概念，即：城市增长的关键在于其“吸引创意人才”的能力。

那么，如何吸引这些创意人士呢？很多城市现在将重点放在了建筑上，如大型的体育场馆、购物中心、剧院等基础设施，可是这些并不那么重要。创意人士更加关注城市的音乐、艺术等人文环境和气候、地理景观、生态等自然环境，兼容并蓄的宽容态度，更重要的是能够证明自己是创意人士的机会。因为创意意味着打破常规，面临着无数的不确定性和风险。一个好的创意在实现前可能需要犯无数次错误，而一个城市的宽容度就体现在对于“错误”的包容，并且鼓励这种“试错”。如果没有对于错误的允许和原谅，就会使人们因为害怕犯错而失去创新的动力。

宽容同样还体现在地区的文化氛围中，佛罗里达认为，一个城市的人文氛围比商业氛围更重要。自由宽松的人文气息不仅会吸引创意人才积聚，还会培养和孕育人们的创新意识，推动整个地区创意经济和创意产业的良性循环发展。有魅力的城市不一定是大城市，但是必须具备宽容的文化氛围。人们在这里能发现与自己兴趣爱好相同的亚文化团体，而且从与自己不同的亚文化群体中受到启发和刺激。宽容可以理解为开放、包容和多样性。宽容在吸引创意人才以及支持高科技产业发展和城市经济增长方面具有关键作用；多样性可以提高一个城市吸引创意人才的能力。一个具有开放性和低进入门槛的城市在吸引创意人才和人力资本中具有天然的优势，从而可以产生和吸引高科技产业，实现城市的经济繁荣。容忍和多样性可以有利于高科技的集中和成长。有才能的人喜欢到具有开放性和容忍度以及能提供较高生活质量的地方去。一个地方越是具有多样性和多文化，对他们越具有吸引力。能吸引这些创意人才的地方可以产生更多的创新，从而实现当地的经济良性循环。①

这也正是为什么硅谷会异军突起的原因。佛罗里达认为，硅谷成功的关键在于它对创意、特立独行和稀奇古怪的东西采取兼容并包的态度。它不会抛弃甚至阻拦这些不同寻常的人，而是把他们凝聚成一体。硅谷所在的旧金山湾区早先就具有高度的开放性、多元性，有着著名的研究型大学和随心所欲、充满冒险气质的文化，很难想象，如果嬉皮士风格的企业家乔布斯没有被接纳的话还会不会有现在的苹果帝国，而旧金山湾区的优势也正是它的包容和开放。

三、美国创意指数体系

2002 年，佛罗里达对美国的城市进行了创意评估与排名的研究，提出了美国创意评估体系的架构，以此来反映美国城市的创新能力。在研究中，他揭示了创意经济的崛起和创意阶层的变化使 1950 年到 2000 年间的美国社会发生的转型，指出一些地区创意阶层区域性集中的现象。他认为，阶层可能成为经济优胜者，促进高端就业，从而进一步增强区域竞争优势。② 佛罗里达借助 3T 理论（技术、人才、宽容度），建立了以这三个指标构成的创意经济指数体系，并且运用这一体系，对美国 50 万人口以上的 81 个大城市和 50 个州进行了评估。

---

① 盛垒、杜德斌：《创意城市：创意经济时代城市发展的新取向》，《经济前沿》2006 年第 6 期。

② 易华：《创意人才和创意产业、创意城市发展》，中国物资出版社 2011 年 2 月版。

（一）技术指数

技术是一个地区的创新和高科技的集中表现。佛罗里达的技术指数包含了创新指数和高科技指数两项。

创新指数：统计每百万人口中拥有专利的数量比重。

高科技创新指数：统计每百万人口中拥有高科技专利的数量。

1950 年以来，美国所有城市的 R&D（指在科学技术领域，为增加知识总量，以及运用这些知识去创造新的应用进行的系统的创造性的活动，包括基础研究、应用研究、试验发展三类活动）投入金额持续地增长。由 1953 年的 50 亿美元增长至 2000 年的超过 2500 亿美元。R&D 成果在过去一个世纪同样持续增长，1950 年之后更是加速增长。美国每年所核发的专利权数目，1900 年为 25000 件，1950 年为 43000 件，1999 年达到 150000 件。①

在佛罗里达的研究结果中我们会发现科技与创意经济的密切联系，在高科技方面领先的城市，如旧金山、波士顿、西雅图、洛杉矶、华盛顿等，也都是创意指数排名领先的城市；创意方面的领导者包括罗切斯特、旧金山、奥斯汀、波士顿和罗利·达勒姆。前 20 位的高科技地区中，有 15 个同时位列创意中心前 20 名；城市创新指数排名中，有 14 个地区位列创意中心前 20 名。而像迈阿密、新奥尔良这样公认的多元化生活方式的"圣地"，却因为缺乏技术资本没能跻身"创意中心"之列。

［案例精选］ 硅谷——标志性的创新生态系统②

硅谷是美国高科技人才的集中地，科技人员达 100 万以上，科学院院士有近千人，诺贝尔奖得主达 30 多人。这里有一流的大学，包括斯坦福大学和加州大学伯克利分校等世界知名大学，它们为硅谷持续输送人才。在全世界人的眼中，硅谷是一个神话。从 20 世纪 60 年代的半导体工业、70 年代的处理器，到 80 年代的软件和 90 年代的互联网，硅谷都走在世界高科技的前列。科技的创新、经济的发展，人才是关键。硅谷之所以以科技成果主导世界，经济发展迅速，很重要的一点就是它拥有丰富的人才资源。人才在硅谷科技创新、经济发展过程中扮演着非常重要的角色。

硅谷高技术产业的成功因素固然有很多，但关键因素是硅谷具有密集的知识和技术，正是通过密集的知识和技术的交互激荡，才不断创造出高科技的新产品。而密集的知识和技术又离不开大学，大学才是硅谷的知识中心、学术智库和创新源头。比如一个

① 盛垒、杜德斌：《创意城市：创意经济时代城市发展的新取向》，《经济前沿》2006 年第 6 期。

② 钟坚：《高科技发展的制度因素——美国硅谷模式给我们的启示》，《2002 中国经济特区论坛：现代化建设中的体制问题学术研讨会论文集》。

新的制造芯片的企业，其成本不少于10亿美元，而建筑厂房、基建设备的原材料相对于成本来说根本不值得计入其内。高成本主要体现在设备中科学知识的含量上，因为那些使设备运转所需要的技术相当复杂。每一芯片都是人类智能和科学知识的结晶。

硅谷经济的增长是由创新驱动的。专家们普遍认为，硅谷的成功诀窍不是芯片，不是软件，不是计算机，而是创新，不断地创新。硅谷聚集了一大批具有创新精神的人，形成了创新的观念和风气，建立起了创新的制度和环境。创新对高技术产业、对硅谷的重要性是不言而喻的，但更重要的是硅谷有一个创新的环境。无论国籍、肤色和性别，只要有创新精神和创造才能，就可以进人硅谷，并站稳脚跟。他们一有机会就可自立门户，另辟蹊径，甘冒风险，独闯天下。正如美国学者梅耶所说："硅谷产生出来的令人兴奋不已的新产品和新服务使硅谷闻名遐迩，但，这远不是硅谷最引人入胜的地方，硅谷最精彩的东西是其增长和创新的工作方式与精神。这种增长和创新的工作与精神源于惠普公司，并在硅谷这一独特的环境下日复一日逐渐强大起来。"

(二)人才指数

人才即创意阶层，佛罗里达在这里所采用的人才概念并不是传统的人力资本(一个地区有学士学位或以上的人群占总人口的百分比)的概念，而是用创意阶层人数占总人口的比例来说明。创意阶层，是指所有从事需要创意的职业的人，包括科学家和工程师、诗人、艺术家、设计师、卫生和法律从业者、高科技和知识密集型行业的从业者。人才指数根据劳工统计局2001年的职业和就业调查，用创意阶层的比例来衡量。

在佛罗里达运用人才指数对各个地区城市创意指数的排名中，我们可以清晰地看到人才对于一个地方创意经济发展的重要性。人才指数和创意中心在佛罗里达分析的所有变量中有着最密切的统计学关联，这一点并不难理解。在佛罗里达的研究中，除去一些高科技中心，类似圣菲、麦迪逊、尚佩恩—厄把那、斯泰特科利奇、宾夕法尼亚、卢布明顿、印第安纳等规模较小的"大学城"在人才指数上也十分靠前。人才指数与创意阶层显著的相关性在于创意阶层的工作往往需要接受较高水平的教育。

在前文我们提到佛罗里达对创意阶层进行了分类：一种是"超级创意核心"群体，另一种群体是现代社会的思想先锋。除了这类核心群体，创意阶层还包括"创新专家"。现在的美国，超级创意核心和专业创意人士有将近4000万之众，占全美就业人口的30%("核心"占11.7%，专家占18.3%)，"执行"他们的"创造"的劳工阶层为26.1%、服务阶层为43.4%；余下者搞农、林、渔业。据说，创意阶层在1900年只占10%，约有300万人；1999年达到30%，约有3830万人。其间，这个阶层的人数在前80年才增长到1500万左右，而后 20 年则翻了一番多，接近 4000 万。[①] 当前，创意部门创造的财富占全美国的 47%，而工业只占 23%，服务业占 30%。

美国创意阶层从 1991 年到 2002 年的十年间呈爆炸性增长态势，从 2000 万人上升到 3830 万人左右，其中，科学家与工程师的数目从 1950 年的 6 万人增加到 1999 年的 500 万人。1950 年，美国每 10 万人中有 55 名科学家和工程师；1999 年，每 10 万美国人中科学家与工程师的数目超过 1800 名。创意阶层在城市中密集极大地丰富了城市创意人才，加强了城市的创新氛围，完善了城市创新体系。新的产品、设计和营销为城市带来丰厚的利润，地方基础设施的建设有了物质保障，从而也吸引更多的创意者来到该区域。[②]

[案例精选]　纽约正成为新创意中心[③]

纽约是美国的创意产业中心。纽约市在 2005 年发布的创意产业报告中，首次定义了“创意核心产业部门”，即创意内容在产业产出的文化和经济价值中居于中心地位的产业部门，包括创意过程中各阶段（产品理念的产生、产品产出及产品的最初展示）涉及的企业与个人。基于这一创新定义，并结合美国国家统计局的 naics 产业代码，确定了纽约“创意核心产业部门”的九大产业组成：广告、电影和电视、广播、出版、建筑、设计、音乐、视觉艺术、表演艺术，同时还包括不在创意产业部门的创意雇员。作为主要的创意中心城市，纽约拥有美国 50%的广播电视公司，举办纽约时装周、百老汇等全球蜚声的舞台剧表演，市政府将城市精神确定为“高度的融合力、卓越的创造力、强大的竞争力、非凡的应变力”。

据统计，截至 2002 年，纽约市创意产业部门就业大军总数约为 309142 人，约占纽约下属五个行政区总就业人口的 8.1%以上。其中，278688 人从事创意产业，其余 30754 人从事创意相关职业，如为服装制造商工作的时装设计师。纽约市“创意核心产业部门”包括 11671 家企业和非营利机构，占全市雇主的 5.7%。“创意核心产业部门”中还包括 79761 位个体业主，其中约 29%的创意大军是自主创业。“创意核心产业部门”成为纽约经济最为依赖的增长领域之一。1998－2002 年间，纽约市“创意核心产业部门”就业人数增长了 13.1%，即 3.2 万个就业机会；同期纽约全市所有职位增长幅度为 6.5%。创意产业新近增加的就业职位大多源自自主创业。自主创业人群在创意核心产业部门就业增长幅度中占将近半数(48%)。近年，纽约已丧失某些产业部门的部分市场份额，但仍是美国无与伦比的创意经济中心，全美 8.3%的创意产业部门员工在此工作。从国际层面而言，只有创意大军接近 52.5 万人的伦敦市，才有资格与纽约进行比较。

① 《美国创意阶层及其启示》，http://house.gmw.cn/2011－02/24/content_1645640.htm.
② 盛垒、杜德斌：《创意城市：创意经济时代城市发展的新取向》，《经济前沿》2006 年第 6 期。
③ 从海彬、高长春：《城市创意产业支撑环境评价研究》，《城市发展研究》2011 年第 4 期。

(三)包容性指数

在现代社会,宽容不仅是现代人所尊重的一种宝贵的基本价值,而且在现代制度的作用下已经制度化了。现代宽容是现代人自由、全面发展的要求,是竞争者对竞争对手(异己)及其创新、探索、试错、价值观(异见)的容忍和尊重。①

佛罗里达一直强调构建"人文气候"的重要性,因为构建人文气候是一项可以吸引和保留创意人士的有效战略。但是仅仅吸引和保留创意人士还不够,还必须保持对多样化的开放性,并积极拓展多样性。

宽容度是指对少数民族、种族、文化和生活态度的开发、包容性和多样性。包容性指数主要是根据多样化资料并参照同性恋指数、波西米亚指数和文化熔炉指数提出的。

1. 同性恋指数

同性恋指数是运用同性恋人口作为间接反映一个地区的开放性和包容性的依据。佛罗里达的研究结果显示:在1990年人口普查数据编制的同性恋指数排名前10位地区中,有6个地区位居全美前10位的高科技产业园区;在2000年人口普查数据编制的同性恋指数前10位地区中,有5个地区位居全美前10位的高科技产业园区。在佛罗里达统计分析所采用的几乎所有的统计指标中,同性恋指数在预测高科技产业分布方面比任何反映多样性的单个指标更加有效。佛罗里达对于同性恋指数的提出出于很大的偶然性,当佛罗里达研究美国高科技产业的地理分布时,无意碰见正在统计美国同性恋人口的加里·盖茨,两人发现两份榜单的重合度很好,于是开始研究同性恋与高科技之间的关系。佛罗里达用同性恋人口来衡量一个地区的宽容程度遭到了很多学者的质疑和批评,但他解释说,并不是说同性恋者和波西米亚人能够直接推动区域经济的增长,而是如果一个地区拥有大量的同性恋者和波西米亚人,意味着这个地区具备一种开放和多元化的文化环境,这种多元化的环境有利于创造力的发挥。毕竟"如果一座城市连同性恋都能接受,还有什么不能接受的呢?"佛罗里达提出的对同性恋人群的开放程度成为衡量人力资本低准入门槛的良好标准;而人力资本的低准入对于激励创新和高科技增长的重要作用是毋庸置疑的。

2. 波西米亚指数

波西半亚指数是指从事艺术创作的相对人口,作为该地区艺术财富创造者规模的直接依据。

佛罗里达的分析结果还证明波西米亚指数有令人惊讶的预测性,波西米亚指数与高科技行业、人口增长、雇佣增长都具有显著的相关性。波西米亚指数排名前10们地区

① 邹吉忠:《论现代制度的宽容功能—现代制度的宽容本性与身由秩序的形成》,《哲学动态》2000年第7期。

中，有5个地区位列全美高科技产业园区前20名；波西米亚指数排名前20位地区中，有12个位列全美高科技产业园区前20名，有11个位列最具创意地区前20名。佛罗里达提出：有着繁荣艺术与文化环境的地区能够诞生创意经济成果，以及带来整体经济增长。

3. 文化熔炉指数

文化熔炉指数是统计一个地区内外来人口的比重，它反映了该地区对外来人员及移民的开放度。

美国考夫曼基金会与杜克大学和加利福尼亚大学对美国的高科技移民企业家进行了详细的调查，联合推出了一份研究报告。报告显示，在1995年到2005年创办的美国科技和工程公司当中，25.3%的企业创始人中至少有一名是外国出生的移民。在加利福尼亚，移民创办公司的比例高达38.8%，而在高科技公司云集的硅谷地区，有外国移民参与创办的公司竟占全部高科技公司的52.4%。2005年，全美各地由移民创办的公司创造了520亿美元的产值和45万个就业机会。[①]

受到米尔肯研究院发布的"文化熔炉都市地区"研究项目的启发，佛罗里达就移民/外来人口比例与高科技产业的关联进行了研究，并将这种关联定义为"文化熔炉指数"(Melting Pot Index)。研究表明，文化熔炉指数排名前10位地区中，有4个地区同时位列整个国家高科技最发达地区的前10名；同时，文化熔炉指数与高科技指数呈现正相关，可以得出移民与高科技产业是相关联的。但是，研究也同时发现，移民和创新之间并没有紧密的关联，文化熔炉指数与创新指数在统计学意义上并不构成关联。

[案例精选] 奥斯汀城市极限音乐节[②]

在佛罗里达的研究中，奥斯汀在创意指数中排名第二，创意方面排名第六，在创意阶层所占比例方面排名第七。而20年前，没有人将奥斯汀列为高科技地区，为什么会这样？奥斯汀在其经济发展战略中努力实现发展3T，创建了具有竞争力的生活和工作环境，在创意时代取得了胜利。

当你听到"奥斯汀"这个城市名字的时候，你的第一感觉是什么？大多数人的答案既不是戴尔，也不是泰乐琪或者其他高科技公司，而是"奥斯汀城市极限音乐节"。"奥斯汀城市极限音乐节"是指公共电视台上的实况音乐广播，也可能是指"西南偏南"电影节和音乐节。除了开发技术和建构宽容度之外，这个地区在生活方式和音乐设施方面也有巨大投入——"第六街"的俱乐部和酒吧就是这种投入的结果。市中心的跑道上树立着一座铜像，雕塑的主人公是这座城市的著名人物——已故吉他演奏家史蒂·维·雷沃恩。

---

① 《美国移民企业家贡献极大》，http://immigration.tigtag.com/usa/news/49473.shtml.

② 〔美〕理查德·佛罗里达著，司徒爱勤译：《创意阶层的崛起》，中信出版社2010年9月版。

当高科技公司维奈特计划扩大规模入驻奥斯汀的一座新建筑的时候，此项交易就包含这样的内容：建立一份金额为 100 万美元的基金，为当地的音乐设施提供支持。

奥斯汀的确是一个开放、包容的城市，各种类型的人都可以轻松融入其中。2000 年春天，我在奥斯汀进行了一次演讲，演讲过后，当地的一些商业和政治领袖邀请我到当地的一家俱乐部参加他们的"快乐时间"(Hippie Hour)。我当时很高兴地回答说很愿意参加他们的"嬉皮时间"(Happy Hour)，但是他们很快地纠正我说不是"快乐时间"而是"嬉皮时间"。活动地点在大陆俱乐部，是南议会街上的一座破旧的建筑，参加的人包括嬉皮士、音乐家、拉美人、政客以及高科技商业人士等，可以说是个真正的创意熔炉，各种各样的人都可以在这里彻底放松自己。

佛罗里达将这三个指标整合成了一个更广泛意义上的指标——复合多样性指数(Composite Diversity Index，CDI)来验证他的观点，即多样性和创意工作能够共同激励创新和促进经济增长。结果显示，CDI 排名前 10 位的地区中，有 5 个地区同时也位列高科技产业园区前 10 位，分别是旧金山、波士顿、西雅图、洛杉矶和华盛顿特区。而高科技指数和 CDI 排名之间的统计关联度也相当高，更显著的是 CDI 对高科技增长的有效预测。

佛罗里达自己也承认存在缺陷，这样计算出来的多样性并没有涵盖非洲裔的美国人和其他非白人种族。多样性指标靠前的城市几乎都是黑人人口比较少的城市。

第二节　欧洲创意指数

提到欧洲，我们总能在第一时间想到很多国家的名字——英国、法国、意大利、德国等等，它们是欧洲政治、经济、文化、科技都高度发达的国家，当然，让我们印象最深刻的还是它们别具风情的建筑和独特的民族文化。同样我们还会想起诸如荷兰、芬兰等一些充满人文气息的国家，除了富饶的经济，人们总能将这些国度与浪漫、自由等一系列美好的词语联系在一起。这些城市同样也是欧洲创意的代表，那么，该如何对它们进行定量分析？谁的创意指数最高？最能被称为"创意中心"？

欧洲的文化创意产业对 GDP 的贡献值为 2.6%，达 6540 亿欧元(2003 年)，比汽车业(2001 年 2710 亿欧元)和电子制造业(2003 年 5410 亿欧元)要高得多。总体来说，文化创意产业在 1999 年到 2003 年间的增长比其他经济形式要高出 12.3%。[①]

理查德·佛罗里达和泰内格莉将"3T"架构应用于欧洲地区，并在分析架构的基础上对中欧、北欧的 14 个国家与美国进行了比较，提出了"欧洲创意指数"(ECI)。尽管在对

---

① Philippe Kern，Yolanda Smits，王美潭：《中欧文化创意产业研究》，htep://www.whuipr.cem/show/? 17－376.html.

欧洲国家的"3T"研究中所运用的指标与在《创意阶层的崛起》中的有所不同，但研究宗旨始终不变，即一个国家的竞争力取决于其吸引、保留和发展创意人口的能力。①

欧洲创意指数主要由三方面指标构成："欧洲技术指数"(Euro-Technology Index)、"欧洲人才指数"(Euro-Talent Index)、"欧洲宽容指数"(Euro-Tolerance Index)。

一、欧洲技术指数

技术在创意经济的内容创作与生成中扮演着重要的角色。"欧洲技术指数"主要包括以下三个方面：

1. 研发指数，即研发支出占 GDP 的比重——旨在研究与发展新型概念的高端就业阵容，创意阶层在一个地区的相对集中度。

2. 创新指数，即每百万人拥有的专利申请量——人均申请专利数。

3. 高科技创新指数，即每百万人拥有的在生物技术、信息技术、制药以及航空等高科技领域的专利数——对地区的技术相关产业的规模和集中度进行衡量。

"欧洲技术指数"评比结果显示，瑞典和芬兰在这些欧洲国家中最高，仅次于美国，其次是德国、丹麦、荷兰、比利时、法国和英国。如果仅就其中的研发指数而言，瑞典研发支出占 GDP 的 3.70%，芬兰占 3.30%，两者均远远高于美国的 2.62%。但在创新指数和高科技创新指数两项中，则是美国遥遥领先。2000 年的数据显示，美国平均每百万人年专利申请量大于 300，瑞典不足 200；美国平均每百万人拥有的在生物技术、信息技术、制药、航空等高科技领域的专利数超过 80 件，而随后的芬兰不足 40，再随后的瑞典不足 30。②

在"欧洲技术指数"中佛罗里达做了两点说明，尤其是关于美国的排名：

首先，两个重要指标——创新指数和高新技术创新指数的基础数据来自美国专利和商标办公室，这往往是偏向于美国。当使用来自欧洲专利和商标办公室的数据时，排名确实是不同的。使用 EPO(欧洲专利和商标办公室)数据时，美国新技术创新指数落后于荷兰和芬兰，是排名第三的。

其次，这些指标都是在水平的基础上，没有考虑到增长率。事实上，美国专利的年平均增长率方面是很低的——15 个国家中排名第 14 位，同时对研发投资的增长速度也是相当缓慢——15 个国家排名第 7 位。

[案例精选]　科技奥运　伦敦 2012

四年一度的奥运会是全世界人民的体育盛典，作为奥运会的主办城市总是会吸引全

① 史征：《国内外主要文化创意指数的比较与借鉴》，《经济论坛》2009 年 11 月总第 469 期。

② 易华：《创意人才和创意产业、创意城市发展》，中国物资出版社 2011 年 2 月版。

世界的眼球。2012 年 7 月的伦敦奥运会，不仅见证了“更高、更快、更强”的奥林匹克精神，更让我们看到科技赋予奥运的内涵。细数每一届奥运会，不仅是赛场上各国选手争相竞技的战场，更是高科技装置的展示台。作为“创意之都”的伦敦，更是在这次奥运会上用科技点亮创意经济。

3D 直播

如果不亲临赛场，怎样才能享受到现场的观感？那就是观看 3D 赛事直播。在伦敦奥运会上，有多个国家的电视节目将进行 3D 直播，这是奥运历史上首次对比赛进行 3D 直播。英国天空 3D 频道和欧洲体育台将提供每天 8 小时的 3D 赛事直播和 4 小时精华内容，电视用户只需拥有 3D 电视机和 3D 眼镜就可观看到相关节目。我国中央电视台也会推出部分 3D 赛事直播节目。英国 BBC 电视台将采用“超高清”技术，可将直播节目在大屏幕上播放，而这些屏幕的高度有可能达到 15 米。

CIS 系统

伦敦奥运会将在每场比赛中都采用解说员信息系统(CIS)，这在奥运历史上尚属首次。这个系统反应很快，可以让解说员在现场观众的欢呼声响起之前就已经知晓比赛结果，并向全球电视观众发布。这个系统还可以帮助解说员查找背景资料，比如，某个运动员在比赛中获得冠军，解说员可通过 CIS 系统在 0.3 秒内查找到这个运动员以前的比赛成绩、背景资料等等。在伦敦奥运会上，将有 26 个项目全面使用 CIS 系统。在随后的残奥会上，也将有 5 个项目运用到该系统。

可拆卸场馆

伦敦奥运会的场馆采用了特殊的材料和设计，在奥运会结束后，大部分场馆可以拆卸后重新利用。比如，为了保证主场馆“伦敦碗”在会后的有效利用，设计人员在建设过程中采用了可拆卸的设计，最底部是 2.5 万个座椅和田径场，外围架设有一个可拆卸的轻质铁架作为看台，配备的 5.5 万个座椅同样可以拆除。在场馆的外部，设计师还使用了一种特殊材料，是一种多孔、半透明的隔热保温材料，可以改善整个场馆的透气性。

无影照明

在大型场馆中，灯光的照明会在局部区域留下阴影，影响观众的视野。而伦敦奥运会场馆首次采用智能化无影照明系统，利用计算机对场馆的灯光进行科学计算，然后合理布置光源的位置和类型，并大量采用无眩光的 LED 灯具，令观众无论坐在哪个席位都能获得完全一样的照明效果。

二、欧洲人才指数

英国经济学家汤姆·坎农认为，未来的城市尤其是大城市的发展，将更主要依靠人的创意和创造力来推动其在全球经济中的竞争，创意的思维和理念将渗透到城市社会和经济的各个领域。坎农将创意城市看作“人的城市”，城市基本单元不是道路、桥梁、房屋，而是技术员、工程师、教师等，是这些人的创意。

创意的主体就是“人才”，他们是为了发挥自己的艺术天赋而进行创作的群体。换言之，创意的过程其实也应视同笼络创意人才的过程。而由这些富有活力的人所组成的创意部门，则极大地启动了国家的城市和地区发展。

欧洲创意人才指数包括以下三个方面：

1. 创意阶层指数，即创意从业人数占整个从业人数的百分比——以从事创意产业相关工作的创意阶层人口数量作为评判依据，一个地区的核心竞争力取决于其吸引、保留和发展创意人口的能力。

2. 人力资本指数，即 25－64 岁人群中拥有学士或以上学位的人数比例——参照一个地区拥有学士或以上学位人数占总人口的百分比来衡量创意人力资源情况。

3. 科技人才指数，即每千名工人所拥有的从事研究性工作的科学家与工程师的数量——研究创意生产力、经济增长和国家竞争力之间的动态关系。

一般而言，创意阶层指数高的国家，人力资本指数和科技人才指数这两项也相应地比较高。

2005 年欧盟文化产业从业人数达 500 万，占欧洲 27 国活跃人口总数的 2.4%(如果我们把文化旅游从业人员加上，这个数字可达 600 万)，此数据，显示了文化产业从业人数从 2002 年到 2005 年的正增长。通过从不同国家收集的更多数据显示出文化产业从业人数和普通行业从业人数增长的显著差距，大部分文化产业从业人员为自创企业，所占比例为 29%，而其他产业的这个比例只有 14%(2005 年)。文化产业的工作通常都比较自由灵活，具有机动性(即使缺乏保障)，约 25%的人有兼职工作，而其他行业此比例只有 17%。文化工作者通常都有较高的学历，48%以上都有大学教育学历，而其他行业此比例只有 25%。①

“欧洲人才指数”评比结果显示，美国第一，芬兰和荷兰紧随其后，比利时、英国和瑞典表现尚可，法国、希腊等国表现不突出。相比较而言，美国拥有最高比例的创意人员，接近 30%；比利时、荷兰、芬兰紧随其后，均超过 28%。除上述各国外，还有英国、爱尔兰和丹麦，这些国家的创意产业从业人数均超过蓝领工人数。然而，也并不是所有进行比较的国家都已经成功地转型为创意型经济或是以创业为主的就业结构，如意大利和葡萄牙，创意人员的比例均低于 15%。②

---

① Philippe Kern，Yolanda Smits，王美潭：《中欧文化创意产业研究》，http://www.whipr.com/show/?17－376.htwl.

② 易华：《创意人才和创意产业、创意城市发展》，中国物资出版社 2011 年 2 月版。

[案例精选]　柏林:创意人才救起欧洲硅谷①

柏林,这个欧盟最大经济体的首都,十多年前还是百孔千疮,被唤作“欧洲之耻”。但通过经济转型,培养新经济模式以及政策引导,柏林经济迅速逆势增长,重焕光彩成为欧洲新经济之都。柏林经历了涅槃重生般的大转折,政府最成功的经验在于打造了欧洲的“创意之都”。

1.开发商出去,艺术家进来

柏林的工业产业在上世纪末崩溃,失去20万以上的工业就业机会,人口大量流失;新型产业发展迟缓,过分建设造成资源浪费,形成大量的空置建筑;城市负债严重,百姓对政府怨声载道。一系列的问题使柏林处于崩溃的边缘。

2001年,著名的同性恋政坛人物沃维莱特当选柏林市长。沃维莱特执政之后大刀阔斧地削减公共部门的工资收入,大力减少住房补贴以应对柏林600亿欧元的巨额债务。柏林虽然在努力改变着自己,但是全面发展等于没有发展,柏林需要寻找一条切实可行的发展之路。

随后,沃维莱特主动接近国际级的电影制片人,希望他们到柏林制作、拍摄电影。在他的推动下,柏林逐渐吸引了大批的艺术家、服装设计师、作家,旅游业也得到很大的发展。

政府投入巨额资金将旧房屋和空房进行修缮整合,以低廉的租金提供给设计师和与创意产业相关的使用者,建立工作室、陈列室、小型展览馆、画廊等。创意人才的入驻给柏林经济带来了新的曙光。从政府官员到普通民众一致接受的方向是:以大规模的创意文化推动经济发展。

为了能够更好地吸引创意人才进驻柏林,政府不仅投入了大量的人力、物力,并制定了相关政策以给这些创意人才提供完善的配套体系。

2.“野孩子”的天堂

创意产业的勃兴让柏林的经济初露曙光,但是其发展速度和经济效益还是受到各方面的制约,难以迅速将柏林这艘巨艇推离泥沼。柏林开始了第二次的求生计划。

真正给柏林带来改变的是新世纪进驻柏林的一个特殊人群。“野孩子”(wild child),CNN如此来形容世界各地进驻柏林的科技创新团队:“越来越少的规则,越来越多的混乱,没有秩序,而且它们长得很快!”2000年前后,世界各地的创意人才不断地涌向穷困的柏林,因为穷困,创业的低成本使它成为了创业者的天堂。

2010年,柏林的房价约为每平方米1万至2万元人民币,而伦敦则高达6万元。低

---

① 李光斗:《柏林:创意人才救起欧洲硅谷》,《中国经济周刊》2012年5月29日。

成本换来更多的创业发展时间,这就使更多的创新团队乐意落户柏林。在新的互联网创意时代,创业地点已不再是制约企业发展的问题,柏林成了科技人才最理想的创业基地。

位于柏林东南方向,曾经最贫困的土耳其区内的 Betahaus,已经成为全球最流行的共同工作室(Co-Working space)建筑之一。这栋楼里的座位以小时出租,只要带着计算机和创意在这里租到一个位置,就能分享这里的公共资源,最重要的是,这里还可以互相交流创意。

在柏林,具有规模的共同工作室超过 30 个,各式的创意人才都能找到自己的一席之地。现在,柏林 1/4 的创业人群来自 190 个不同国家,庞大的外来人口让柏林成为各国文化的熔炉。

3. 远超伦敦

柏林抓住了人才保护的关键:首先是针对人才保护,不着重招商。柏林认真地分析了城市的竞争优势和潜力,极力做到对新经济的包容。其次是认真倾听创业者的需求,从真实层面去解决实际问题。最后是不盲目推出政策,但是要保证每个政策切中要害。比如柏林的创业团队中,八成创业者都是国外团队,因此政府推出了房租控制机制等保障外国人在柏林的基础条件。又如针对创业团队资金的需要而推出微型贷款政策,使其不分国籍而优惠获取低利率的创业基金。

柏林的一系列措施真正使柏林创意产业得到发展,也吸引到众多的投资基金进入。2011 年前三季度,柏林的创新团队获得的投资金额比 2009 年全年增长 180%,80%资金来自国外。而美国硅谷的投资额同比 2010 年减少了 48%,少了 4.8 亿美元。

柏林用事实为全世界提供了创意城市典范范本:充满活力的经济部门、形式新颖的创造性工作和工作条件。在经济危机的影响下,柏林成为欧洲前五大经济体中唯一就业率向上成长的首都,GDP 在 20 年间增长一倍多,失业率连续 15 年下降,柏林已经成为世界为之侧目的高增长城市,而这所有的成绩无不依赖于柏林对城市经济潜力的细微洞察和从实际出发的经济产业转型。

三、欧洲宽容指数

“欧洲宽容指数”包括:

1. 态度指数,即调查少数人群的态度——通过大多数人对少数人群的态度来作为一项间接反映一个地区的社会开放性和包容性的依据。

2. 价值指数,即一个国家将传统视为反现代的或世俗价值观的程度。这类指数通过一系列的提问得出,其中包括对上帝、宗教、民族、权威、家庭、妇女地位、离婚、堕胎等的态度——运用众多的其他学科如人类学、社会学、经济学等来建立起文化价值指数系统,诸如多样性、创造力、创意产业等。

3. 自我体现指数，即代表一个民族对待个人权利和自我体现的重视程度。该指数也通过一系列的提问得出，包括对自我体现、生活质量、民主、科技、休闲、环境、信任、政治异议、移民、同性恋等的态度。

佛罗里达对研究得到的结果表示吃惊，因为人们经常认为美国是最开放和宽容的国家。如今美国并不是开放和宽容的代表，其他国家也正在为之努力并且取得了显著的成效。结果显示，欧洲国家几乎全部评分都高于美国的宽容指数得分。尽管美国比其他多数发达国家有更高层次的移民，但美国人对各种各样的问题的态度，从宗教和民族主义、离婚、妇女的权利、移民到同性恋，都比欧洲国家更保守或传统。

"欧洲包容指数"评比结果显示，最宽容的是西班牙人和瑞典人；自我体现指数最高的分别是瑞典、荷兰和丹麦，均高于美国；价值指数最高的分别是瑞典、挪威、德国和丹麦，而美国、葡萄牙和爱尔兰甚至被评为负值。①

佛罗里达认为，欧洲国家，特别是瑞典、丹麦、荷兰和芬兰，可能在宽容方面具有独特的竞争优势。当然，这些国家会继续对移民有严格的政策，但是了解他们的基本态度和价值观中的这一潜在优势是有必要的，因为这些国家将可能会放宽移民政策，并对来自世界各地的人才更加宽容。

[案例精选] 汉堡的创意理念②

汉堡——德国最富裕的城市之一，它的经济实力来源于港口和作为"自由"城市的悠久传统。几个世纪以来，汉堡在普鲁士或下萨克森州时期都独立于中央政权之外。时至今日，汉堡仍然是德意志联邦共和国的自由州。由于意识到区位、环境等软性因素在全球城市竞争中发挥着关键作用，汉堡通过将内港区发展成为一个有吸引力的城市地区(港城)来强化其竞争力。这个地区建造了大量标志性的文化建筑和旗舰项目，独特的建筑设计与丰富的文化节庆活动齐头并进，如令人印象深刻的新爱乐音乐厅等——原来的老工业仓库用地被更新为具有里程碑意义的城市创意区。此外，借鉴鲁尔区国际建筑展(IBA)打造埃姆歇公园的成功经验，汉堡在易北河的一侧也引入了国际建筑展活动。相较于迷人的港城开发项目，这片曾经被忽视的城市片区采用了一种较为温和的草根发展模式，借助不同举措来促进城市创造力的开发。其中一个知名项目是音乐产业，即让来自世界各地的年轻音乐家，能够在这里找到成功开始职业生涯需要的所有东西。

为发展自己的创意产业，汉堡甚至请咨询公司为它做了一个调查，研究哪个欧洲城市在创意产业上最有竞争力，哪个城市在从工业时代到知识时代的转变中做得最好。结

---

① 易华：《创意人才和创意产业、创意城市发展》，中国物资出版社 2011 年 2 月版。

② 克劳斯·昆兹曼、唐燕：《欧洲和中国的创意城市》，http://www.doc88.com/p-987350826763.html；中关村创意产业网《欧洲创意产业最具竞争力城市解读》。

果显示,共有5个城市符合条件,它们城市规模不大,容易管理,而且在"3T"的实践上堪称楷模。

让一个城市变酷,并没有什么魔法公式。任何一个城市要发展,都要利用自己的历史、关注度以及政治和文化上的可能性。爱沙尼亚首都塔林也是一个例子。它已成为波罗的海国家中最富活力的创新城市之一,并且大有取代维也纳之势。尽管它的GDP可能会相对较低,但这座历史名城已经创造了爱沙尼亚近一半的国民收入,其互联网发展也十分迅猛。在塔林,上网几乎免费,还能用手机付停车费。

一个新欧洲正在显现。这个大陆的城市并不像美国人想象中的那么僵化且死气沉沉。很多欧洲城市正在迈向知识时代,就如同加拿大的范库以及澳大利亚的悉尼。正是这些"二线城市",才保证了欧洲大陆的进步及光明前景。

佛罗里达制定了一个新的复合指标——欧洲创意指数(ECI),整合了上述的三个指标,为创意时代的国家竞争力提供了更全面的评估标准。综合来看,ECI研究的主要发现凸显了欧洲国家迈向创意经济的转变,突出表现在:创意阶层占五个欧洲国家工作人口的1/4以上。就欧洲人才指数和欧洲技术指数的结果来看,瑞典、芬兰和荷兰这些欧洲国家的能力与美国相距不远,在经济成长和吸引创意人才方面有能力和美国竞争;在包容指数结果中,美国得分相对较差,低于13个欧洲国家,文化包容方面的竞争优势也显然不如后者,而瑞典、丹麦、荷兰和芬兰在包容性方面有着非常明显的竞争优势。①

第三节 中国香港创意指数

说起香港,总会让人想起"购物天堂",这一切都得益于它发达的经济、宽松的贸易环境以及时尚的氛围。香港被誉为全球最具活力的城市之一,2001年创意经济产值高达460亿港元,占GDP总量的3.8%。全港相关企业3万多家,从业人员17万多人,成为香港经济最重要的生长点。2004年,香港特区政府委托香港大学文化政策研究中心为香港创意指数设计一个模型框架。2004年11月,《香港创意指数研究》发布,该成果建立了一个理论框架,度量和评价了香港的创意状况。

香港大学研究人员选择了五个均等加权的指数组合5Cs(创意资本理论)作为香港创意指数的框架,即:创意成果/产出(Manifestations of Creativity)、结构/制度资本(Structural/Institutional Capital)、人力资本指数(Human Capital)、社会资本指数(Social Capital)及文化资本指数(Cultural Capital)。

---

① 易华:《创意人才和创意产业、创意城市发展》,中国物资出版社2011年2月版。

香港大学研究人员还给出了“5Cs 模型”的三项原则：

1. 互相强化的关系

决定因素之间的关系没有等级之分，相反，它们同样重要并互相强化。虽然创造能力及构思可衍生创意的增长，但不同形式的资本和创意成果的关系不应该等同于简单的“因果关系”。例如，创意经济的活力增长，可能鼓励更多创意工作和革新，吸引更多资金投放在人力、社会及文化资本发展方面。

2. 资本的多样化

通过从不同层面阐述每一项创意指数的组成概念，从而反映各资本的形态、动态转变及创意成果。以创意成果为例，我们从经济贡献、创造才能及其他创意活动成果方面，量度创意社会的表现。至于人力资本的发展、私营及公营部门在研究与发展方面的承担、工作者的教育程度及人力资本的流动，也将会被量度。

3. 创意、经济及社会之间的动态关系

创意指数旨在捕捉创意的不同范畴及其对本地经济和社会的影响，为分析家和政策制定者提供一种以成果效益为单位来评核创意社会表现的工具，同时也验证那些提升创意增长的主要促成因素，其发展的相对优势或缺失。

一、创意成果/产出

创意活动不但衍生了经济效益，而且大众也能分享及交流这些成果。经济效益指的是创意经济体的增长，但其富有创造力的成果则揭示了一个地方创意的活力和重要性。

架构衡量的范围包括：

- 经济贡献
- 经济部门中富创造力的活动
- 非经济回报的创造力

例如，创意产业的经济贡献、参与创意产业的劳动人口、创意产业的贸易价值、电子商贸的经济贡献、商界的革新能力、以申请专利为参考的革新活动、创意、艺术和文化界别的创意活动等。

创意活动和革新不但产生了以表现指数（如国民生产总值的增值和贸易总值等）为量度单位的经济成果，还包括大众所分享和交易的成果。经济成果代表创意经济的增长与增加财富和就业的潜在能力，而其他富有创意的成果则展示了概括的景观及小区创意活动的活力。这两方面的创意效益，以经济和非经济成就为单位，代表了社会所达到的广义的创意层次。

表 8—1 量度创意经济效益的架构

创意的经济贡献
1. 香港创意产业的总值占本地生产总值的百分比
2. 投身创意产业人口占总就业人数的百分比
3. 创意产业产品贸易相对整体出口贸易的分布
4. 创意产业服务贸易相对整体进口贸易的分布
5. 透过电子媒介的产品、服务和信息销售的商业收入所占的百分比(指针将量度电子商务的革新活动)
经济层面的创意活动
6. 本地企业在国际市场出售有品牌产品的能力
7. 本地企业掌握新科技的能力
8. 人均专利申请总数
9. 源自本地的专利申请相对于专利申请总数的百分比
创意活动其他成果
10. 报纸每日的人均销量
11. 新注册书目和期刊的人均总数
12. 音乐作品的人均出现总数
13. 歌词创作的人均出现总数
14. 电影人均制作总数
15. 由政府文化服务提供的电影放映人均总数
16. 由政府文化服务提供的表演艺术节目的人均总数
17. 新建筑楼面面积的人均总数

创意经济效益指数内的 3 个副指数由 17 个指标组成。指标 1 至 5 量度本地创意产业、文化交易和由电子商贸带动的经济效益的相对比重。创意不但创造财富,而且可以作为经济活动,如知识的创造、散布及应用,或者作为创造新产品和服务价值的过程。所以,指标 6 至 9 量度本地企业建立品牌的能力,本地公司广泛应用科技的程度,以及以申请专利作为指针的知识创造。此外,创意成果指数亦把非经济效益纳入分析之中。它包括 8 个指标(由指标 10 至 17),量度创新活动的数量,包括传媒产物、书籍及文本、音乐、电影、表演艺术和建筑。

香港贸易发展局 2002 年推出的《香港的创意工业》研究报告中称,2001 年香港创意产业大约占 GDP 的 3.8%、占服务出口总金额的 3.1%、占总就业人数的 3.7%,并且在经济转型中发挥着巨大的催化和推动作用,促进了整体经济向知识型经济迈进。2006 年,在 4644 间香港工商业创意产业研发机构中,就业人数达到 12681 人。①

[案例精选] 香港"设计年"②

"香港设计年"由香港特区政府创意香港策划,香港设计中心为主办机构。正如主办方在"设计年"的前言中所文:在政府、伙伴机构和支持机构的配合下,现在正是推行"香

---

① 尹丽丽:《创意产业在香港的发展》,http://doc.mbalib.com/view/b ca3da 96b50758db706ff43f384ceb69.html。

② 《香港欲为亚洲创意之都》,《深圳商报》2012 年 5 月 30 日。

港设计年”的黄金时刻。我们希望能令市民大众加深对设计的认识，明白到它对社会和商业的价值，并加强海外对香港作为亚洲设计中心的认识。

香港设计中心董事会主席罗仲荣表示，随着亚洲经济的蓬勃发展，预期亚洲将成为全球最大的设计中心，并有助香港发展成为亚洲创意之都。他认为，随着香港的工业北上，珠三角地区的企业是很庞大的设计服务使用者。虽然现时很多设计概念采购自欧美，但当亚洲市场发展日渐成熟，香港有条件发展自己的设计品牌，并成为市场的领导者。

据香港特区政府创意香港总监廖永亮介绍，香港创意产业产值早在2009年就已达600亿港元，占香港GDP的4.2%，其中设计占了创意产业相当大的比重。此次耗资5000万港元重磅推出“香港设计年”，通过30多项活动，让社会大众认识到设计对经济、社会和环境的价值。

无论是“设计年”的宣传册还是官方网站，抑或是活动海报，大众都会看到醒目的“括号”。作为“香港设计年”徽号的重要组成部分，这个“括号”别有深意。廖永亮说，这个括号将贯穿2012年举办的所有设计活动，意为包容设计上的所有新意念。

基于这样的理念，“香港设计年”提出四个目标：培育精英、改善生活、提升价值和嘉许成就。不难看出，“设计年”坚持认为，“设计”绝对不是设计师的专利，而是适用于各个行业、阶层和专业。

自2011年12月底开始，一系列活动已相继举行。其中2月15日至4月23日在香港九龙公园举行的香港·深圳城市/建筑双城双年展，以“三相城市：时间—空间—人间”为题，吸引了香港、深圳和台湾三座城市的创意人士参与，提升了公众对三地艺术、设计、建筑及城市规划的兴趣。

3月底举行的“设计出路”设计及创意教育博览会以及4月举行的“米兰设计研习之旅”则直接面向青年学生，培养设计储备力量。据香港设计中心提供的资料，“设计出路”博览会为香港唯一的设计与创意教育博览会，汇聚了多间设计教育或与设计及创意产业相关的机构，展览期间举办免费讲座及工作坊，加深参加者对设计行业的认识。一连3日的展览超过1500人入场。“米兰设计研习之旅”则于4月17日至23日举行。来自香港本地4所大专院校的50位设计系学生亲身体验“设计之都”米兰的深厚艺术文化，探访著名设计师楼，参观米兰国际家居展，从中提升设计理论和眼界，获得自我学习技能。

二、结构/制度资本

结构/制度资本这些社会条件提供了发展创意的背景，并且还会确定其他资本的分配及运用情况。

《香港创意指数研究》评定了八种社会条件，作为促进创意增长的因素：

- 法律制度

- 贪污程度
- 表达意见的自由
- 信息及通讯科技的基础建设
- 社会及文化的基础建设
- 小区设施
- 金融架构
- 企业化

这些状况不但提供了形成创意社区的环境，更重要的是为保护创意发展、检视其他资本的运用和分配状况提供了发展背景。

表 8—2 量度结构/制度资本的架构

司法制度的独立性
1. 关于香港司法制度独立性的统计数据
对贪污的感觉
2. 贪污感觉指数的百分比得分
表达意见的自由
3. 新闻自由的百分比得分
4. 言论自由的百分比得分
咨询及通讯科技的基本情况
5. 公司使用个人计算机的百分比
6. 公司使用互联网的百分比
7. 公司推有网页/网站的百分比
8. 家庭使用私人计算机的百分比
9. 家庭使用互联网的百分比
10. 人均手提电话用户
社会及文化基础建设的动力
11. 非政府组织的人均总数量
12. 公共图书馆使用者的注册人均数字
13. 借用公共图书的人均数量
14. 政府文化服务提供的艺术表演场地座位的人均总数量
15. 法定古迹的市均数量
16. 博物馆的市均数量
社区设施的可用性
17. 小区会堂和小区中心的人均数量
18. 文娱中心的人均总数量
金融基础
19. 上市公司的人均数字
20. 股票市场资本的年度增长(本地货币)占本地生产总值的百分比
21. 该地管理下风险资本的增长比率(本地货币)占本地生产总值的百分比
企业管理的动力
22. 中小企业占总体公司总数的百分比
23. 劳工生产指数(总经济)的百分比得分

一个独立的司法系统对排解纷争和保障权益十分重要，而两者均对商业活动的顺畅运作起关键作用。贪污威胁经济增长，而且它会危害多劳多得和公平竞争的文化，从而伤害社会和其经济肌理。所以，对一地贪污的印象就间接为我们量度贪污所带来的负面影响。这些社会因素，加上有利的自由表达意见的强劲环境，是经济体系中创意的关键。总而言之，量度司法制度和表达意见自由的状态展示了规则性和机构性标准，从而便利思想的交流、信息的获取和社会参与。

香港创意指数架构包括一系列"信息及通讯科技基础"、"社会和文化基础"、"小区设施"、"金融架构"和"企业管治"的副指数。社会和文化设施或架构如非政府组织的活力，以及文化设施如公共图书馆、演出场地或博物馆，都是社会和文化活动举行的地方。它们在社区的出现是社会和文化资本发展的重要条件。同样的，家庭和商界中计算机和互联网的渗透，是社会联系、消息散播和意见交流的可用设备。一个设备差劣的地方，将局限社会和文化的参与。反之则表示有更多使用机会，对创意发展的有形状况更为有利。

企业和金融基础是形成创意经济中经济环境的两项重要变量。中小企业在亚洲的主导地位，提供了一些与企业化扶植，与企业在商业运作上适应性和灵活性相关的背景。这状况或许能代入创意经济崛起的架构中，而专门生产象征式产品或提供附加服务的中小型公司亦大量涌现。亚洲区金融市场架构的发展，在创意经济的推广过程中扮演着重要角色。金融资源是经济改革及生产的原动力。这些地区的高科技工业、数据及信息科技与创意产业的活力和发展，相当依赖金融资源的流向。虽然我们的数据并不是支持该部分金融投资的直接量度，不过从股票市场的资本化和风险资本的大小而言，金融基础的整体量度能为我们提供宏观金融环境对创意经济增长的概括认知。

香港政府自2003年起大力发展创意产业，2003年初董建华在第二届特区政府首份《施政报告》中就正式提出要着重发展文化创意产业，之后香港与内地签署了CEPA协议，内地承诺开放26个服务业领域，其中广告、视听、文化娱乐等都属于文化创意产业范畴，而香港影视制作等行业按规定也可进入内地投资，从而大大促进香港创意产业的发展。2004年6月，香港又启动了一项高达25亿元的"设计智优计划"，随后香港创意产业开始加速发展。2007年10月，香港特区行政长官曾荫权在2007至2008年度《施政报告》中指出，未来5年香港的创意产业需要加快发展，让香港成为"创意之都"。①

香港拥有严格完善的法律法规和有效的经济政策为创意产业创造了一个适合生存发展的有利空间。开发与运用知识产权是创意转换的关键。知识产权涉及了保障科技创新、国际合作、立法、执法及资讯自由流通等多个层面。香港有着完善的法律体系来保障多方面的知识产权，范围包括商标、专利、外观设计、版权、集成电脑的布图设计(拓扑

---

① 陈育纯:《基于产业集聚的香港创意产业发展研究》,《价格月刊》2009年第10期。

图)及植物品种保护。香港完善的知识产权保护法律体系,确保从事文化创意产业的企业和个人无须顾虑隐蔽不清的交易成本,实现在商业上的公平竞争。

[案例精选] 香港政府对香港电影的支持

香港地区是世界第三大电影工业基地,仅次于好莱坞和宝莱坞,是仅次于美国的第二大电影出口地。港产片多年来风靡全球,成为华人文化的一大标记。2011 年香港上映的华语片约 80 部,共获得 3.7 亿元港币的票房,占年度总票房的 27.4%。香港电影作为文化创意产业的核心部分,每年都会带来巨大的经济效益,而这一切也很大程度上归功于香港政府对香港电影的支持。

1. 版权保护

香港是法制社会,其独立的司法制度,保证了法律面前人人平等以及文化创意产业发展的法律环境。立法完备是香港知识产权管理体系的一大特色。1997 年香港回归祖国之前,立法局相继通过了《专利条例》、《版权条例》、《注册外观设计条例》,促进了知识产权保护的本地化。"香港的知识产权管理已经成为亚太地区的典范",大街小巷里找不到售卖盗版光盘、盗版书的地方;在内地能够观看的一些视频网页,在香港会因版权问题无法打开;进电影院前,服务人员也会明确告诉观众不可录像。

2. 政策支持

1997 年 10 月,特区新任行政长官董建华公开表示会设立协调本土制作的电影办事处,并承诺拨地兴建大型片场,以推动香港影业的发展。1998 年 4 月 1 日,香港特区政府成立了"电影服务统筹科",设有专门的官员,统筹香港电影发展事业,制定电影的法令法规并协助电影制作,以及设立资料中心,协助本港及海外等筹办电影节和电影展览会,推广出版电影业宣传资料等。在统筹科下还设置了"电影服务咨询委员会",咨询委员会聘请电影从业者、政府官员和电影学者担任委员,成员有吴思远、邹文怀、罗卡等人;制定相应法规时,相关部门的领导也参加委员会工作。委员会已成为电影从业者与政府有关部门沟通的桥梁。

1992 年成立的香港电影资料馆,主要职责是收集、保存香港电影有关的资料和影片,并为这些数据和影片编订目录,用以研究和举办展览。

3. 资金扶持

1998 年,由电影统筹科设立"电影发展基金"(一亿元由 1999 年启动,预期运作五年)。基金的主要目的是为有利于电影业健康及长远发展的项目提供资助。2011 年特区政府决定成立电影发展局,并在新年度财政预算中为电影发展基金增加 3 亿港元拨款,以帮助解决电影制作融资和人才培训等问题。这是香港特区政府致力于推动电影业发展的重要举措。

三、人力资本

人力资本的流动性高，将有助于社会的文化交流、技术转移、知识流通以及新构思的产生。

香港创意指数“人力资本”架构量度了三组支持人力资本发展的条件：

- 小区为“知识库”的发展提供一个合适的环境的能力，使用的指标包括研发支出和用于教育的公共开支；
- 小区增长和知识工作者的可得性，使用的指标包括研究人员的多寡和拥有高等学历的人口数量；
- 人力资本与人口的流动性，使用的指标包括抵步旅客人数、本地居民离境人数、本地居民移民外地的人数，以及劳动人口中申请工作签证的比例。

香港创意指数人力资本框架包括三个方面：首先，透过量度研发支出和投放于教育上的公共开支，我们能够量度一个小区对造就“知识库”的程度；第二，从研发人员的规模和具较高学历的人口数目，说明一个小区的成长和知识劳动人口的可达性；最后，人力资源和人口的流动性能够指出不同社会状况对文化交流、技术与知识交流及开展国际交流的诱因。这种人力资本质量的发展，强化其他资本的强项，对集体创意增长有所贡献。

表 8—3 量度人力资本的架构

研究及发展的支出与教育的支出
1. 研究及发展支出占本地生产总值的百分比(商业层面)
2. 研究及发展支出占本地生产总值的百分比(高等教育)
3. 研究及发展支出占本地生产总值的百分比(政府)
4. 政府对教育支出占本地生产总值的百分比
知识劳动人口
5. 15 岁或以上取得专上教育程度的人口分布(非学位)
6. 15 岁或以上取得专上教育程度的人口分布(学位或以上)
7. 研究及发展人员占总劳动人口的百分比
人力资本的移动/流动
8. 访港旅客人均总数目
9. 本地居民离境人均总数
10. 移居本地的估计人均数目
11. 领有工作签证的劳动人口占劳动人口的数字

过去十年来，香港劳动人口每年平均增长 1.8%，其中较高技术、专业及管理人员的增长速度更是高达 3.9%。1996 年香港从事创意产业的机构数目是 25342 个，员工数目是 153190 人，占总就业人数的 5%，而到 2002 年香港创意产业的机构数目为 30838 个，员工数目为 170011 人，占总就业人数的 5.3%，香港 17 万的创意产业从业人员每年会为

香港贡献接近500亿港元的生产总值。(香港政府中央政策组,2003)

创意员工的教育背景证实了创意行业雇员也多为高学历人士。有学位程度的员工有64.7%。没有大学学位资格的员工,包括非学位或副学士学位以及远程学习等只占12%。取得大学或者专科教育学院所认可的技术培训文凭以及证书的员工占8.6%,具有高中程度的员工(如学徒资格)占11.8%。①

[案例精选] 香港吸引创意人才②

香港入境处于2008年1月放宽"优才计划"申请条件后,申请人数急升,至去年底,共收到1,317宗申请,较前年同期的582宗申请增加126%,计划累积获批人士达1,058人。不过,优才计划的成功申请者,仍集中在体育运动及艺术文化界别的知名人士,香港政府应检讨计划,吸引更多对香港经济发展有贡献潜力和增值潜能的创意人才。

入境处自2006年6月推出优才计划,目的是为了吸引优秀外地人才来港定居,以提升香港的竞争力。不过,由于申请手续繁复、门槛过高,令人望而却步。近3年来,成功通过优才计划而定居香港的人士,虽然当中不乏来港开公司及聘用香港人的专才,带动香港就业市场,但成功通过优才计划的多是演艺界和体育界明星,以致令香港优才计划被曲解为"名人俱乐部"。有些演艺界明星大腕更多的是希望借助香港的独特优势,方便他们赴海外工作及拓展海外事业。

金融海啸令香港实体经济受到严重冲击,更需要有意来港创业的人才,发掘新经济增长点,创造职位,为抵御金融海啸冲击提供助力。因此,香港政府需检讨和完善优才政策,以便能输入更多的能够扎根香港、服务香港、为香港长远发展注入新鲜血液的创意人才。香港政府要为他们提供必要的配套条件,让他们在香港能够尽情发挥所长,既巩固香港竞争优势,又优化香港人口结构。与新加坡等地"求才若渴"的入境政策相比,香港必须秉持更开放的态度,唯才是用,根据各行各业需要,大力输入不同类型的高素质知识型人才,以保持香港经济创新活力。

由于缺乏天然资源,人才一直是香港最重要的竞争优势。面对知识经济的环境,世界各地莫不争相延揽人才,以加强竞争力,香港更不应落于人后。而且随着人口老龄化趋势日益明显,争取引进高素质、有潜力的年轻人才,对香港未来的可持续发展,具有重要意义。创意产业在香港具有广泛的社会基础,显示出庞大的商机和良好的发展前景,当局应该进一步调整政策,吸引更多创意人才来港创业,并整合香港与内地的优势,将香港打造成为亚太地区的创意之都。

---

① 引自《香港创意产业基线研究》,http://www.info.gov.hk/gia/general/200309/16/0916265.htm。

② 《金融海啸下更须吸引创意人才》,《文记报》2009年3月10日。

四、社会资本

技术与人才是一个创意经济体系中不可或缺的资产。但一个城市是否拥有一个能够吸引、动员和维持创意的社会环境，是同等重要的。

社会资本，如信任、互惠原则、合作性和丰富的社会网络等，都有助于促进集体性的安居乐业、社会表达与公民参与。而这些条件又进一步促使了个人和集体创意的蓬勃发展。

因此，香港创意指数从下列各方面来量度“社会资本”：

- 一般信任；
- 制度信任；
- 互惠原则；
- 功效意识；
- 合作性；
- 接受多元化和包容的程度；

表 8—4　量度社会资本的架构

社会资本发展
1. 在人息税许可下的慈善捐款数额（本地货币）占本地生产总值的百分比 2. 在利得税许可下的慈善捐款数额（本地货币）占本地生产总值的百分比 3. 社会福利开支占总公共开支的百分比
量度网络素质：从世界价值调查得出的习惯与价值
4. 对基本信任的指标 5. 对制度信任的指标 6. 对互惠的指标 7. 对效能知觉的指标（在掌握生命而言） 8. 对合作的指标 9. 对多元化的态度的指标 10. 对接受多元化的指标 11. 对人权的态度的指标 12. 对外地移民对与错的态度的指标 13. 对外地移民生活方式的态度的指标 14. 对传统与现代价值相对的指标 15. 对个人表达与求存相对的指标
量度网络素质：从世界价值调查得出的社区事务的参与
16. 对公共事务的兴趣 17. 参与社会组织 18. 与朋友的社交接触 19. 与小区的社交接触 20. 对效能知觉的指标（在曾参与的活动而言） 21. 义务工作者的人均总数

- 对人权的态度
- 对外地移民的态度
- 对现代价值的支持
- 自我表达
- 政治活动的参与
- 社会活动的参与，包括义务工作、参与社会活动的障碍，参加会社及组织和社交接触的频繁程度。

这些结果不仅有助于构成社会和文化资本的数据，作为评估香港在维持社会和文化环境对创意人才培育、吸引和流动的潜质，也有助于香港考虑如何与亚洲邻国和环球合作伙伴及竞争对手相互比较的长远策略。除了量度人的习惯、价值和他们对小区事务的参与，这项数据架构还通过量度慈善捐献及公共部门的社会福利开支，捕捉社会资本在小区的发展。这些指标不但说明了社会资本发展可用资源的程度，更证明了公共部门、团体、私人对社会资本发展的参与。

［案例精选］ 香港创意产业潜力无限①

香港特区政府政务司司长许仕仁今年4月初出席“创意产业及城市发展”研讨会时表示，香港长久以来是中西文化交融地，是世界上独一无二的国际大都会，是一个开放自由的社会，有着良好的法治和基建配套设施，充分保护知识产权，这些都为发展创意产业提供了基础，年轻创业者应抓住创意产业机遇。香港特区政府财政司司长唐英年日前对媒体谈道，面对经济发展的隐忧，香港应有两个应对原则，一是巩固现有优势，一是发展自主创新产业，而后者是应对新挑战的关键。他表示，创意产业等发展前景被看好，因为香港是相当开放的社会，在创意方面有无限发挥空间。

在刚通过的香港新年度财政预算案中，特区政府预留3亿港元成立新的电影基金，协助解决电影制作的融资和人才缺乏问题；并在未来两年预留2.1亿港元，在全港各区的政府场地提供WiFi无线上网设施，免费供市民使用。唐英年表示，电影是重要的创意产业，电影发展委员会已就电影业的发展策略提交报告，并建议成立一个新的基金。他说，要推动香港经济发展，工商界必须通过创新意念，突破传统框架，发展自己的设计及品牌，以提升香港在高增值产业的竞争力。

香港是一个国际金融中心，但并不意味着仅靠金融业就可以一直繁荣下去。要保持竞争力，推动经济持续增长，香港必须走高增值路线。创意产业不仅能直接推动香港经济发展，还可以为其他行业及整体经济活动注入创意元素，有助于提升香港各行各业的

---

① 白冰、高云岗：《香港创意产业潜力无限》，《经济参考报》2007年6月29日。

增值能力。特别是在“品牌时代”来临的当今世界，一个经济体的品牌经济发展水平已成为综合经济实力和国际竞争力的决定性因素。作为国际性大都市，香港应致力于成为国际性名牌、名品的设计和研发中心。

五、文化资本

一个有利于文化参与的社会环境，能促使新意念的诞生与表达，因而从广义上来说，这样的社会环境能够提高创造力。

香港大学研究的文化资本，指的是在日常生活中与文化、艺术和创意有关的特定活动和特质。香港创意指数量度小区文化资本的三大方向：

- 公共部门与企业对以投放资源来支持文化艺术发展的承诺；
- 在创造力、艺术、艺术教育和知识产权保护方面，文化规范与价值的衡量；
- 在小区里文化参与的程度和范围。

表 8—5　量度文化资本的架构

文化支出
1. 艺术与文化在整体公共开支所占的百分比
2. 用于文化产物及服务的家庭开支占整体家庭开支的百分比
对艺术、文化和创意活动的态度
3. 对创意活动的价值
4. 对学童的创意活动的价值
5. 对艺术及文化活动的价值
6. 对学童的艺术和文化活动的价值
7. 小区领导大力提倡当地的文化艺术发展
文化与创意活动的环境因素
8. 社会环境鼓励创意活动的评价
9. 社会环境鼓励文化事务参与的评价
10. 对购买盗版和假冒产品的道德价值
制度网络素质：文化事务的参与
11. 年度借用图书馆书本的人均数目
12. 向收取版权费之机构按人口缴付的版权费（不包括海外收入）（本地货币）
13. 每 168 小时花于上网以作个人使用的平均时间百分比
14. 参观政府文化服务提供的博物馆的人均数字
15. 出席由政府文化服务提供的演出的人均数字
16. 出席由政府文化服务提供的电影及录像艺术的人均数字

研究家庭在个别文化产品及服务种类的开支，从而反映社会对艺术与文化的投资。文化标准和价值的量度，大致上影响了对创意的普遍态度，对艺术、艺术教育和保护知识产权事宜的价值。部分社会资本和文化资本的量度是互相依赖的。比如对多元化和个人表达的态度变化，是文化资本恒常而又不可缺少的本质，同样也是其他资本形态的重要元素。文化事务参与的量度，覆盖了文化消费的广泛层面。这些层面并非从经济方面考虑的，而是从艺术和文化活动的承担（如资源、次数和密度）的模式而考虑的。

[案例精选] 一只叫麦兜的猪

麦兜是谁？麦兜是一只猪。但是他似乎可以扮演一切角色，例如菠萝油王子、麦仲肥。他极具生命力，令人捧腹大笑，似乎显得很傻、很单纯、很善良、肠子很直，不过也不失为一个十分听话的小朋友。就是这样一只小猪，在2009年暑假的电影市场上成为超越《变形金刚2》、《哈利·波特与混血王子》、《冰川时代3》等好莱坞巨制的一匹票房黑马。这只既没脖子也没腰，考试得了H，以为差一点就是A了的香港小猪为什么赢得了无数大人和小朋友的喜爱呢？

“道长，我没有腰啊……”“我已经悟到什么了，可为什么还是被打得像猪头一样啊？”“老板，来碗鱼丸粗面……”这些麦兜语录大家已经耳熟能详，在我们看来，麦兜已经不仅仅是一只小猪，一个动画人物，更是香港文化的象征。

麦兜和妈妈生活在香港社会的最底层，过着最普通的生活。麦兜资质平平，单纯快乐，却依然拥有梦想；心疼橡皮用过就会缺一个角，但是还是会满足于仍然拥有一块橡皮；经历过无数失败和打击，还是认真的过每一天，我们会心疼他说“他不是低能，只是善良”。麦兜是香港草根文化的代表，无数香港人在他身上看到了自己的影子，卑微也好，辛苦也罢，但是依然和麦兜一样努力、坚持，这也许是香港文化中最闪耀的人文精神。

在一般的香港电影中我们最常见到的是香港的高楼大厦和灯红酒绿，但在麦兜系列里却出现了很多难得一见的香港特有的景致。旺角、大旺咀，这些景色并不华美，甚至还有些破烂拥挤，但这却是香港最真实的画面。这种以香港特有的街景来展示香港特色的做法，比任何艺术手法都打动人心，都更容易为香港观众所接受。而片中的香港山顶、长洲、南丫岛和离岛码头、天星码头等地方都是实景拍摄，将香港不同地区、不同类型的空间统统展示出来。尤其是旺角、深水埗那种人多拥挤，天桥、汽车、广告招牌和各种各样店铺林立的旧街区，都是香港街景的特色。有的观众甚至还在影片中找到了自己家住的那栋楼。

影片所展示的街景和其他景象，让港人和其他地方的观众能够从中体会的浓浓的香港文化特有的气息。电影里经常出现的面檔和茶餐厅，菠萝包和奶茶，这些都是香港人日常生活中不可或缺的部分，也是地道的香港文化，具有典型的香港特色。而麦兜所读的"春田花花幼儿园"的校长满嘴的潮州话，以致小同学也跟着用潮州话读书，反映出香港多种方言混杂的特性。麦兜用中文音来记英语单词的学习方法，不仅有趣，也反映出香港学生学英语的方法几乎和内地同学如出一辙。片中出现的长洲的抢包山、张保仔洞的宝藏传说、李丽珊的奥运金牌、香港申办亚运会等，让影片更像是一部香港的历史回顾，令港人触景生情。

麦兜系列没有华丽的画面，没有大场面的制作，更没有高端的科技，有的只是幼儿园门口的鱼丸粗面，慢悠悠的麦兜式招牌语气，"鸡包纸，纸包鸡"的麦太繁琐菜肴，这些完全取自于生活的点滴放大在影片中却变得极具魅力，影片用卡通的方式将想象与现实完美的结合，整部影片弥漫着一种浓浓的平民情愫。可以说正是这种源自生活的真实打动了观众，这也是麦兜系列影片如此受欢迎的原因之一，更是香港文化创意产业十分成功的例子。

思考题

1. 简述佛罗里达的 3T 理论。
2. 分析欧洲创意指数。

主要参考文献

〔英〕约翰·霍金斯:《创意经济:如何点石成金》,上海三联书店 2006 年版。
〔英〕约翰·霍金斯:《创意生态:思考在这里是真正的职业》,京华出版社 2011 年版。
〔美〕理查德·弗罗里达:《创意经济》,中国人民大学出版社 2006 年版。
〔美〕理查德·佛罗里达:《创意阶层的崛起》,中信出版社 2010 年版。
〔美〕理查德·E.凯夫斯:《创意产业经济学——艺术的商业之道》,新华出版社 2004 年版。
〔英〕克里斯·比尔顿:《创意与管理:从创意产业到创意管理》,新世界出版社 2010 年版。
〔英〕查尔斯·兰德利:《创意城市:如何打造都市创意生活圈》,清华大学出版社 2009 年版。
〔美〕卢茨厄:《创意产业中的知识产权——数字时代的版权和商标》,人民邮电出版社 2009 年版。
〔美〕沃尔特·艾萨克森:《史蒂夫·乔布斯传》,中信出版社 2011 年版。
〔美〕大卫·柯克帕特里克:《Facebook 效应》,华文出版社 2010 年版。
〔美〕约瑟夫·熊彼特:《经济发展理论》,中国画报出版社 2012 年版。
〔美〕约瑟夫·派恩:《体验经济》,机械工业出版社 2012 年版。
厉无畏:《创意改变中国》,新华出版社 2009 年版。
厉无畏:《创意产业新论》,东方出版中心 2009 年版。
花建:《文化产业的集聚发展》,上海人民出版社 2011 年版。
刘汉太:《打开创意经济的魔盒》,中国铁道出版社 2007 年版。
季昆森:《创意与创意经济》,安徽人民出版社 2008 年版。
赖声川:《赖声川的创意学》,广西师范大学出版社 2011 年版。
易华:《创意人才和创意产业、创意城市发展》,中国物资出版社 2011 年版。
张泉、刘牧雨:《北京文化发展报告》,社会科学文献出版社 2009 年版。
张京成:《中国创意产业发展报告(2011 年)》,中国经济出版社 2011 年版。
蒋三庚、张杰、王晓红:《文化创意产业集群研究》,首都经济贸易大学出版社 2010 年版。
蒋三庚、王晓红、张杰:《创意经济概论》,首都经济贸易大学出版社 2009 年版。

曹军、陈鸣、朱洪举:《创意城市——文化创造世界》,上海人民出版社 2010 年版。

萧延高、范晓波:《知识产权》,科学出版社 2010 年版。

赵锐:《创意产业的知识产权保护研究》,知识产权出版社 2012 年版。

金元浦:《世界创意经济浪潮正在勃兴》,《决策与信息》2005 年 4 月。

厉无畏、于雪梅:《关于上海文化创意产业基地发展的思考》,《上海经济研究》2005 年 8 月。

厉无畏:《迈向创意城市》,《上海经济》2008 年 11 月。

任焕霞:《中国产业集群的发展和研究——访北京大学王缉慈教授》,《中国高校科技与产业化》2006 年 10 月。

刘丽、何有缘:《创意产业品牌城市的建设——以北京市为例》,《科学对社会的影响》2007 年 12 月。

郭立伟、何树贵、饶宝红:《杭州创意产业发展问题研究——基于对五大创意产业园区的调查》,《经济问题探索》2007 年 12 月。

辜晓进、韦杰:《柏林:一座崇尚创意的城市》,《深圳特区报》2009 年 10 月 25 日。

于雪梅:《柏林与上海文化创意发展比较》,《上海经济》2005 年 12 月。

孟虹:《柏林:从“建筑工地”到世界政治文化中心的演变》,《北京规划建设》2010 年 11 月。

周雪松:《柏林当代艺术生态(上、下)》,《艺术与投资》2011 年 4 月、5 月。

刘友金、胡黎明、赵瑞霞:《创意产业与城市发展的互动关系及其耦合演化过程研究》,《中国软科学》2009 年 1 月。

王俊、汤茂林、黄飞飞:《创意产业的兴起及其理论研究探析》,《地理与地理信息科学》2007 年 9 月。

汤培源、顾朝林:《创意城市综述》,《城市规划学刊》2007 年 5 月。

http://www.unesco.org/new/en/culture/themes/creativity/creative－industries

http://www.cnci.gov.cn/

http://www.ccitimes.com/

http://www.bjci.gov.cn/

http://shcci.eastday.com/

http://www.shenzhendesign.org/

http://www.creativeclass.com/

http://www.dmy berlin.com/

http://www.m50.com.cn/

后　记

一本书结缘一些人，一本书承载一段美好回忆。谨把本书从立项缘起到书稿付梓所承载的一切美好与感谢送给：

中国传媒大学经济与管理学院的领导与同事，朝夕相处以及热心帮助的情谊使得编写团队能够在愉快的环境中进行创作。

中国传媒大学经济与管理学院文化产业管理专业，作为国家级特色专业和北京市特色专业，专业的发展得到了学校和学院的大力支持。本书正是借助文化产业管理专业“十二五”规划教材建设的契机才得以成行。

中国传媒大学出版社欧丽娜女士，是她的热情与高效率工作使得本书的出版周期大大加快，从而得以在今年出版。

还要把感谢送给我亲爱的研究生们和家人，他们在书稿编写的过程中给予了我最大限度的支持。

书稿由多位作者的智慧与努力汇集而成，具体分工如下：

第一章　创意经济概述(卜彦芳　李燕)

第二章　创意与创意产品(卜彦芳　赵紫薇)

第三章　创意产品市场(卜彦芳　齐越驰)

第四章　创意产业集群(顾小慈　谈笑　李宵伊)

第五章　创意经济与知识产权保护(李琳　卜彦芳)

第六章　创意城市(文昕　卜彦芳)

第七章　创意阶层(李琳璐　卜彦芳)

第八章　创意经济发展指数(金雨希　卜彦芳)

由于作者水平有限，书中的不足和错误敬请各位读者朋友不吝指教，谢谢。

卜彦芳

2014 年 11 月 10 日

图书在版编目(CIP)数据

创意经济概论/卜彦芳主编. —北京：中国传媒大学出版社，2014.12（2024.1重印）
（文化产业管理专业"十二五"规划教材）
ISBN 978-7-5657-1006-3

Ⅰ.①创… Ⅱ.①卜… Ⅲ.①文化产业—研究 Ⅳ.①G114

中国版本图书馆CIP数据核字（2014）第109047号

文化产业管理专业"十二五"规划教材

创意经济概论

主　　编　卜彦芳
责任编辑　欧丽娜
装帧设计指导　吴学夫　杨　蕾　郭开鹤　吴　颖
设计总监　杨　蕾
装帧设计　刘鑫、方雪悦等平面设计创作团队
责任印制　李志鹏

出版发行　中国传媒大学出版社
社　　址　北京市朝阳区定福庄东街1号　　邮　　编　100024
电　　话　86—10—65450528　65450532　　传　　真　65779405
网　　址　http://cucp.cuc.edu.cn
经　　销　全国新华书店

印　　刷　北京中科印刷有限公司
开　　本　787mm×1092mm　1/16
印　　张　16.5
字　　数　331千字
版　　次　2014年12月第1版
印　　次　2024年1月第2次印刷

书　　号　ISBN 978-7-5657-1006-3/G·1006　　定　　价　49.00元

本社法律顾问：北京嘉润律师事务所　郭建平

致力专业核心教材建设　提升学科与学校影响力

中国传媒大学出版社陆续推出

我校15个专业"十二五"规划教材约160种

本书更多相关资源可从中国传媒大学出版社网站下载
网址：http://cucp.cuc.edu.cn
责任编辑：欧丽娜　　　意见反馈及投稿邮箱：yishiyishu@163.com
联系电话：010-6577 9465